Web 3.0
与区块链分布式金融

崔 巍 高存年 黄梓颖 王希特 著

·广州·

图书在版编目(CIP)数据

Web 3.0 与区块链分布式金融/崔巍等著. —广州：华南理工大学出版社，2024.7
ISBN 978-7-5623-7543-2

Ⅰ. ①W… Ⅱ. ①崔… Ⅲ. ①信息产业-产业经济-研究 ②区块链技术-应用-金融-研究 Ⅳ. ①F49 ②F830.49

中国国家版本馆 CIP 数据核字(2024)第 002006 号

Web 3.0 与区块链分布式金融

崔　巍　高存年　黄梓颖　王希特　著

出 版 人：柯　宁
出版发行：华南理工大学出版社
　　　　　(广州五山华南理工大学 17 号楼，邮编 510640)
　　　　　http://hg.cb.scut.edu.cn　E-mail：scutc13@scut.edu.cn
　　　　　营销部电话：020-87113487　87111048(传真)
责任编辑：刘　锋　张晓婷
责任校对：梁樱雯
印 刷 者：广州一龙印刷有限公司
开　　本：787mm×1092mm　1/16　印张：12.75　字数：295 千
版　　次：2024 年 7 月第 1 版　印次：2024 年 7 月第 1 次印刷
定　　价：80.00 元

版权所有　盗版必究　　印装差错　负责调换

前　言

Web3.0 是一个代表下一代互联网的概念，旨在通过区块链技术实现去中心化的网络，使用户能掌握数据和身份控制权。基于人工智能、区块链、语义网等技术，构建新型数字世界（元宇宙），Web3.0 实现人、机、物、网深度融合。近年来，Web 3.0 在投资、技术、应用、政策和社会影响等方面均取得了显著进展。尽管存在挑战，但全球各地的积极推动预示着其广阔的发展前景。密切关注 Web 3.0 的发展动向，包容审慎地推动技术创新和应用探索，是写作本书的出发点。

近年来，全球对 Web 3.0 的投资额度增长迅速。截至 2022 年 6 月，全球相关投融资总金额约达 1600 亿美元。北美地区以约 733 亿美元的投资额领先全球，其次是欧洲地区，约 275 亿美元。Web 3.0 依赖于区块链，通过分布式账本技术对互联网应用逻辑进行重构，消除了中心化服务器的需求。这增强了网络的安全性和透明度，减少了对中心化机构的依赖。智能合约允许在没有中介的情况下进行可信交易，自动执行合同条款，从而降低交易成本和时间。分布式金融（DeFi）通过链上智能合约将数字资源标记成资产，用户可以基于这些资产进行交易。虽然 Web 3.0 的技术逐渐成熟，但仍然面临发展前景备受争议、技术应用不成熟、金融衍生风险等关键问题，这些问题需要在未来得到进一步解决和优化。

本书写作的主要目的是帮助读者了解和认识 Web3.0 的概貌，通过介绍 Web3.0 生态中各个板块，借助每一个赛道的典型案例来带领读者更全面地了解 Web3.0。

《Web3.0 与区块链分布式金融》一书旨在全面介绍和分析 Web3.0 及其在分布式金融领域的应用。全书共分为 10 章，循序渐进地从基础概念到实际应用，再到未来展望，力求为读者提供一个系统而全面的知识体系。以下是各章节的主要内容概述。

第 1 章：Web3.0 概述。本章介绍 Web3.0 的基本概念及其重要性。内容涵盖 Web3.0 的定义、核心技术基础（如区块链、去中心化协议、分布式账本技术等）以及当前的生态系统应用。通过具体案例分析，例如去中心化社交网络、去中心化存储和去中心化身份验证，读者将理解 Web3.0 如何通过去中心化手段解决传统互联网中的各种问题，并为后续章节的深入学习奠定坚实基础。

第 2 章：以太坊和智能合约。本章重点介绍以太坊及其智能合约的相关内容。通过详细解释以太坊的基本架构，包括其虚拟机（EVM）、共识机制（PoW 和 PoS）以及账户模型，让读者深入了解以太坊的运作原理。此外，还探讨智能合约的定义、功能和重要性，提供 Solidity 编程语言的入门案例和语法解析，帮助读者掌握智能合约的编写与部署。通过介绍流通于以太坊上的 Token（如 ERC-20 和 ERC-721），进一步展示以太坊在去中心化应用中的多样性。

第 3 章：预言机。本章讨论预言机的概念及其在区块链中的作用。预言机作为连接链上和链下数据的桥梁，是实现智能合约与现实世界互动的关键。通过介绍几个典型的预言机项目（如 Chainlink、NEST、Tellor 等），并提供具体合约实现案例，让读者了解预言机如何提供可靠的数据输入，解决去中心化应用中的数据获取问题。此外，本章还将对预言机的技术原理、工作机制及其面临的挑战进行深入分析。

第 4 章：去中心化交易所。本章深入分析去中心化交易所（DEX）的工作原理及其优势。通过解释自动做市商（AMM）的基本原理，让读者理解去中心化交易所如何实现无需中介的交易。通过 Uniswap、Balancer、Curve 等典型项目的详细介绍和合约实现，展示不同 DEX 的特点、创新点以及面临的挑战。本章还将对比不同 DEX 的滑点与无常损失，并探讨未来 DEX 的发展趋势，如 Layer 2 解决方案和跨链互操作性。

第 5 章：去中心化借贷。本章系统介绍去中心化借贷的运作模式及其典型应用，分析借贷协议的模式分类，包括超额抵押借贷、无抵押借贷和闪电贷等。通过深入探讨 Compound、MakerDAO、Aave 等项目的合约实现和实际操作，让读者了解去中心化借贷的运作机制、风险管理及其在 DeFi 生态中的重要性。本章还将展望去中心化借贷的未来发展方向，如信用评分体系和跨链借贷。

第 6 章：去中心化保险。本章探讨去中心化保险的概念及其发展现状。通过介绍去中心化保险的工作原理、风险评估和赔付机制，读者将了解这一领域的基本运作模式。通过对 Nexus Mutual、COVER 等项目的详细介绍和合约实现，展示去中心化保险如何利用智能合约实现透明、公平的保险服务。此外，本章还将分析去中心化保险面临的挑战及其未来的发展前景。

第7章：DeFi 数据分析工具。本章介绍了几种常用的 DeFi 数据分析工具，如 Etherscan、The Graph、Dune Analytics 等。通过具体使用案例，展示如何利用这些工具进行数据分析和市场洞察。Etherscan 作为以太坊区块链浏览器，可以帮助用户查询交易、合约和账户信息；The Graph 通过索引区块链数据，使开发者能够构建去中心化应用的 API；Dune Analytics 则通过提供灵活的 SQL 查询工具，使用户能够深入分析 DeFi 数据。本章还将介绍其他数据分析工具，如 Footprint Analytics 和 Token Terminal，帮助读者全面了解 DeFi 市场动态。

第8章：非同质化代币（NFT）。本章讨论 NFT 的基本概念及其标准接口。通过详细介绍 EIP-721 和 EIP-1155 等主要标准，读者将理解 NFT 的技术原理及其在区块链中的独特地位。通过对 CryptoKitties、Decentraland、NBA Top Shot 等典型 NFT 项目的深入分析，展示 NFT 在数字艺术、虚拟地产和娱乐领域的广泛应用。本章还将探讨 NFT 市场的现状、挑战及其未来发展趋势，如跨链 NFT 和动态 NFT。

第9章：DeFi 智能合约漏洞攻击检测。本章重点介绍智能合约的安全性问题及其检测方法。通过分析常见的智能合约漏洞（如重入攻击、整数溢出、默认可见性等），让读者了解这些漏洞的产生原因及其可能带来的风险。介绍形式化验证、符号执行、模糊测试等智能合约漏洞检测技术，并结合具体案例进行讲解，帮助读者掌握有效的漏洞检测方法。本章还将探讨智能合约漏洞检测的最新研究进展及其改进思路，如基于深度学习的细粒度漏洞检测方法。

第10章：Web3.0 发展趋势与挑战。本章总结了 Web3.0 的发展历程，并探讨其未来的趋势和面临的挑战。通过对技术、法律、市场等多个维度的分析，展望 Web3.0 的未来发展方向及其可能带来的影响。本章将探讨隐私保护、监管合规、跨链互操作性等关键问题，并分析去中心化自治组织（DAO）在 Web3.0 生态中的潜力。通过对未来趋势的前瞻性分析，帮助读者了解 Web3.0 在推动互联网变革中的重要作用和可能的演变路径。

通过以上章节的详细讲解，希望本书能够帮助读者全面了解 Web3.0 与区块链分布式金融的核心概念、技术实现及未来发展，为从事相关领域的研究与实践提供有价值的参考。本书适合希望深入了解 Web3.0 和区块链技术及其在分布式金融领域应用的学生、研究者、技术开发者、项目经理和对新兴科技感兴趣的学术爱好者。无论是区块链的初学者还是有一定基础的研究人员,都能从本书中获得宝贵知识和实用技能。通过详实的案例分析,希望本书能帮助读者理解Web3.0的核心概念、技术框架以及如何应用这些技术来革新传统金融系统。希望本书不仅能传递知识,更能激发大家对Web3.0与区块链分布式金融的兴趣和热情。

最后,感谢华南理工大学出版基金的大力支持和华南理工大学出版社编辑老师的辛勤付出,他们的专业素养是本书质量的保证。由于Web3.0是新鲜事物,发展迅速,本书的编写又受到时间和水平的限制,故而书中难免存在疏漏和不足之处,恳请各位读者不吝指正。

作 者
2024年4月30日

目 录

第1章　Web 3.0 概述 …… 1
1.1　什么是 Web 3.0? …… 1
1.2　Web 3.0 的技术基石 …… 3
1.3　Web 3.0 的数字生态 …… 7
参考文献 …… 9

第2章　以太坊和智能合约 …… 11
2.1　以太坊简介 …… 11
2.1.1　初识以太坊 …… 11
2.1.2　什么是智能合约 …… 15
2.1.3　流通于以太坊的 Token …… 16
2.2　智能合约编程语言 Solidity …… 22
2.2.1　Solidity 入门案例 …… 22
2.2.2　Solidity 语法 …… 23
2.3　智能合约构建案例 …… 25
2.3.1　简单的投票合约 …… 25
2.3.2　简单的 Token 合约 …… 27
参考文献 …… 31

第3章　预言机 …… 32
3.1　预言机概况 …… 32
3.1.1　预言机是什么 …… 32
3.1.2　为什么需要预言机 …… 33
3.1.3　预言机的设计模式 …… 34
3.1.4　预言机的应用场景 …… 35
3.1.5　设计预言机时需要考虑哪些问题 …… 36
3.2　典型项目介绍及合约实现 …… 37
3.2.1　Chainlink …… 37
3.2.2　NEST …… 42

3.2.3　Tellor　43
　　3.2.4　DOS Network　44
3.3　预言机案例分析　45
3.4　本章小结　46
参考文献　47

第4章　去中心化交易所　49
4.1　自动做市商　49
　　4.1.1　AMM 基本原理　49
　　4.1.2　去中心化交易所的特点　56
4.2　典型项目介绍及合约实现　56
　　4.2.1　Uniswap　57
　　4.2.2　Balancer　64
　　4.2.3　Curve 及其做市模型　68
　　4.2.4　DODO 及其做市模型　70
　　4.2.5　CoFix 及其自动做市模型　72
4.3　本章小结　73
　　4.3.1　不同 DEX 滑点与无常损失的对比　73
　　4.3.2　未来 DEX 的发展趋势　76
参考文献　77

第5章　去中心化借贷　78
5.1　去中心化借贷概况　78
　　5.1.1　借贷协议模式分类　78
　　5.1.2　借贷协议的市场需求　79
5.2　典型项目介绍及合约实现　80
　　5.2.1　Compound　80
　　5.2.2　MakerDAO　83
　　5.2.3　Aave　87
　　5.2.4　dYdX　97
　　5.2.5　闪电贷　102
5.4　本章小结　106
参考文献　108

第6章　去中心化保险　109
6.1　去中心化保险概况　109
6.2　典型项目及其合约实现　110
　　6.2.1　Nexus Mutual 及其合约实现　110

  6.2.2 COVER 及其合约实现 117
 6.3 本章小结 122
 参考文献 123

第 7 章 DeFi 数据分析工具 124
 7.1 以太坊浏览器 Etherscan 124
 7.2 The Graph 126
  7.2.1 The Graph 的工作原理 127
  7.2.2 The Graph 的简单使用案例 127
 7.3 Dune Analytics 128
 7.4 Footprint Analytics 130
 7.5 Bitquery 131
 7.6 Nasen 133
 7.7 市场指标分析工具：Token Terminal 134
 7.8 本章小结 136
 参考文献 136

第 8 章 非同质化代币（NFT） 138
 8.1 NFT 概况 138
 8.2 NFT 主要标准接口 139
  8.2.1 EIP-721 139
  8.2.2 EIP-165 实现 141
 8.3 NFT 典型项目介绍 142
 8.4 本章小结 145
 参考文献 146

第 9 章 DeFi 智能合约漏洞攻击检测 147
 9.1 智能合约运行平台架构概述 147
 9.2 常见智能合约漏洞 149
  9.2.1 默认可见性漏洞 149
  9.2.2 未检查返回值漏洞 151
  9.2.3 整数溢出漏洞 152
  9.2.4 无限循环漏洞 153
  9.2.5 重入漏洞 154
  9.2.6 危险的代理调用漏洞 157
  9.2.7 拒绝服务漏洞 159
  9.2.8 短地址/参数攻击 161
  9.2.9 外部智能合约参考漏洞 162

9.2.10　三明治攻击 …………………………………………………………… 167
9.3　智能合约漏洞检测方法 …………………………………………………………… 168
　　9.3.1　形式化验证法 …………………………………………………………… 169
　　9.3.2　符号执行法 ……………………………………………………………… 170
　　9.3.3　模糊测试法 ……………………………………………………………… 172
　　9.3.4　中间表示法 ……………………………………………………………… 173
　　9.3.5　深度学习法 ……………………………………………………………… 174
　　9.3.6　现存方法的不足与改进思路 …………………………………………… 175
9.4　一种基于深度学习的细粒度智能合约漏洞检测方法 …………………………… 176
　　9.4.1　元路径提取 ……………………………………………………………… 178
　　9.4.2　生成抽象语法树 ………………………………………………………… 178
　　9.4.3　向量序列生成 …………………………………………………………… 182
　　9.4.4　漏洞检测 ………………………………………………………………… 183
　　9.4.5　实验结果 ………………………………………………………………… 183
　　9.4.6　工作总结 ………………………………………………………………… 188
9.5　本章小结 …………………………………………………………………………… 189
参考文献 ………………………………………………………………………………… 190

第10章　Web 3.0发展趋势与挑战 …………………………………………………… 192

第 1 章　Web 3.0 概述

以太坊联合创始人加文·伍德（Gavin Wood）在 2014 年提出 Web3 的概念，旨在以区块链技术为基础，基于多种底层技术（如去中心化存储、去中心化身份认证等）建立一个无需信任的去中心化交互系统，革新目前的互联网模式。在 Web3 中，用户将完全拥有其数据信息所有权，网络将变得更加智能、安全、快速、可信。而 Web 3.0 一般是指语义网、物联网、大数据、人工智能、区块链和去中心化社区/组织等一系列技术的集合，以期构建新型数字世界（元宇宙），实现人、机、物、网深度融合，实现标准化/规范化接入。虽然两者在理念上存在差异，但彼此技术上相通且都代表互联网未来的发展方向。为避免歧义，本书将 Web3 与 Web 3.0 统称为 Web 3.0，不刻意作区分。

随着区块链应用的不断发展，Web 3.0 生态逐渐繁荣，相关配套设施越来越完善，下一代的互联网时代即将到来。本章围绕 Web 3.0 的定义和 Web 3.0 的相关底层技术，进一步窥探 Web 3.0 生态发展状况。

1.1　什么是 Web 3.0？

简言之，Web 1.0 所见即所得，Web 2.0 所创即所得，Web 3.0 所建即所得。对于 Web 3.0，目前依旧没有一个统一的定义，每个人心目中都有自己的 Web 3.0。下一代互联网将会以何种形式改变我们的世界，答案只能交给时间。但是，对于什么是 Web 3.0，大部分人的共同观点就是可信、快速、智能的互联网。要想真正理解什么是 Web 3.0，需要回顾互联网的发展史。

1. Web 1.0

尽管直到 20 世纪 80 年代互联网才逐渐进入大众的视线，最早的互联网在 1967 年便伴随一个名为阿帕网（ARPANET）的美国政府项目的启动而产生。所谓阿帕网，就是美国高级研究计划局（ARPA），它专注于电脑图形、网络通信、超级计算机等课题。而最初的阿帕网，仅有 4 个节点：加州大学洛杉矶分校、斯坦福研究院、加州大学圣巴巴拉分校、犹他大学，它们在网络之间交换信息。但是阿帕网无法与其他的个别计算机通信，于是，新的网络协议 TCP/IP 在 1983 年诞生。基于 TCP/IP 通用协议，1989 年万维网之父蒂姆·伯纳斯-李（Tim Berners-Lee）提出网络新协议和文档系统，通过网页的形式将内容静态地呈现给用户，这些网页绝大多数都是门户网站。在 Web 1.0 时代，没有搜索引擎，网页内容都是散乱的，而且通过信息投喂的形式向用户输出，用户只能阅读网络上的信息而不能在网络上发布自己的内容。

2. Web 2.0

只读的互联网显然不能满足人们的需求，越来越多的开发者渴望下一代互联网的到来。同时，随着硬件设施飞速发展，光纤网络技术得到提升，图片、音乐、视频等海量信息得以在网络世界快速传输，互联网用户在网络世界分享自己生活日常的需求大幅增长。2004 年，蒂姆·奥莱利（Tim O'Reily）和戴尔·多尔蒂（Dale Dougherty）在 O'Reily Media Web 2.0 大会上推广 Web 2.0 的概念。随着 Facebook、QQ 等社交平台的诞生，用户被允许在网络上生成自己的内容，例如图片、视频等，从而与其他用户互动。同时，Google、百度等搜索引擎的升级，以及推荐算法的应用，促使互联网变得越来越智能。

全新的互联网体验极大地改变了人们的生活，带来许多便捷之处，满足了用户之间的互动。然而，这种基于中心化平台的共享互联网模式也带来许多问题。用户想要体验平台所提供的功能，就必须将个人信息授权给第三方中心化平台管理。随着互联网巨头的兴起，这些大型公司通过中心化平台服务逐渐掌握用户的信息和数据，尤其是涉及隐私的重要数据。这样的互联网显得不够安全可靠，因此，建立一个可信、安全的高速互联网的呼声越来越高。

3. Web 3.0

2008 年中本聪发布了比特币白皮书，自此，以区块链技术作为底层技术的加密货币受到广大热爱者吹捧。区块链技术独有的去中心化、可溯源、不可篡改等优良特性十分吻合维护数据安全的需求，因此越来越多的互联网开发人员投入区块链研发事业当中。随着以太坊创始人维塔利克·布特林（Vitalik Buterin）将智能合约应用到以太坊网络，去中心化编程应用开始进入大众视野。通过智能合约，用户可以安全地交互计算，一个去中心化的可信网络雏形就此诞生。但关于 Web 3.0 依旧没有明确的定义。

意识到数据安全问题的加文·伍德首次提出 Web 3.0 的概念，他认为 Web 3.0 将会是一个可扩展的技术框架，通过全新的形式构建应用程序，使每一个用户都可以掌握自己的数据、资产和身份信息。关于 Web 3.0 的构想，历史上有许多声音。伯纳斯-李认为，"我们每个人都处在同一个社交网络中，它有趣、有用，但并不去中心化，各种广告和点击诱饵已经到了让人们不能忍受的地步。网民需要一个自由、开放的网络环境，去发表自己的见解和声音。"Netflix 创始人认为，"Web 1.0 拨号上网、平均带宽 50 K，Web 2.0 平均带宽 1 M，那 Web 3.0 就该是 10M 带宽、全视频的网络"。综合起来看，Web 3.0 应该是一个无服务器、去中心化、智能开放的可信高速网络。因此，区块链技术、去中心化存储、去中心化身份认证 DID（decentralized identity）、人工智能、5G 网络等技术将成为 Web 3.0 的重要基石。

简言之，Web 3.0 就是一个去中心化的互联网，旨在打造出一个全新的合约系统，并颠覆个人和机构达成协议的方式。Web 3.0 复刻了第一版互联网（即 Web 1.0）的去中心化基础架构，由用户自己架设博客网站以及 RSS feed。在此基础上，Web 3.0 还结合了 Web 2.0 丰富的交互体验，比如社交媒体平台。Web 1.0 和 Web 2.0 的特色相结合，就形成了 Web 3.0 的数字化生态，用户在其中可以真正拥有自己的数据，并且交易受到加密技术保障。用户无需再信任品牌背书，而是可以依赖确定的软件代码逻辑来严格执行协议。

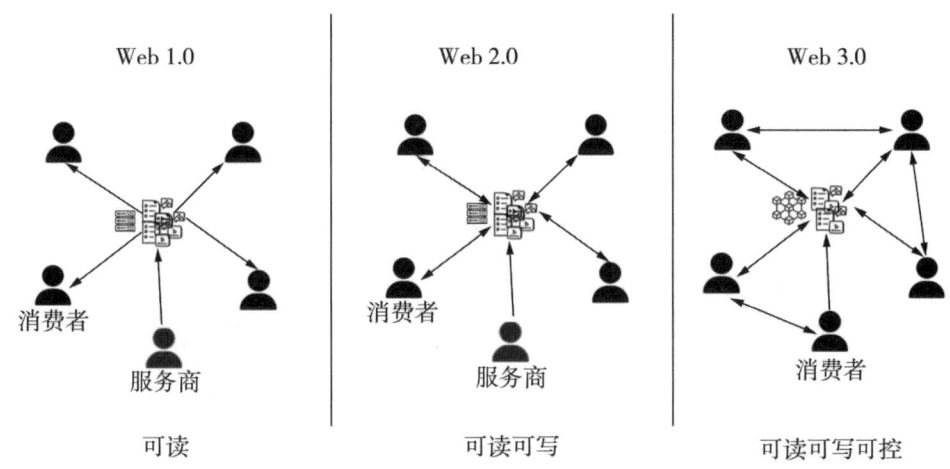

图 1-1　Web 1.0、Web 2.0 和 Web 3.0 中消费者与服务商的关系

1.2　Web 3.0 的技术基石

Web 3.0 生态之所以能取得长足进步，离不开底层技术的支撑。区块链技术就是 Web 3.0 最重要的基石，是实现去中心化、保证数据安全的重要保障。同时，去中心化存储、智能合约、预言机、钱包、去中心化身份认证等相关技术也被涵盖在内，多种技术构成了 Web 3.0 生态的技术栈。本节将详细阐述相关的技术基础。

1. 去中心化身份认证

在万维网诞生初期，其底层并没有设置数字身份的协议，因此，为了证明用户的数字身份，多种认证模式被设计出来。数字 ID 是网上冲浪时必备的信息，要想实现用户之间的交互，就必须验证对方的真实身份，创造安全可信的网络世界，防止被黑客攻击。最早期的身份认证采用的是传统的中心化账号模式，简单来说就是用户需要将个人的信息上传至中心化的机构，由中心机构验证用户的身份。这种模式缺乏可扩展性，用户使用不同平台需要注册多个身份，给用户管理带来许多麻烦。因此，一种新型的身份认证模式被提出：联盟身份。当用户把数据上传至一个中心系统，例如 Facebook、微信、QQ 等社交平台时，如用户再登录第三方平台，例如腾讯视频、知乎等，经过用户授权，微信等平台会将身份认证提供给第三方平台。在这种身份认证模式下，数据身份信息的使用权看似在用户手里，实际上发生越来越多隐私泄漏事件。越来越多人呼吁下一代互联网应该将数据的控制权完全归还给用户，通过开放、抗审查的网络保护个人隐私。因此，去中心化身份认证应运而生，用户能够自己控制自己的身份信息。身份认证模式如图1－2所示。

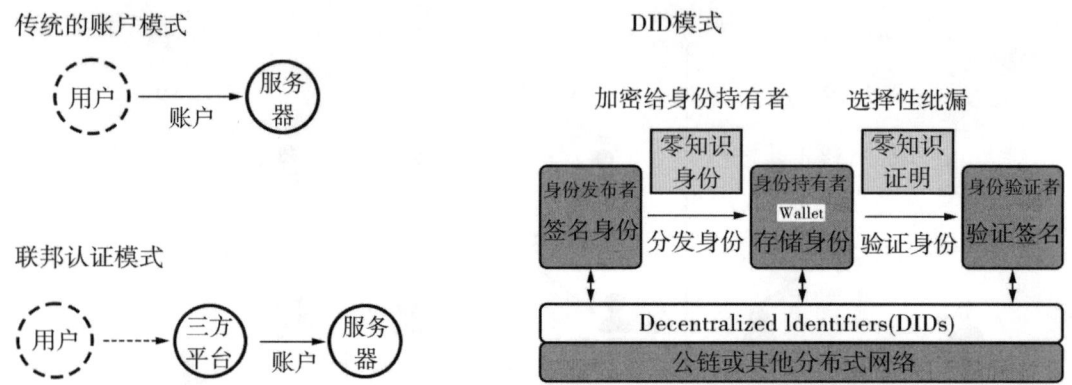

图1－2 身份认证模式

基于DID技术设计加密钱包，可以有效帮助用户管理自己的数字资产和身份信息，是Web 3.0生态的重要组件。目前较为知名的DID项目有Sovrin、uPort、MicrosoftDID、Civic等。

DID系统自下而上可分为网络层协议（TCP/IP协议）、区块链技术、DID协议（DID标识符、可验证声明、公私钥对、数据存储等）、应用层（Dapp），如图1－3所示。

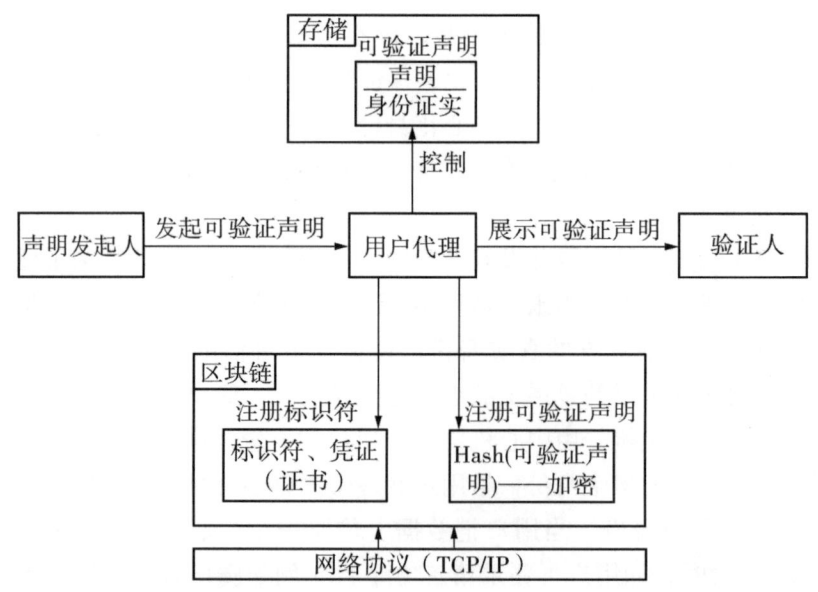

图1－3 DID技术实现框架

2. 区块链底层技术

2008 年，中本聪综合多项技术（哈希计算、公私钥对、共识机制、P2P 网络等），在白皮书中提出一种点对点的电子现金系统，由此，区块链技术吸引了大量研究型学者的关注。该技术首先将交易数据打包成块，新的区块包含前一个区块的哈希值，由此形成链。中本聪通过解数学难题来竞选出块节点，这个数学题只能通过不断重复地做哈希计算才能找到答案，算力越强，找到答案的概率越大，这个过程称为"挖矿"。矿工节点出块后将新的区块进行全网广播，其他节点验证区块的正确性，通过共识机制（例如拜占庭容错 PBFT）来达成全网共识。

简言之，区块链就是一个全世界共享的分布式账本，由节点对交易数据和事务打包记账，这些节点只要参与挖矿就有机会获得出块奖励。由于区块链技术具有不可篡改、可溯源、去中心化等特性，许多应用都将区块链作为其底层技术，Web 3.0 就是其中一个。基于 Web 3.0，交易记录、个人信息都可以得到安全的存储，防止被篡改。开发者可以在区块链网络部署自己的智能合约，开发可编程的 Dapp 应用。

3. 去中心化存储

Web 3.0 提倡维护数据安全，将数据的控制权完全归还给用户，所以去中心化在这个过程中就扮演着重要的角色。传统的中心化存储是将数据完整地存储在中心化机构维护的服务器上。为了优化存储性能，中心化机构往往会采用分布式的方式，将数据存储在多台服务器上，通过纠删码的技术实现数据冗余存储。而去中心化则是初始节点（拥有完整的数据文件）将数据切片后，共享给其他节点，其他节点获得切片后成为这个切片的种子节点，又可以将数据共享给其他节点。在其他条件不变的情况下，节点越多，下载同一个文件的速度就越快，同时还克服了单点失效的障碍。中心化与去中心化原理的对比如图 1-4 所示。

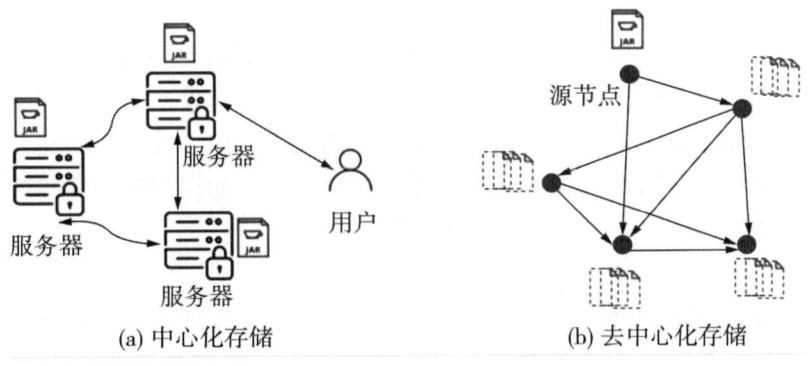

图 1-4 中心化与去中心化原理对比

去中心化存储的架构主要分为四层：网络协议层、区块链共识层、存储协议层、应用层。网络协议一般为 TCP/IP 协议，负责网络的可靠性传输；区块链共识层负责数据的加密、共识等；存储协议层负责激励机制、身份协议、智能合约等；应用层则包含客户端和服务端之间的加速软件等。去中心化存储的架构如图 1-5 所示。

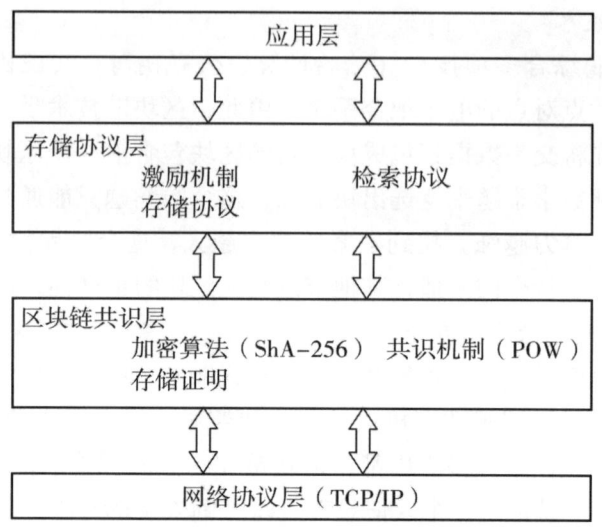

图 1-5 去中心化存储架构

目前去中心化存储的主要项目有 BitTorrent、IPFS 等。BitTorrent 是利用点对点技术实现的内容分发网络，具有去中心化存储的雏形，但仍存在一定的改进空间。IPFS 作为融资最高的去中心化存储项目，本质上是一个底层开源的文件传输协议。总体而言，去中心化存储作为 Web 3.0 不可或缺的底层技术之一，仍需要大力发展完善，为下一代互联网的到来奠定扎实的基础。

4. 人工智能

人工智能是计算机科学的一个分支，主要是研究开发用于模拟、延伸和扩展人的智能的理论和方法。基于算法，运用机器学习、深度学习等技术，可以用机器模拟人类智能。在 Web 1.0 时代，人工智能技术还不成熟，网页都是静态的，而且内容散乱无章，给信息查找带来了很大困难。到了 Web 2.0 时代，人工智能兴起，通过机器学习等算法，分析用户的行为，可以进一步推荐用户可能感兴趣的内容，使互联网变得好像可以理解用户。而在 Web 3.0 时代，网络将会是一个语义网，内容搜索会变得更加简单，互联网会变得更加智能。因此，在 Web 3.0 即将来临之际，如何部署和完善好人工智能局面，落实智能化互联网，是未来重要的热门研究问题。

5. 5G 网络

3G 到 4G 互联网的蜕变，让我们感受到了网络的飞速发展，让大型文件在网络上高速传播成为可能。早期的互联网只能支持文字的传送，缓慢的网速让人无法忍受。4G 网络让互联网上的图片、音乐、视频得以快速分享，使得大型应用，如腾讯视频、哔哩哔哩等广受好评，用户可以将自己创作的内容快速地分享给其他用户。但是在 Web 3.0 时代，这样的网速依旧是不够的。随着 3D 图形技术的加入，下一代互联网可能会提供更加沉浸式的体验，构建逼真的虚拟世界，其中更高速的网络、更强大的计算能力是不可或缺的。

1.3 Web 3.0 的数字生态

Web 3.0 作为下一代互联网,旨在构建一个可读、可写、可控的生态系统,将用户的隐私数据使用权归还给用户本身。Web 3.0 的应用离不开关键技术作为底层支撑,例如区块链技术,其不可篡改性保证了 Web 3.0 的上层应用数据可以保持一致;区块链的匿名性保护了用户的数据隐私;去中心化特性则消除了第三方服务中心,使 Web 3.0 的项目无需依赖可信第三方。由于 Web 3.0 具有许多优良特性,一些基于 Web 3.0 的 Dapp 如雨后春笋般涌现。截至 2023 年 1 月,已经有超过 13 000 个 Web 3.0 应用在多个平台部署上线。

随着越来越多的开发人员专注于区块链应用开发,底层设施逐渐得到完善,例如去中心化存储、去中心化身份认证、钱包等。2020 年 6 月,流动性挖矿这一概念的提出,衍生了去中心化金融(decentralized finance,DeFi),又随着加密艺术品的"出圈",NFT 这一概念火爆全网。在游戏公司 Roblox 入股元宇宙(Metaverse)后,Facebook 改名 Meta,正式投入元宇宙的建设,微软、腾讯、阿里巴巴等互联网巨头也纷纷"入局"。Web 3.0 的应用可以分为以下几类:DeFi、DAO、NFT、元宇宙。Web 3.0 的生态可以分为两层,包括底层基础技术架构(区块链、分布式存储、人工智能、人机交互等技术)和上层去中心化应用,如图 1-6 所示。

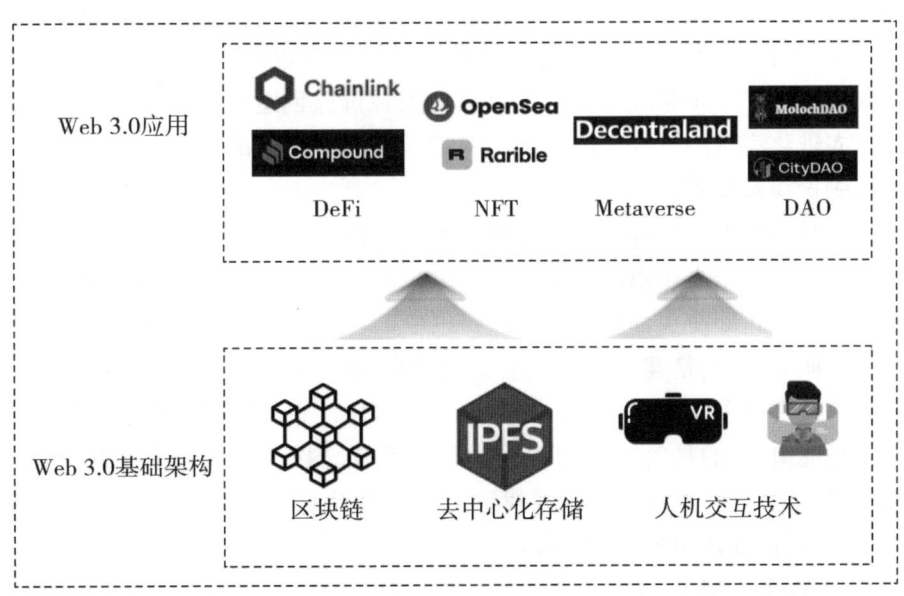

图 1-6 Web 3.0 的生态架构

1. 去中心化金融（DeFi）

作为 2020 年搜索热度最高的金融交易模式，去中心化金融（也称分布式金融）无疑将会颠覆传统的金融交易模式。中心化的金融模式往往可以高效地满足用户需求，但是相应的维护成本也比较高，需要一个中心化的可信第三方机构来撮合交易、存储数据。然而，现实世界很难找到一种完全可信的第三方，过于集中化的中心服务器同时会存在单点失效的安全风险。去中心化金融则有望重构传统的经济模型，利用去中心化的区块链技术，去除第三方的中央机构。所有的传统金融活动，包括借贷、交易、保险等，都可以一一映射到 DeFi 世界。

与传统的金融服务相比，DeFi 有较多的优点。首先，DeFi 无需第三方中介。在传统的交易模式下，发起一笔交易，首先需要向中央机构（可以是银行等中介）发起申请，中央机构再向接收方发起交易申请。而在 DeFi 中，以区块链作为底层，无需取得交易对方的信任，而是由智能合约技术保证交易安全可靠，且任何人都无法篡改记录。其次，DeFi 都是开源的、可组合的、可编程的。Dapp 的代码都是开源的，所有参与者都可以审查代码是否存在漏洞。Dapp 提供许多 API 接口，供其他 Dapp 组合使用，DeFi 就像是一个乐高世界，通过不同组件之间的拼接，构建繁荣的生态。DeFi 主要可分为几大主流赛道：去中心化交易所、去中心化借贷、去中心化保险、预言机、衍生品等，在后续章节中将分别对这些赛道展开介绍。

2. 去中心化自治组织（DAO）

布特林在 2013 年的以太坊白皮书中定义了去中心化组织（decentralized autonomous organization，DAO），认为 DAO 可以通过智能合约来自动运行，不需要外界干预。DAO 的成员可以控制自己的数据，防止传统中心化组织滥用数据，因此 DAO 可以有效保护数据的隐私。基于 Token 经济系统，DAO 可以实现价值创造和价值流通，实现自治、民主决策、自主进化完善的过程。因此，DAO 在构建一个开放的世界和实现 Web 3.0 主要目标的过程中扮演着重要角色。

在《海星式组织》一书中，作者用蜘蛛和海星的组织结构做比喻，提出分布式系统的优点：蜘蛛对应于中心化系统，当其头部组织被切掉时，将无法再继续活动，而海星对应于分布式系统，即使头部组织被切断，也依旧可以活动，象征分布式系统具有非常高的稳定性。而 DAO 则是建立在智能合约之上的公开透明组织，不受中心化的机构控制，通过代币经济模型实现自运转、自治理、自演化，交易记录等相关信息则被记录到区块链上。目前 DAO 的种类主要可以分为运行系统、投资、收藏家、社交、媒体等类型。然而，由于 DAO 种类繁多，很难找到同时适用于不同类型 DAO 的管理机制，因此目前的 DAO 依旧还处在初始探索阶段。

3. 非同质化通证 NFT

非同质化通证（non-fungible token，NFT）是一种独一无二的数字资产证明。其与同质化通证（例如以太币 ETH）不同的是，非同质化通证好比 NBA 球星卡片，每一张卡片都是不对等的，具有不同的价值含义，而同质化通证的价值含义是相等的，例如每一个 ETH 都是等价可互换的。NFT 的出现，有助于对 Web 3.0 生态的创作内容进行数字确权，从而保证 Web 3.0 生态的价值安全流通。

NFT 是 Web 3.0 生态中异军突起的力量。NFT 为数字资产提供了可验证的所有权，让这些数字商品拥有与实物资产同样的独特性。有了 NFT，数字资产即使外观一模一样，也可以互相区分开来。这就像现实世界中两本一模一样的书可以通过它们各自独特的标记和磨损痕迹区分开来一样。通过 NFT，可以将显示世界的艺术品、创作内容变为数字资产，通过区块链技术完成确权，保证数字资产的安全性。同时，这些数字资产在未来可用于元宇宙世界。在虚拟世界中，NFT 技术将扮演着重要的角色。

4. 元宇宙

元宇宙概念最早来自小说《雪崩》，即人类将致力于构建一个虚拟的世界，这个世界由所有人类共同维护，实现共建、共享、共创的宇宙。在元宇宙里，可以完成许多在物理世界中无法完成的活动，例如参加虚拟演唱会，用户可以像在太空一样翱翔；在密室逃脱、剧本杀等活动中，超越物理条件的限制，设计一些违背常理的规则，可以随意想象，在虚拟世界完成超乎想象的活动；以前人们需要在现实世界的商场挑选喜欢的商品，而有了元宇宙后，可以在虚拟的商场购物；还可以在虚拟世界中邀请好友一起尝试不一样的体验。元宇宙对当今生活的改变还有许多，无论是社交、娱乐、文化等方面，都将颠覆传统的认知。元宇宙的 UGC（user generate content）为元宇宙的共创理念奠定了基础，用户可以自己创作内容，通过 NFT 技术认定所有权，给元宇宙带来丰富多彩的内容。

元宇宙一定不是由一家公司独自掌控的，它是一个数字空间，是扩展现实世界的平行虚拟增强现实。其主要市场由体验、社交、创作者经济、人工智能、去中心化、人机交互等组成，由全世界用户共同维护，共同创建。

参考文献

[1] CAO L. Decentralized AI：Edge intelligence and smart blockchain, metaverse, Web3, and DeSci[J]. IEEE Intelligent Systems, 2022, 37(3)：6-19.

[2] DING W, HOU J, LI J, et al. DeSci based on Web3 and DAO：A comprehensive overview and reference model[J]. IEEE Transactions on Computational Social Systems, 2022, 9(5)：1563-1573.

[3] BELK R, HUMAYUN M, BROUARD M. Money, possessions, and ownership in the Metaverse：NFTs, cryptocurrencies, Web3 and Wild Markets[J]. Journal of Business Research, 2022, 153：198-205.

[4] SHERIDAN D, HARRIS J, WEAR F, et al. Web3 challenges and opportunities for the market[J]. arXiv preprint arXiv：2209.02446, 2022.

[5] WAN S, LIN H, GAN W, et al. Web3：The next internet revolution[J]. arXiv preprint arXiv：2304.06111, 2023.

[6] QIN R, DING W, LI J, et al. Web3-based decentralized autonomous organizations and operations：Architectures, models, and mechanisms[J]. IEEE Transactions on Systems, Man, and Cybernetics：

Systems,2022,53(4):2073-2082.

[7] HUANG R, CHEN J, WANG Y, et al. An overview of Web 3.0 technology: Infrastructure, applications, and popularity[J]. arXiv preprint arXiv:2305.00427, 2023.

[8] LIU Z, XIANG Y, SHI J, et al. Make web 3.0 connected[J]. IEEE transactions on dependable and secure computing, 2021, 19(5): 2965-2981.

[9] GARON J M. Legal implications of a ubiquitous metaverse and a Web3 future[J]. Marq. L. Rev., 2022, 106: 163.

[10] DUAN H, LIN Z, WU X, et al. MetaCube: A crypto-based unique user-generated content editor for Web3 metaverse[J]. IEEE Communications Magazine, 2023.

[11] ZHANG D, CHADWICK S, LIU L. The Metaverse: Opportunities and challenges for marketing in Web3 [J]. Available at SSRN 4278498, 2022.

[12] YANG Q, HUANG H, LIN K, et al. An introduction to Web3 and metaverse[M]//From Blockchain to Web3 & Metaverse. Singapore: Springer Nature Singapore, 2023: 1-25.

[13] 斯雪明,潘恒,刘建美,等.Web 3.0下的区块链相关技术进展[J].科技导报,2023,41(15):36-45.

[14] 成生辉,黄天意,孟怡然,等.Web 3.0的发展机遇及挑战[J].科技导报,2023,41(15):22-35.

[15] 邬江兴,邹宏,张帆,等.Web 3.0与网络技术发展范式若干问题研究[J].科技导报,2023,41(15):12-21.

[16] Filipčić S. Web3 & DAOs: An overview of the development and possibilities for the implementation in research and education[C]//2022 45th Jubilee International Convention on Information, Communication and Electronic Technology (MIPRO). IEEE, 2022: 1278-1283.

[17] WANG G, QIN R, LI J, et al. A novel DAO-based parallel enterprise management framework in Web3 era[J]. IEEE Transactions on Computational Social Systems, 2023.

第 2 章 以太坊和智能合约

自从 2008 年中本聪提出比特币的概念以来，人们逐渐对加密货币有了新的认识，许多研发人员投身于区块链技术的研究，包括支撑区块链发展的共识协议、P2P 网络、加密技术等。在研发的过程中，人们发现区块链技术不应该仅仅适用于比特币，而应当被广泛应用于游戏、物流、不动产登记等行业。以太坊的出现实现了这一新想法，区块链技术得到进一步的应用。以太坊是继比特币之后的另一条公链，开发者可以在这一个平台上开发去中心化应用。

能够在区块链网络运行的代码称为智能合约，而智能合约在以太坊网络运行的环境称为以太坊虚拟机（Ethereum virtual machine，EVM）。通过编写智能合约，可以开发多种去中心化应用，将区块链技术渗透到不同的行业发展，例如分布式金融 DeFi、区块链游戏。

什么是以太坊？什么是智能合约？智能合约又怎么编写？对于这些问题，本章将重点介绍以太坊的背景、核心概念等，智能合约以及其编写语言 Solidity 的语法，以期在读者了解以太坊和智能合约的基础下，通过解读典型的智能合约案例，加深读者对智能合约开发的理解。

2.1 以太坊简介

在比特币公链面世之后，出现许多优秀的公链项目，例如以太坊、波卡、EOS、HECO 等，这些公链都具有自己独特的理念。本书介绍的内容主要是以太坊上的相关项目。作为市值排名仅次于比特币的公链，以太坊具有哪些创新？下面将从以太坊的发展路线、核心概念出发，初步介绍以太坊。

2.1.1 初识以太坊

1. 以太坊发展路线

2014 年 1 月，布特林发表以太坊白皮书——《以太坊：一个下一代智能合约和去中心化应用平台》，正式提出以太坊的概念。同年的迈阿密比特币会议上，布特林宣布以太坊项目，并在同年 7 月启动以太坊众筹募资，最终募得 3.1 万枚比特币，自此，以太坊开始走向成长之路。以太坊的发展历史可分为六个阶段。

（1）奥林匹克（Olympic）。2015 年 5 月，以太坊区块链开放测试网络，开发人员可以提前探索以太坊网络的运作方式，以及测试网络的负载能力、抗压性等。总共开放 9 个版本的测试网络，其中最后一个网络是奥林匹克网络，以太网络将会为这些开发人员提供总额为 25 000 ETH 的奖励。

（2）边疆（Frontier）。2015 年 7 月 20 日，以太坊正式上线主网络，以太坊的创世区块产生。但是此时的以太坊属于最初的版本，犹如在边疆拓荒一般，因此把这一阶段命名为边疆。

（3）家园（Homestead）。2016 年 3 月 14 日，以太坊网络的首次硬分叉在区块高度 1 150 000 上进行，进入"家园"阶段。进入家园阶段后的以太坊，通过募集 1.5 亿美元的资金形成去中心化自治组织 The DAO。由于存在漏洞遭受黑客攻击，6000 万美元被盗。自此，人们开始对以太坊的安全性产生怀疑，布特林等人建议通过回滚交易，实行硬分叉的方式将资金返还。但是社区的另一部分人仍坚持在原链上挖矿，于是划分出以太坊（ETH）和以太坊经典（ETC）两条链。

（4）大都会（Metropolis）。大都会阶段又分为两个阶段进行：

①拜占庭硬分叉（Byzantium）。2017 年 10 月 6 日，拜占庭硬分叉在区块高度 4 370 000 上激活，区块奖励从 5 ETH 减少到 3 ETH。

②君士坦丁堡（Constantinople）。2019 年 2 月 28 日，君士坦丁堡分叉在区块高度 7 280 000 上进行，以太坊网络进一步升级，区块奖励再一次减少，从 3 ETH 降低为 2 ETH。

（5）伊斯坦布尔（Istanbul）。2019 年 12 月 8 日，以太坊网络依计划在区块高度 9 069 000 上执行升级。提出的许多 EIP，包括减少 Gas 费用、在合约中引入新功能等。

（6）宁静（Serenity）。"宁静"阶段是以太坊网络最后一次大升级，秉承五个基本原则：简洁性、强韧性、持久性、安全性和去中心化，构建一个宁静和谐的区块链世界。主要实现 PoW 向 PoS 共识机制的转变，同时引入信标链（beacon chain）、分片（sharding）、eWASM（Ethereum-flavored Web Assembly）。

2. 什么是以太坊

自 2008 年中本聪提出比特币以后，数字货币以及其区块链底层技术逐渐被人们所接受。但是由于当时的比特币系统只能实现分布式的数据存储，缺乏一个保存状态的账户概念，在许多应用场景下都受到限制。事实上，用户更需要的是一个基于区块链技术的、具有图灵完备性、结合智能合约应用于更广泛应用场景的开发平台。而以太坊就是解决这些问题的答案，是智能合约完整的解决方案，可帮助用户实现分布式的数据存储和计算。

从计算机体系的层面来理解，以太坊可以看作一个世界级的计算机。全世界范围内的开发者都可以在这台计算机上进行应用开发。通过区块链技术来实现当前计算机状态的分布式存储，任何人都可以查看节点上存储的状态信息，因此以太坊是可信的。那么当有了这台"世界计算机"之后，可以干什么事情呢？用户可以编写代码，让这些代码在计算机上快速运行。于是把智能合约应用了起来，要想让智能合约在"世界计算机"

上安全地运行,还需要搭建一个环境,这个环境就是以太坊虚拟机,即 EVM。EVM 相当于一个"黑箱子",智能合约在其中运行时,不同合约之间的交互是有限制的,这可以保证合约的安全性。有了可以在"世界计算机"上运行的代码后,开发者设计过程就简单了许多。开发者只需要根据实际需求来编写合约,以多个合约搭建一个完整的框架,就可以开发一个去中心化应用。

打个通俗一点的比方,可以把以太坊看作是手机上的 Android/iOS 系统,而智能合约就是在这个系统中运行的程序,通过对这些程序进行设计,就可以开发各种各样的去中心化应用 Dapp。为了提高开发效率,以太坊对底层的区块链技术进行了封装,区块链应用开发者可以直接在以太坊平台上进行开发,只需要专注于智能合约本身的逻辑以及优化代码,无需考虑区块链节点共识等问题,大大降低了开发难度。

从技术层面来看,以太坊也可以看作是由交易驱动的状态机。相比于比特币系统,以太坊引入了账户的概念。账户分为两种,一种是外部账户,即 EOA(external owned account);另一种是合约账户。两种账户最主要的区别是外部账户没有关联的代码,而合约账户包含相关的代码。以太坊的状态转换可以抽象地理解为 Apply(S,tx)= S′,其中,Apply()表示状态转换函数,tx 表示交易,S 代表原来的状态,S′代表交易驱动后的状态。例如,图 2-1 所示是以太坊白皮书中的一个状态转换案例。

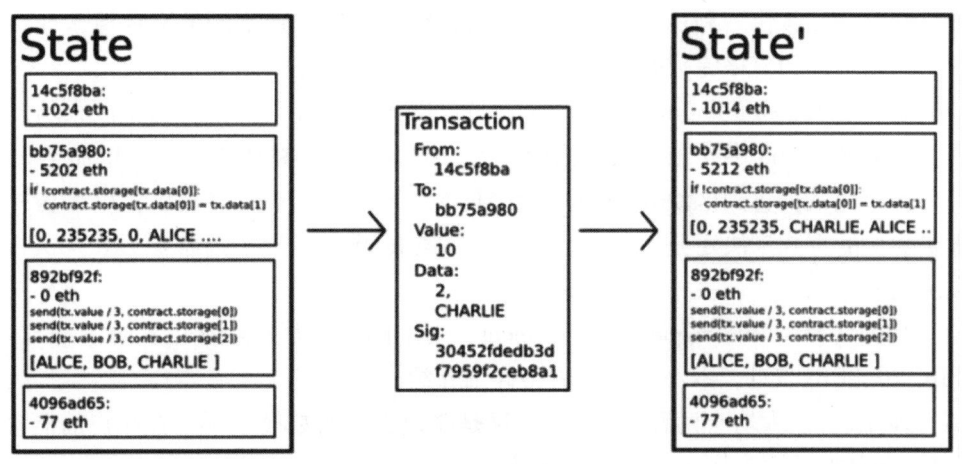

图 2-1 以太坊状态转换案例

图中假设存在 2 个外部账户、2 个合约账户,外部账户 14c5f8ba 发起一笔交易,向合约账户 bb75a980 转 10 ETH,要求将合约账户中数据改为 CHARLIE。附上外部账户的签名后,以太坊状态发生了改变。全球范围的节点将会同步这些状态的转换,从而保证交易可溯源、不易被篡改。以太坊网络因为可以加载数据负荷,应用的场景更为广泛了。目前主要有分布式金融、预测市场、区块链游戏等应用场景,未来随着以太坊生态不断优化改进,区块链技术将会深入渗透更多的行业。

3. 以太坊的核心概念

在了解以太坊的过程中,将会接触到以太坊的相关核心概念。为了更好地讲解以太坊，下面列出以太坊网络中出现的部分重点概念。

（1）账户：以太坊上的账户分为两种，即外部账户和合约账户。外部账户由公私钥对控制，由公钥生成地址，没有存储代码的功能；合约账户可以存储代码，合约地址由创建者地址与该地址发出过的交易数量 Nonce 计算得出。两种账户本质上并没有太大区别，关键是外部账户不能存储代码。每个账户都包含 4 个部分：

①随机数（Nonce）：外部账户中的 Nonce 值代表发出交易的序号，合约账户的 Nonce 值代表合约的序号，因此合约地址会随着 Nonce 值改变而改变。

②余额（balance）：表示账户中存储的以太币数量。

③存储（storage）：以太坊使用了 MPT（Merkle patricia tree）的数据结构来存储合约状态和代码，任意叶节点数据的变动都会导致根节点 hash 值的变化，因此只需要存储 MPT 根节点的 hash 值就可以维护状态的一致性。

④合约代码：外部账户没有存储代码，因此是空字符串的 hash 值，而合约账户的代码被哈希计算后得到 hash 值。

（2）Gas：在以太坊上交易收取的费用，目的是限制执行交易时的工作量。Gas 的计算公式是 Gas = gasprice × gaslimit。这是合约调用时给矿工的预算，如果 Gas 被耗尽，交易将会被回滚，如果 Gas 有剩余，则原路回退给调用者。一般而言，Gas 值设置得越高，交易被打包的速度越快。利用这个特点，套利者经常通过设置不同的 Gas 值来改变交易顺序，从而以不同的价格完成交易。

（3）EIP（Ethereum improvement proposal）：以太坊升级提案，有助于以太坊网络的升级。例如 EIP-3368 中矿工建议将当前以太坊网络的挖矿奖励从 2 ETH 增加至 3 ETH，此后每个区块微减，直到区块 8 000 000 后降低至 1 ETH。针对这些提议，以太坊社区会通过投票表决的方式来决定是否通过。一般以太坊的升级、分叉都需要 EIP 来执行，体现民主决策的理念，实现去中心化管理。

（4）ERC（Ethereum request for comment）：用于以太坊上各种开发的标准与协议，例如 ERC 20、ERC 721，本小节后面将会详细介绍。

（5）Nonce：以太坊有两种 Nonce，一种是账户交易的数量（详情在账户的概念中可见），另一种是挖矿中工作量证明的随机数。

4. 以太坊 2.0

目前以太坊 1.0 处理速度很慢，吞吐量低。按照每 14 秒产生 1 个区块计算，最初以太坊中的区块上限为 150 万 Gas，一笔交易大概是 2.1 万 Gas，即一个区块大概可以包含 70 笔交易。截至 2020 年 2 月，以太坊区块 Gas 上限达到 1250 万，理论上一个区块最多可以包含 595 笔交易，但是实际大部分区块只包含了 200 笔交易。换言之，现在的以太坊网络大概每秒能处理 15 笔交易。由于 TPS（transaction per second）过低，而随着 DeFi 的爆发，加密世界交易需求量越来越大，导致以太坊极易出现拥堵的状况，交易的 Gas 不得不随之提高，高昂的交易成本使得用户得不到满意的交易体验。如果一个区块中包含过多的交易，为了保证网络节点能正常同步，网络必须延迟，出块时间增加。因此，区块包含交易量与出块时间两个因素之间的平衡限制了以太坊吞吐量的增加，必须提出新一代的以太坊才能满足当今巨大的交易量需求。

以太坊2.0就是这样的新一代以太坊，不同于以太坊1.0，以太坊2.0的TPS理论上可以达到1000甚至10000。以太坊2.0不再沿用PoW的共识机制，而是引入PoS（权益证明），矿工必须向以太坊锁定以太币才能参与挖矿，如果出现恶意的交易，那么锁定的以太币将被罚没。目前以太坊2.0的设想由3个阶段来构建：Phase0阶段建立一条信标链（beacon chain），信标链是以太坊2.0系统的基础；Phase1阶段加入分片链（shard chain），分片链主要与信标链完成交联；Phase2阶段引入eWASM（Ethereum-flavored WebAssembly）虚拟机代替EVM。

2.1.2　什么是智能合约

数字合约是在互联网上运行的数字化签名合约。签署合约的双方可以是互相不认识的个体，也可以是较大规模的团体，为了防止交易对手不按照约定来执行合约，一般会把数字协议交给一个营利性的中介公司，保证交易双方可靠地按约定执行合约。这个机制在一定程度上能规避风险，但是这也给了中介公司过多的控制权限，同时需要向中介公司支付管理等的费用，增加交易成本。

智能合约则是运行在区块链上的数字协议，一旦被部署，任何人都不可更改其中的内容，只要满足触发合约的条件，智能合约将会严格按照既定的设计去执行，具有非常高的安全性和高效性。早在1995年，尼克萨博提出智能合约的概念，就是将法律条文写成可执行的代码。最早版本的智能合约称为多重签名智能合约，必须有足够多的公钥来使用对应的私钥对交易签名，交易才能生效。比特币在2012年首次将多重签名交易引入区块链。之后出现了协议型智能合约，在区块链中嵌入几条核心编程指令，智能合约开始有了代码的能力。2015年以太坊发布脚本化智能合约，以太坊区块链相当于一个大型的"计算机"，多种智能合约可以同时运行。以太坊为智能合约搭建了一个世界级平台，开发者可以自行管理智能合约，提高开发效率。目前已出现具有外部连接性的智能合约，智能合约可以通过中间件与链下世界联系，使智能合约的应用场景更加广泛。目前的智能合约主要应用于DeFi这类金融产品以及区块链游戏，通过智能合约构建一个去中心化的世界。

智能合约在实际生活中可以产生什么样的影响？举个简单的例子：汤姆是一个摄影爱好者，在某个电商平台上买了一台8000元的单反相机，使用一个月后，机器出现问题。他发现产品还在保修日期内，于是寄回商家准备理赔。但是商家却认定问题是由人为因素造成的，不在理赔范围内。这种情况就产生了理赔纠纷，买卖双方都想维护自己的利益。如果汤姆和商家在最初交易时签订一份理赔智能合约，双方约定、罗列出理赔的详细条件，当达到这些条件时，合约将会自动执行，商家必须按合约来履行，那么整个过程就无需人工判定，既可提高效率，又可维护双方的利益。类似的例子在生活中数不胜数，如果智能合约能替代传统的条约，那么交易过程将会变得"无需信任"。

2.1.3　流通于以太坊的 Token

在区块链上，具有两种加密货币，一种是原生币（coin），例如比特币、以太币等，这些加密货币都有自己的区块链；另一种是代币（token），例如 USDT、UNI 等，它们依托其部署的区块链来记账。代币又有同质化和非同质化之分，非同质化代币是独一无二的、不可分割的，例如加密猫、数字艺术品等。为了统一这些代币的发行标准，方便在不同区块链上流通，以太坊社区提出了许多 ERC 标准。ERC 是什么？以太坊社区提出的 EIP（Ethereum improvement proposal）被社区接受后可以转变成以太坊的标准，即转变成 ERC（Ethereum request comment）。以 ERC-20、ERC-721 等为例，分别规定了同质化和非同质化 Token 的接口标准。下面分别介绍 ERC-20、ERC-721 与 ERC-1155 标准的核心内容。

1. ERC-20

ERC-20 是同质化 Token 的标准接口，实现这一接口可以允许 Token 从钱包转到去中心化交易所、为智能合约提供标准 API 接口。整个标准包含 4 个基本属性、5 个基本函数和 2 个事件。

（1）基本属性：

```
function name() public view returns (string) //定义 Token 的名字,例如"MyToken"
function symbol() public view returns (string) //定义 Token 的标识符,例如"MT"
function decimals() public view returns (uint8) //规定 Token 的精度,例如设置 decimal 为 8 时,Token 最小可以划分为 0.00000001
function totalSupply() public view returns (uint256) //设置 Token 的总发行量
```

（2）基本函数：

```
function balanceOf(address _owner) public view returns (uint256 balance) //返回目标地址的余额
function transfer(address _to, uint256 _value) public view returns (bool success) //向_to 地址转_value 数量的 Token,触发 Transfer 事件,返回一个布尔值判断是否成功转账。如果调用该函数的地址余额不足以支付,将会导致返回失败
function approve(address _spender, uint256 _value) public view returns (bool success) //给_spender 地址授权_value 数量的 Token,返回布尔值以判断是否授权成功
```

```
function transferFrom(address _from, address _to, uint256 _value)
public view returns(bool success) //主要用于提现Token,_from地址授权给
_spender地址后,spender 可以将_from 地址数量为_value 的 Token 转移至_to 地
址,返回布尔值以判断是否转移成功
function allowance(address _owner, address _spender) public view
returns (uint256 remaining) //判断_owner 地址授予_spender 地址 Token 的
数量还剩余多少,返回该数量的 Token
```

（3）事件：

```
event Transfer(address indexed_from, address index_to, uint256 _value)
event Approval(address indexed_owner, address index_spender, uint256
_value)
```

ERC-20 标准的整体结构如图 2-2 所示。

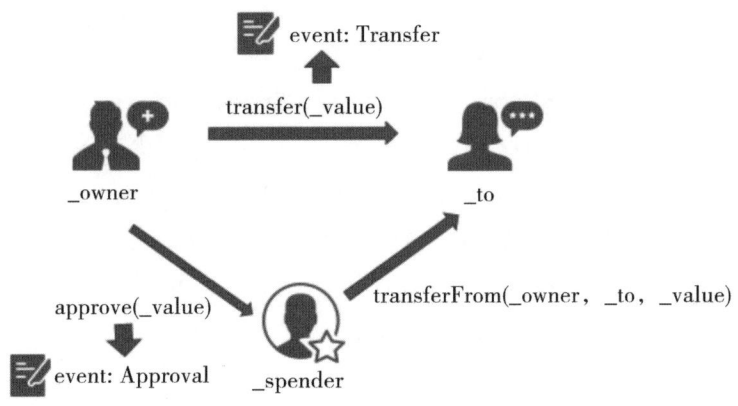

图 2-2　ERC-20 接口框架

2. ERC-721

ERC-721 是非同质化 Token 的标准接口，也可以看作是实际资产的一种契约。顾名思义，非同质化代表两个不同的 NFT 是不相等的，同时也是不可分割的。在现实世界中，有很多物品确实是独一无二的，例如数字艺术品、稀有收藏品、游戏中的稀有道具等，NFT 则确定这些稀有物品的所有权，通过区块链技术对所有权进行验证和追踪溯源。因此，NFT 对稀有物品的防伪和确权具有非常广泛的应用。其实早在 2017 年 NFT 就已经被提出，加密猫曾经引爆 NFT 整个市场，为加密市场贡献了价值超过 4000 万美元的交易，最贵的加密猫"龙"以 600 ETH（17 万美元）的价格售出，之后逐渐开始退出大众的视野。2021 年加密市场再一次被 NFT 引爆，截至 2021 年 4 月，NFT 市场主要分为几大板块：数字艺术品、游戏物品、数字收藏品、通证资产。主流的 NFT 交易平台有

Nifty Gateway、Super Rare、Foundation、Open Sea、Zora、Makersplace、Rarible，加密艺术品总价值超过 4 亿美元。发行 NFT 的背后标准 ERC-721 主要包含哪些内容？ERC-721 规定了 9 个函数、3 个事件、1 个只能合约触发接口和 2 个可选的接口。

（1）函数：

function balanceOf(address_owner) external view returns (uint256) //计数 owner 地址拥有的 NFT 数量，如果 owner 地址为 0 地址，将会被 throws

function ownerOf(uint256_tokenId) external view returns (address) //利用 tokenId 来寻找 NFT 的拥有者，返回其地址，注意 NFT 不能被分配到 0 地址

function safeTransferFrom (address _from, address _to, uint256 _tokenId, bytes data) external payable //将 NFT 从_ from 地址转移至_ to 地址，触发 Transfer 事件。注意当前函数的调用者 msg.sender 必须是 NFT 的当前拥有者 owner、权威的 operator、授权的 approved 三者之一。转移完毕后，检查 to 地址是否为一个合约地址(code size >0)，如果是合约地址将调用 ERC721TokenReceiver 接口的 onERC721Received 函数，返回值必须是"bytes4 (keccak256 ("onERC721Received (address,address,uint256,bytes)"))"

function safeTransferFrom (address _from, address _to, uint256 _tokenId) external payable //相比较于上一个函数，减少了 data 参数

function transferFrom (address_from, address_to, uint256_tokenId) external payable //与上一条函数相似

function approve (address _approved, uint256 _tokenId) external payable //将 NFT 的所有权转移给_ approved 地址，调用该函数的 msg.sender 必须是当前 NFT 的所有者 owner、权威 operator 这两者之一，触发 Approval 事件

function setApprovalForAll (address _operator, bool _approved) external //为 msg.sender 的 NFT 资产设置权威的第三方 operator，触发 ApprovaForAll 事件

function getApproved (uint256 _tokenId) external view returns (address) //查询 Id 为_ tokenId 的 NFT 的授权人地址

function isApprovedForAll (address _owner, address _operator) external view returns (bool) //判断 NFT 的拥有者是否将所有 NFT 授权给 operator 地址

（2）事件：

event Transfer(address indexed _from, address indexed _to, uint256 indexed_tokenId)

```
event Approval(address indexed_owner, address indexed_approved,
uint256 indexed_tokenId)
event ApprovalForAll(address indexed_owner, address indexed_operat
or, bool_approved)
```

(3) ERC721TokenReceiver 接口：

```
Interface ERC721TokenReceiver {
    function onERC721Received(address _operator, address _from,
    uint256_tokenId, bytes_data) external returns(bytes4) //这是NFT
    所有权转移后产生的回执
}
```

(4) 元数据接口（可选）：

```
Interface ERC721Metadata {
    function name() external view returns (string _name) //为NFT 定义一
个名称
    function symbol() external view returns (string _symbol) //为NFT
定义一个标识符
    function tokenURI(uint256_tokenId) external view returns(string)
//URI 可以是一个 Json 文件
}
```

(5) 可列举的 NFT 接口（可选）：

```
Interface ERC721Enumerable {
    function totalSupply() external view returns (uint256) //NFT 的发
行总量
    function tokenByIndex (uint256 _index) external view returns
(uint256) //NFT 的列表清单。注意 index 不能大于 totalSupply
    functiontokenOfOwnerByIndex (address _owner, uint256 _index)
external view returns (uint256) //NFT 拥有者的列表清单
}
```

ERC-721 的整体框架如图 2-3 所示。

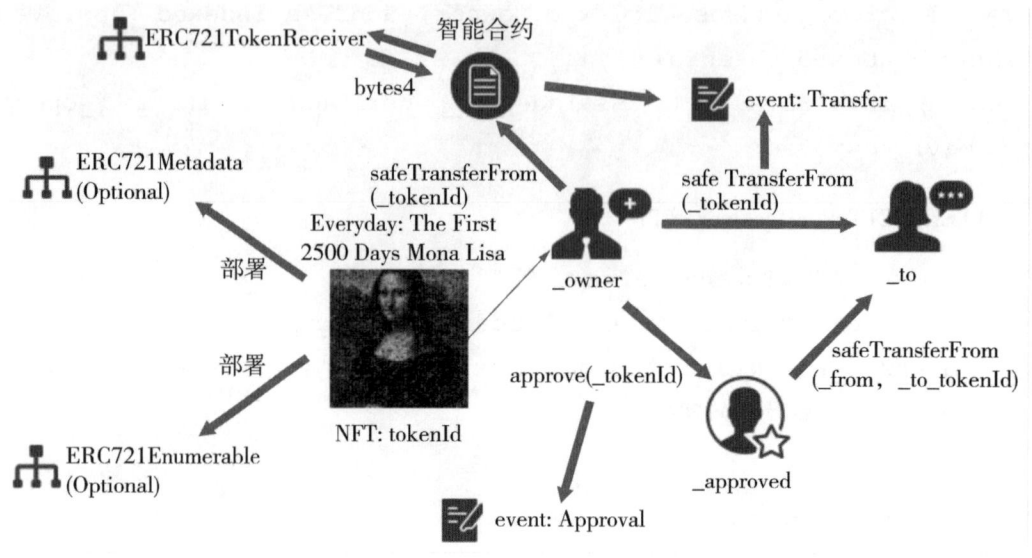

图 2-3 ERC-721 框架

3. ERC-1155
（1）函数与事件：

```
FUNCTIONS
balanceOf(account, id)
balanceOfBatch(accounts, ids)
setApprovalForAll(operator, approved)
isApprovedForAll(account, operator)
safeTransferFrom(from, to, id, amount, data)
safeBatchTransferFrom(from, to, ids, amounts, data)

#EVENTS
TransferSingle(operator, from, to, id, value)
TransferBatch(operator, from, to, ids, values)
ApprovalForAll(account, operator, approved)
URI(value, id)
```

（2）常规的 ERC-20 transferFrom 函数：

```
//ERC-20
function transferFrom(address from, address to, uint256 value)
external returns (bool);
```

ERC-1155 与 ERC-20 的唯一区别是，将值作为数组传递，并且还传递了 id 数组。例如，给定_ids = [3,6,13] 和_values = [100,200,5]，则转账结果为：
- 将 ID 为 3 的 100 个代币从_from 转移到_to；
- 将 ID 为 6 的 200 个代币从_from 转移到_to；
- 将 ID 为 13 的 5 个代币从_from 转移到_to。

在 ERC-1155 中只有 transferFrom，没有 transfer。要将其像 ERC-20 转账一样使用，只需将 from 地址设置为调用该函数的地址即可。其中不返回布尔值是因为交易失败时将回滚，与 SafeERC-20 实现的效果相同。

```
// ERC-1155
function safeBatchTransferFrom(
    address _from,
    address _to,
    uint256[]calldata _ids,
    uint256[]calldata _values,
    bytes calldata _data
) external;
```

（3）ERC-1155 批量授权：

批准授权与 ERC-20 略有不同。在 ERC-1155 中无需设置授权金额，只需调用 setApprovalForAll 将操作员设置为"批准"或"未批准"即可。

```
function setApprovalForAll(
    address _operator,
    bool _approved
) external;
```

可以调用 isApprovedForAll 方法读取当前的授权状态。如你所见，要么全部批准，要么不批准。你无法定义要批准的代币数量，也不能指定授权哪种代币。

```
function isApprovedForAll(
    address _owner,
    address _operator
) external view returns (bool);
```

（4）EIP-1155 接收：

有了 EIP-165 支持，ERC-1155 仅支持智能合约的接收钩子。钩子函数必须返回一个预定义的 4 字节 magic 值，该值指定为

```
bytes4(keccak256("onERC1155BatchReceived(address,address,uint256
[],uint256[],bytes)"))
```

当接收合约返回此值时,假定合约接受转账并知道如何处理 ERC-1155 代币,那么合约就不再会出现卡死的代币了。

```
function onERC1155BatchReceived(
    address _operator,
    address _from,
    uint256[]calldata _ids,
    uint256[]calldata _values,
    bytes calldata _data
) external returns(bytes4);
```

2.2 智能合约编程语言 Solidity

2.1 节初步窥探了以太坊的大体样貌,同时介绍了能够在以太坊上运行的智能合约。那么智能合约中的代码是如何设计的?主流的编程语言又有哪几种?

2.2.1 Solidity 入门案例

目前智能合约的主要编程语言是 Solidity 和 Vyper,其中 Solidity 是编写智能合约时使用率最高的语言。Solidity 是一种强类型的编程语言,在语法上与 JavaScript 相似。为了让读者快速理解 Solidity 语言,先举一个简单的智能合约例子,初步介绍智能合约的框架。

```
pragma solidity ^0.4.0; //版本声明
import"./SourceFile" //导入其他源文件
contract SimpleStorage{
    uint storedData; //定义一个无符号整型变量
    function set(uint x) public {
        storedData = x; //将输入 x 存储
    }
    function get() public view returns (uint) {
        return storedData; //返回获得存储的数据
    }
}
```

以上合约完成数据的存储与获取的功能。第一行是每个合约必须声明的 Solidity 版本，"^0.4.0"表示版本为 0.4.0 以上但低于 0.5.0，否则编译会因为版本问题出错。import "./SourceFile"声明导入的源文件，注意路径的表示方式。contract SimpleStorage {…}创建一个命名为 SimpleStorage 的合约，uint storedData 定义一个 uint 类型的变量，function set(uint x) public{…}，定义函数完成存储和获取数据的功能。

从上面的简单例子可以发现，智能合约的大体框架主要分为 3 个部分：①编译版本声明：主要用于防止版本更新而导致编译出错。大版本更新通常会出现兼容性问题，而小版本的变动一般只是细微的变化，不会出现版本兼容性问题。②引用源文件：与其他语言相同，解决代码重复问题。③构建合约主体：语法为"contract 合约名称{合约内容}"。

2.2.2 Solidity 语法

许多编程语言的语法都是相通的，Solidity 借鉴了 Python、JavaScript 等语言的部分语法，在原有的这些语言上加以改进，使得 Solidity 语言更符合智能合约的编写规则。下面列举 Solidity 语言一些独有的语法特点：

1. 函数修饰器(modifier)

函数修饰器类似于对函数贴一个标签，必须满足修饰器中的条件，调用该函数才有效。例如下面的代码：

```
modifier onlySeller() {
    require(msg.sender == seller,"Only seller can call this.");
    _;
}
function getPrice() public onlySeller {…}
```

函数 getPrice 贴上修饰器 onlySeller 后，判断函数调用者 msg.sender 地址是否与 seller 相同，如果判断为真，则继续执行下面的代码，"_;"表示继续执行函数中的内容，如果判断为假，则抛出错误"Only seller can call this."。有了修饰器就可以设置函数的调用权限，只有经过授权才能调用该函数，从而对函数的内容进行保护。

- 事件(event)

事件的触发将会记录在 EVM 的日志当中，供 API 接口查询。示例代码如下：

```
event HighestBidIncreased(address bidder, uint amount);
function bid() public payable {
    …
    emit HighestBidIncreased(msg.sender, msg.value);
}
```

先声明一个事件"event",事件完成后"emit"触发日志记录。

2. 变量类型 tpye

Solidity 是一种强类型语言,每个变量都必须在编译之前制定其类型。Solidity 中变量有多种类型,大体可以分为值类型和引用类型。

1)值类型(始终按值来传递的变量)

(1)整型:有符号整型 int8～int256、无符号整型 uint8～uint256。数字以 8 递进,定义一个变量语法一般为 int8 变量名,例如 int8 data = 10。

(2)浮点型:有符号浮点型 fixedMxN、无符号浮点型 ufixedMxN,M 表示该类型占用的位数,N 表示可用的小数位。

(3)布尔类型:bool,用于条件判断 true 还是 false,例如定义一个布尔值:bool isOwner = true,一般用于条件判断语句。

(4)地址类型:address,存储一个 20 字节的值,有多个成员变量。例如假设定义一个地址 address x = 0x768855,x.balance 用来返回 x 地址的余额,x.transfer 表示向 x 地址发送以太币,x.sender 是 transfer 的低级版本,执行合约失败不会因异常而终止,send 只会返回 false。这两种函数的调用都会默认消耗 2300Gas,固定不可调。另外三种安全性较低的成员函数 x.call、x.callcode、x.delegatecall 在使用时必须小心谨慎,在没有对合约作完全了解时不宜随意使用。call 函数的调用默认所有的 Gas 都可用,可以返回成功状态和数据。

(5)定长字节数组:bytes1～bytes32,按照 1 来递进。定义一个定长字节数组会在内存开辟固定的空间存储数组,例如 byte3 s3 = "tom"。这里有可能会与 String 字符串类型混淆,String 可以看成是一个变长数组,一般 String 类型消耗的 Gas 会比 byte32 类型多,因此当字符串的长度已知时,使用 byte32 会更节省内存消耗。

(6)字面常量:字面常数有地址、字符串、整数等字面常数。

(7)枚举类型:Solidity 的自定义类型,表示枚举属性,例如" enum Number {interger, float}"。

2)引用类型(按照地址引用传递)

(1)结构类型:通过定义一个结构体"struct xxx {…}",定义新的类型。

(2)映射:mapping(Keytype => Valuetype),映射包括一个键值对,例如在合约中常用的有 mapping(address => int)用来映射某个地址存储的代币余额。

(3)数组:数组包括定长数组 Type[length]和动态数组 Type[],例如 uint[4]array1 = {1,2,3,4}。

3. 函数的定义

定义一个函数的标准格式为:function 函数名(形参列表) internal/external pure/constant/view/payable return(返回值类型){函数体}。internal 表示函数只能在当前合约的内部被调用,而 external 表示函数可以被外部的合约调用。

4. 数据存储位置

数据存储的位置主要有三种：memory、storage 和 calldata。memory 的空间较小，存储形式为字节数组，因此仅用于保存临时变量，函数的参数和返回值默认是存储在 memory 位置。storage 空间相对较大，存储形式为键值对，合约的状态变量默认存储在 storage 位置。calldata 用来存储函数的参数，是只读、不能永久保存的，外部函数的参数被强制存储至 calldata 位置。

2.3 智能合约构建案例

通过前面两小节对智能合约的初步了解以及学习 Solidity 语言主要语法使用，读者对简单的智能合约已经有了一定的解读能力。然而，在项目的实际开发中，智能合约的编写存在一定的复杂度。为了加深读者对智能合约的理解，本节将解读一些常见项目中的智能合约案例。

2.3.1 简单的投票合约

下面是一个简单的投票合约的代码，合约实现的功能为 n 个投票人(voter)参与，投票人可以投自己满意的提案，也可以将投票权委托给其他人。所有的提案中，总票数最多的将赢得投票比赛。

Ballot 合约先定义两个结构体对象，一个是投票人，另一个是投票提案。接下来构造器构造一个投票比赛，定义函数 giveRightToVote、delegate、vote、winningProposal、winnerName，分别实现授予投票人投票权、委托投票权、执行投票权、选择获胜提案、获取获胜提案名称的功能。

```
pragma solidity ^0.7.0;
contract Ballot{
    //定义一个投票对象结构体,包括投票的权重、是否已经投过票、选择投票的
       提案数、委托投票人的地址
    struct Voter{
        uint weight;
        bool voted;
        uint vote;
        address delegate;
    }
    //定义一个提案结构体,包括提案名、总共获得的投票数
    struct Proposal{
```

```solidity
        bytes32 name;
        uint voteCount;
    }
    address public chairperson; //主席地址
    mapping(address => Voter) public voters; //地址到投票结构体映射
    Proposal[] public proposals; //提案数组
    //构造器,创建一个投票,定义主席的权重为1
    constructor(bytes32[] memory proposalNames){
        chairperson =msg.sender;
        voters[chairperson].weight=1;
        for(uint i=0; i < proposalNames.length; i++){
            proposals.push(Proposal({name : proposalNames[i],voteCount:0}));
        }
    }
    //主席给予投票人投票的权利,首先检查msg.sender是否为主席、投票人是否已经投过票
    function giveRightToVote(address voter) public{
        require(msg.sender==chairperson,"Only chairperson can give right. to vote");
        require(!voters[voter].voted,"The voter already voted.");
        require(voters[voter].weight==0);
        voters[voter].weight=1;
    }
    //委托函数,将msg.sender的投票权转移给to地址
    function delegate(address to) public{
        Voter storage sender=voters[msg.sender];
        require(!sender.voted,"You already voted.");
        require(to!=msg.sender,"Self-delegation is disallowed.");
        while (voters[to].delegate!=address(0)){
            to=voters[to].delegate;
            require(to!=msg.sender,"Found loop in delegation.");
        }
        sender.voted=true;
        sender.delegate=to;
        Voter storage delegateTo=voters[to];
```

```solidity
        if (delegateTo.voted){
            proposals[delegateTo.vote].voteCount += sender.weight;
        }else{
            delegateTo.weight += sender.weight;
        }
    }
    //投票函数
    function vote(unit proposal) {
        Voter storage sender = voters[msg.sender];
        require(sender.weight! = 0,"Has no right to vote");
        require(!sender.voted, "Already voted");
        sender.voted = true;
        sender.vote = proposal;
        proposals[proposal].voteCount += sender.weight;
    }
    //选举函数,挑选出获得最高票数的提案
    function winningProposal() public view returns (uint winningProposal_){
        uint winningVoteCount = 0;
        for(uint p = 0; p < proposals.length; p++){
            if (proposals[p].voteCount > winningVoteCount){
                winningVoteCount = proposals[p].voteCount;
                winningProposal_ = p;
            }
        }
    }
    //获得最终选举的提案名称
    function winnerName() public view returns (bytes32 winnerName_){
        winnerName_ = proposals[winningProposal()].name;
    }
}
```

2.3.2 简单的 Token 合约

下面的代码是 Uniswap V2 的 ERC-20 合约,合约实现 ERC-20 代币的基本功能,包括铸币、燃烧币、转账、提现等功能。合约 import SafeMath 防止 Uint 溢出,同时也导入了 ERC-20 合约的接口。

```solidity
pragma solidity =0.5.16;
import './interfaces/IUniswapV2ERC20.sol';
import './libraries/SafeMath.sol';
contract UniswapV2ERC20 is IUniswapV2ERC20{
    using SafeMath for uint;//防止溢出
    string public constant name = 'Uniswap V2';//token的名称
    string public constant symbol = 'UNI-V2';//token的标号
    uint8 public constant decimals =18;//token的精度
    uint  public totalSupply;//总的发行量
    mapping(address => uint) public balanceOf;//地址的余额
    mapping(address => mapping(address => uint)) public allowance;
    bytes32 public DOMAIN_SEPARATOR;
    // keccak256("Permit(address owner,address spender,uint256.value,uint256 nonce,uint256 deadline)");
    bytes32 public constant PERMIT_TYPEHASH =0x6e71edae12b1b97f4d1f60370fef10105fa2faae0126114a169c64845d6126c9;
    mapping(address => uint) public nonces;//合约账户的nonces值
    event Approval(address indexed owner, address indexed spender, uint.value);
    event Transfer(address indexed from, address indexed to, uint value);
    //构造器
    constructor() public {
        uint chainId;
        assembly{
             chainId := chainid
        }
        DOMAIN_SEPARATOR = keccak256(
          abi.encode(
             keccak256('EIP712Domain(string name,string version,uint256 chainId,address verifyingContract)'),
             keccak256(bytes(name)),
             keccak256(bytes('1')),
```

```solidity
                chainId,
                address(this)
            )
        );
    }
    // 铸币函数, 增加总分发行量, 增加 to 地址余额, 内部函数
    function _mint(address to, uint value) internal {
        totalSupply = totalSupply.add(value);
        balanceOf[to] = balanceOf[to].add(value);
        emit Transfer(address(0), to, value);
    }
    // 燃烧币函数, 减少总发行量, 减少 from 地址 token 数量, 内部函数
    function _burn(address from, uint value) internal {
        balanceOf[from] = balanceOf[from].sub(value);
        totalSupply = totalSupply.sub(value);
        emit Transfer(from, address(0), value);
    }
    // 提现 token, 私有属性
    function _approve(address owner, address spender, uint value) private {
        allowance[owner][spender] = value;
        emit Approval(owner, spender, value);
    }
    // 转账函数, 从 from 地址转向 to 地址, 私有属性
    function _transfer(address from, address to, uint value) private {
        balanceOf[from] = balanceOf[from].sub(value);
        balanceOf[to] = balanceOf[to].add(value);
        emit Transfer(from, to, value);
    }
    // 提现函数, 外部函数, 其他合约可以调用
    function approve(address spender, uint value) external returns (bool) {
        _approve(msg.sender, spender, value);
        return true;
    }
    // 外部属性的转账函数
```

```solidity
        function transfer(address to, uint value) external returns (bool)
{
        _transfer(msg.sender, to, value);
        return true;
    }
    function transferFrom (address from, address to, uint value)
external. returns (bool) {
        if (allowance[from][msg.sender] != uint(-1)) {
            allowance[from][msg.sender] =. allowance[from][msg.sender].sub(value);
        }
        _transfer(from, to, value);
        return true;
    }
    //检查合法性
    function permit (address owner, address spender, uint value,
uint. deadline, uint8 v, bytes32 r, bytes32 s) external {
        require(deadline >= block.timestamp, 'UniswapV2: EXPIRED');
        bytes32 digest = keccak256(
            abi.encodePacked(
                '\x19\x01',
                DOMAIN_SEPARATOR,
                keccak256(abi.encode(PERMIT_TYPEHASH, owner, spender, value, nonces[owner]++, deadline))
            )
        );
        address recoveredAddress = ecrecover(digest, v, r, s);
        require(recoveredAddress != address(0) && recoveredAddress ==. owner, 'UniswapV2: INVALID_SIGNATURE');
        _approve(owner, spender, value);
    }
}
```

参考文献

[1] WOOD G. Ethereum: A secure decentralised generalised transaction ledger[J]. Ethereum project yellow paper, 2014, 151(2014): 1-32.

[2] POON J, BUTERIN V. Plasma: Scalable autonomous smart contracts[J]. White paper, 2017: 1-47.

[3] 安东诺普洛斯. 精通以太坊[M]. 南京: 东南大学出版社, 2019.

[4] DANNEN C. Introducing Ethereum and solidity[M]. Berkeley: Apress, 2017.

[5] WOHRER M, ZDUN U. Smart contracts: security patterns in the ethereum ecosystem and solidity[C]//2018 International Workshop on Blockchain Oriented Software Engineering (IWBOSE). IEEE, 2018: 2-8.

[6] HUANG Y, BIAN Y, LI R, et al. Smart contract security: A software lifecycle perspective[J]. IEEE Access, 2019, 7: 150184-150202.

[7] HE D, DENG Z, ZHANG Y, et al. Smart contract vulnerability analysis and security audit[J]. IEEE Network, 2020, 34(5): 276-282.

[8] SAYEED S, MARCO-GISBERT H, CAIRA T. Smart contract: Attacks and protections[J]. IEEE Access, 2020, 8: 24416-24427.

[9] ANTONOPOULOS A M, WOOD G. Mastering ethereum: building smart contracts and dapps[M]. California: O'Reilly Media, 2018.

[10] HU T, LI B, PAN Z, et al. Detect defects of solidity smart contract based on the knowledge graph[J]. IEEE Transactions on Reliability, 2023.

[11] SHI C, XIANG Y, YU J, et al. Machine translation-based fine-grained comments generation for solidity smart contracts[J]. Information and Software Technology, 2023, 153: 107065.

[12] SHAKYA S, MUKHERJEE A, HALDER R, et al. Smartmixmodel: machine learning-based vulnerability detection of solidity smart contracts[C]//2022 IEEE International Conference on Blockchain (Blockchain). IEEE, 2022: 37-44.

[13] CHALIASOS S, GERVAIS A, LIVSHITS B. A study of inline assembly in solidity smart contracts[J]. Proceedings of the ACM on Programming Languages, 2022, 6(OOPSLA2): 1123-1149.

[14] NGUYEN T D, PHAM L H, SUN J, et al. sfuzz: An efficient adaptive fuzzer for solidity smart contracts[C]//Proceedings of the ACM/IEEE 42nd International Conference on Software Engineering. 2020: 778-788.

[15] SOLORIO K, KANNA R, HOOVER D H. Hands-on smart contract development with solidity and ethereum: From fundamentals to deployment[M]. California: O'Reilly Media, 2019.

[16] NELATURU K, MAVRIDOU A, STACHTIARI E, et al. Correct-by-design interacting smart contracts and a systematic approach for verifying ERC20 and ERC721 contracts with VeriSolid[J]. IEEE Transactions on Dependable and Secure Computing, 2022.

[17] CHRISTODOULOU P, CHRISTODOULOU K. A decentralized voting mechanism: engaging ERC-20 token holders in decision-making[C]//2020 Seventh International Conference on Software Defined Systems (SDS). IEEE, 2020: 160-164.

第3章 预言机

以太坊是图灵完备的区块链,其底层的区块链技术为智能合约提供了一个可信的执行环境,有助于实现分布式的可信计算。一旦满足触发智能合约的条件,智能合约会按照预先设计的程序自动执行,即使是合约的部署者也无法更改其运行结果。但是在实际生活中,往往需要链下的信息来触发智能合约的生效条件,例如彩票中奖智能合约需要获取实际的中奖结果,才能向中奖者支付奖金;一个实现投票功能的智能合约需要获得参与者的投票信息,才能产生最终的投票结果。在这种背景下,就需要一个安全可信的系统,能够将链下安全可靠的信息上传至链上的智能合约,搭建起链下与链上环境之间信息交流的桥梁,而预言机正好可以满足这个需求。

什么是预言机?预言机能干什么?以太坊上有哪些典型的预言机?为了回答这些问题,本章将围绕预言机的研究背景、应用以及存在的一些细节问题,借助几个典型的去中心化预言机项目(Chainlink、NEST、Tellor等)更深入地阐述预言机的整体框架,通过分析项目中关键合约的具体作用,讲解如何利用预言机来开发新的DeFi项目。最后结合预言机被攻击的代表性案例,探讨今后预言机应着重解决哪些关键性的技术问题。

3.1 预言机概况

3.1.1 预言机是什么

预言机的英文名为"Oracle",中文译为"神谕",意味着预言机是可以预测未来结果的机器,是无需信任的。但是,预言机真的可以预测未来的信息吗?答案显然是否定的。在区块链领域的预言机,并不能预测未来加密世界的相关信息。从系统的角度来看,预言机是连接区块链世界与现实世界的关键桥梁,是一个负责将链下信息传输到链上的分布式系统。区块链技术帮助智能合约实现分布式的存储,为其提供一个可信的执行环境,保证合约不易被篡改。预言机的功能则是收集整合链下的安全数据,为智能合约提供触发合约自动执行的数据。预言机的存在使得2020年火爆的DeFi更快速安全地发展,尤其是对加密货币的喂价功能,为借贷、交易等相关项目提供了便捷的喂价工具,保护了价值几十亿甚至上百亿美元的加密货币。预言机对区块链世界的发展具有不可替代的作用。正是因为预言机的存在,智能合约才能充分发挥其智能的一面。

举个简单的例子,如图 3-1 所示:假设小 A 和小 B 两个人打赌签订一个智能合约,判断今天广州的天气如何,如果是晴天,则小 A 要给小 B 转账 1 ETH;如果是多云,则小 B 要给小 A 转账 1 ETH;如果不是这两种情况,则合约什么都不执行。智能合约要执行,需要知道现实世界中广州天气的真实信息,根据这些信息来完成合约中的条件判断语句。预言机就是负责完成这样的功能,为智能合约提供外部数据源,连接智能合约与链外世界。

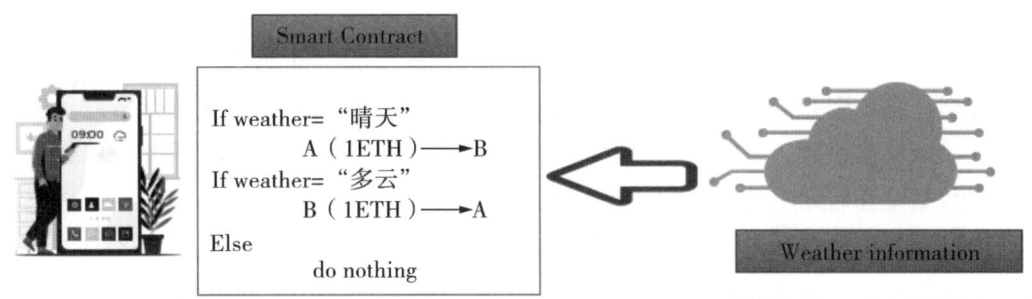

图 3-1 预言机的简单例子

3.1.2 为什么需要预言机

智能合约概念的提出最早可追溯到 1995 年,跨领域的法学者尼克·萨博提出,"一个智能合约是一套以数字形式定义的承诺,包括合约参与方可以在上面执行这些承诺的协议"。但是由于在那个年代缺少一个可信的执行环境,智能合约得不到广泛的应用。直到区块链技术的提出,以太坊公链的 EVM 环境为智能合约的运行提供保障,智能合约才开始得到快速的发展。

但交易过程中存在一个问题,以太坊是一个依靠交易来驱动的状态机,也就是通过向以太坊公链提交事务,区块链从一个状态转变为另一个状态。状态改变的过程中,区块链需要共识协议来保证节点达成一致,智能合约的运行结果必须是完全确定的。因此,在智能合约上并不能生成随机数,而且外部的数据源只能通过交易数据载荷的方式引入智能合约。由于区块链没有网络调用,并不能主动来获取链下世界的信息,因此智能合约的应用范围还是受到很大的限制,最初应用于加密货币的简单交易。预言机的出现进一步扩大了智能合约的应用场景,帮助许多项目与链外部世界实现交互功能。

继续思考图 3-1 的例子:为什么不直接在智能合约上设计一个函数,随机生成广州的天气,根据随机生成的结果来判断合约应该执行哪条语句。以太坊虚拟机 EVM 上的运行结果必须是完全确定的,如果在合约中设计随机函数,那么各个节点上的合约内容将无法确定。节点 1 生成的结果是"多云",而节点 2 生成的结果是"暴雨",节点 n 的结果是"晴天",这样相同的智能合约在不同的节点产生不同的结果,共识网络最终无法达成共识，最后将违背区块链的设计初衷。对于开发者而言，开发某个项目时，如果可以直接使用预言机这个重要中间件，那么连接链上环境与现实世界就变得简单便利，项目的开发效率可以得到明显的提高。DeFi就像一个乐高世界，每个板块就像一个个乐高积木，互相拼接就可以搭建各式各样的DeFi世界。总体来看，预言机更像是保证这些积木连接得更加稳固的重要工具。

3.1.3 预言机的设计模式

根据预言机的节点和数据源个数进行分类，预言机的设计模式有中心化预言机和去中心化预言机。中心化预言机只有一个节点来调用单一的数据源，容易被恶意攻击者攻击，且攻击成本很低。去中心化预言机的设计采用多个节点向多个数据源获取数据，将获得的数据整合后才生成最终的结果，抗攻击性较强。

根据预言机的整体结构框架分类，目前预言机的设计模式主要分为三种：立即读取、发布与订阅、请求与响应。

1. 立即读取

预言机最简单的设计模式是"立即读取"。部分智能合约需要实时的数据来进行决策，对数据的读取速度具有一定的需求，例如物流信息查询、天气预报等智能合约，查询者更倾向于数据的即时性，只关心当前的数据，而对历史数据并不感兴趣。这种预言机的设计结构较为简单，首先将更新的数据存储在预言机的智能合约中，其他的智能合约就可以直接调用预言机，查询存储在合约中的信息。

2. 发布与订阅

采用"发布与订阅"方式的预言机设计比"立即读取"复杂一点，这种预言机适用于具有持续性查询数据需求的智能合约。当部署在链上的智能合约需要循环不断地向预言机订阅数据信息时，预言机不断地发布新数据供有订阅需求的智能合约使用。这种模式下是需要智能合约循环地发起调用请求的，因此产生的Gas费用可能会很高。

3. 请求与响应

"请求与响应"的设计模式在三种模式中最复杂，但应用场景也最为广泛。在这种预言机中，外部账户（EOA）触发一个数据请求事件到事件日志，而预言机的合约不断地监听日志的更新内容。当监听到数据请求事件后，通过API接口获取外部数据，整合得到最终的数据信息后，提交给发出"请求"的智能合约，完成"响应"，如图3-2所示。

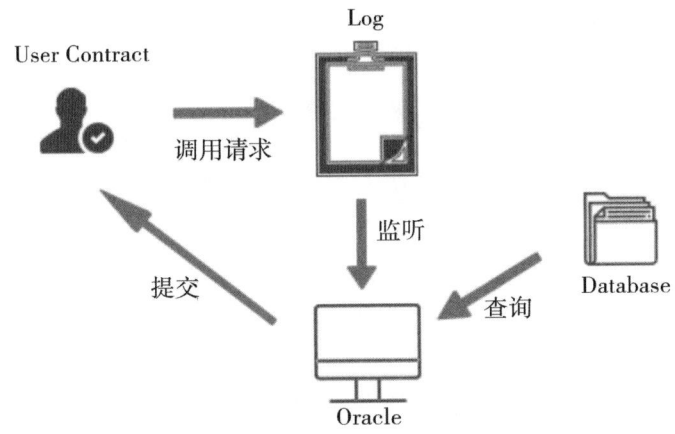

图 3-2 "请求与响应"模式的预言机设计框架

3.1.4 预言机的应用场景

预言机作为链上与链下环境的重要桥梁，实现数据的交互，从而让智能合约有了更广泛的应用场景。在现实世界里，预言机不仅仅可以运用到 DeFi 领域，还可以融入其他行业的应用，例如物流、区块链游戏、天气预警等。下面简单探讨个别预言机运用场景（图 3-3）：

(1) 喂价。无论是交易所还是某一项目平台，在加密货币交易过程中，必须准确查阅当前市场上的价格，才能达成让买家和卖家满意的交易。因此，预言机对于喂价方面的应用，具有重要的意义。

(2) 投票。选举过程中必须保证公开透明、数据可信，这样的选举结果才有说服力。将预言机应用到选举的场景，可以将链下的选举投票结果传送到链上，智能合约根据传输的数据精确地生成选举结果，这一过程实现去信任化，保证投票结果准确无误。

(3) 区块链游戏设计。在区块链游戏的设计过程中，往往会遇到游戏中的道具生成需要随机数的情况，然而，在链上生成随机数是不现实的，容易遭到黑客的攻击。如果将预言机应用到区块链游戏的设计当中，在链下生成可验证随机数，通过预言机上传至区块链游戏的智能合约中，则能保证游戏中道具生成的随机性。

(4) 天气预报。农业的灌溉需要结合当地实际的天气情况，预言机获取实际的天气预报，帮助智能合约决定灌溉的时间。

(5) 物流跟踪。在线上购买商品时，需要追踪商品的物流信息，当商品成功送达买家手里时，预言机将物流信息传输至智能合约，自动完成确认收货、售后服务等。

图 3-3　预言机的应用场景

3.1.5　设计预言机时需要考虑哪些问题

去中心化预言机在设计的过程中，可以考虑多种设计模式，每一种模式都有优点与缺点，需要设计者综合考虑其利弊。在设计过程中经常会遇见一些问题，这些问题的存在一定程度上会影响预言机提交数据的可信程度。常见的问题如下。

1. 预言机节点"吃空饷"

部分去中心化预言机的设计模式是选择数量足够多的预言机节点，根据节点提交的数据从小到大排序，取其中位数来防止恶意节点故意提交错误的信息而导致最后的结果偏离真实数据。在提交数据的过程中，由于网络有时会存在拥堵，导致节点上传的数据出现延迟，即无法做到节点同一时刻提交数据到预言机的数据聚合合约。因此，部分节点会抄袭其他节点的数据上传到预言机，同样可以获得奖励，这种现象称为"吃空饷"。由于节点调用数据源获取数据时需要向数据源支付一定费用，如果有的节点抄袭其他节点的数据，会大大影响向数据源支付费用的节点的积极性，从而导致所有的节点都等待其他节点的结果，后果将使预言机提供信息速度极其缓慢，甚至出现宕机。

为了解决这个问题，预言机的开发者对数据的上传方式进行了改进。节点在获取到数据信息后，将得到的信息加密，上传至合约，在聚合合约中解密。这样可以防止其他节点抄袭数据，保证各个节点真实调用了数据源的数据，提高数据的可用性。

2. 数据源是否可信

绝大多数的去中心化预言机都是调用各个重要中心化交易所的加密货币价格数据。例如 Chainlink 的数据源主要有 Coinbase、币安等链下中心化交易所以及 Uniswap、Kyber 等链上的交易平台。如果攻击者想攻击预言机的喂价功能，通过在 Uniswap 这样的交易平台进行巨额交易，就可以改变某种加密货币的价格。这时如果预言机仅仅是调用了这一个数据源,那么预言机最终获取的信息将是一个错误的价格,后果将会导致调用这个预言机的协议产生巨额亏损。

为了避免某个数据源被攻击而导致数据不可靠,开发者常常会设计多个节点中的每一个节点调用多个数据源的数据,节点从多个数据源获取到数据后进行整合,得到最终的结果再进行加密,然后再提交至预言机合约中。

3.2 典型项目介绍及合约实现

目前在预言机领域有深入探索的项目以去中心化预言机为主,最热门的项目分别为 Chainlink、NEST、Tellor 等。这些典型项目都有其独特的设计机制,各有特色,各有利弊。本小节将围绕这些典型项目的设计原理,以及其设计过程中如何用 Solidity 语言来利用合约实现设计的功能,最后通过案例来演示如何用智能合约来调用预言机获取数据。

3.2.1 Chainlink

2019 年 5 月 29 日,Chainlink 的第一个聚合合约 ETH-USD 被部署到以太坊主网,有 3 个节点为其提供数据,标志着 Chainlink 去中心化预言机的正式诞生。截至 2021 年 1 月,ETH-USD 喂价已经由原来的 3 个节点发展到 21 个,喂价服务的质量得到质的飞跃。Chainlink 已经是市场上最火热的去中心化预言机之一,保护着 DeFi 市场价值超过 100 亿美元的加密货币,其核心目标是搭建链下与链上环境的桥梁,实现两个环境之间的连接性。虽然 Chainlink 主要在以太坊这一条公链上开发,但其核心宗旨是实现所有公链的链下数据源和链上智能合约交互。同时,为了提高研发效率,Chainlink 以模块化的形式进行开发,但是 Chainlink 对数据源提供的数据并没有做实际的验证,这种类型的预言机称为间接式预言机。为了防止攻击者通过篡改数据源的数据而导致价格与实际偏差过大,Chainlink 采用了多个节点向多个数据源获取数据的方式来降低风险,其设计思路如图 3-4 所示。

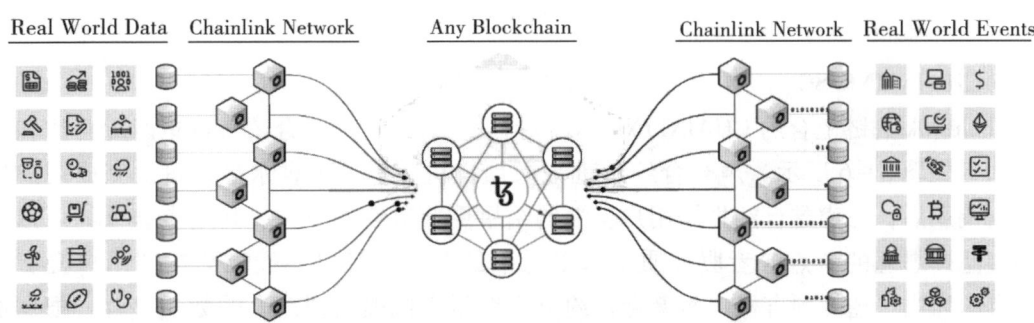

图 3-4 Chainlink 设计思路

3.2.1.1 Chainlink 的设计架构

Chainlink 的整体架构可以分为两部分：链上架构和链下架构。链上和链下两个主要的架构互相配合，高效完成 Chainlink 的设计内容。

1. 链上架构

链上的架构由用户合约 USER-SC 和 CHAINLINK-SC 两部分构成，USER-SC 由用户生成，经过用户提交的服务水平协议，与预言机合约 CHAINLINK-SC 交互，完成预言机的调用。

1) USER-SC

用户合约用于预言机的选择，用户可以向 Chainlink 支付 Link 代币，同时生成服务水平协议（service level agreement, SLA），生成的 SLA 包含用户对预言机声誉的选择、预言机数量的选择等，这意味着用户可以按照自己的需求，自主选择服务，可以筛选掉声誉较低的预言机节点，保证数据的真实性。SLA 提交到 CHAINLINK-SC 的订单匹配合约后，订单匹配合约向声誉合约查阅各个预言机节点的声誉水平，更新日志（log）的信息，各个预言机节点可以随时查阅进行竞标。以上是 Chainlink 为用户提供的一种订单自动匹配方式，为用户省去繁琐的细节。用户也可以自己手动选择预言机，在日志上更新需求，预言机收到信息后也可以竞标为用户服务。

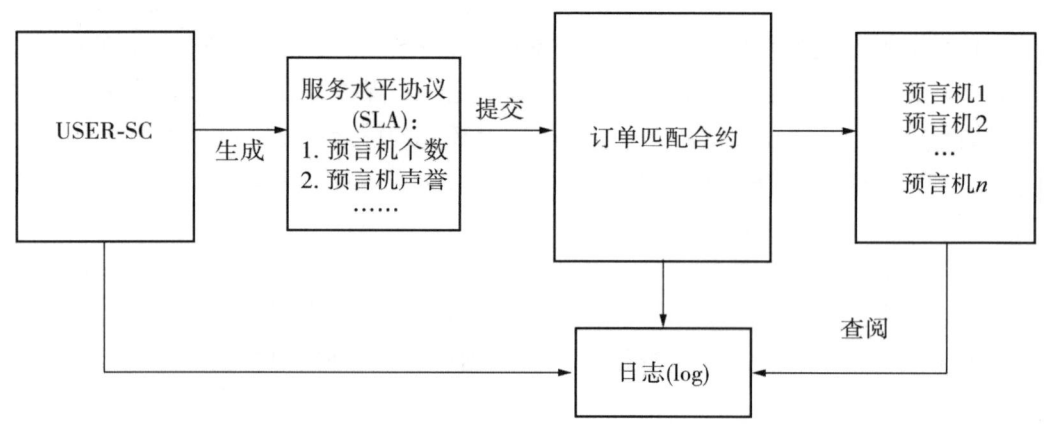

图 3-5 USER-SC 架构

2) CHAINLINK-SC

Chainlink 的链上合约 CHAINLINK-SC 包括三个合约：声誉合约、订单匹配合约和聚合合约，如图 3-6 所示。声誉合约负责记录预言机节点的声誉水平，每次完成用户的预言机调用后，在声誉合约根据用户反馈的结果更新节点的声誉。利用声誉合约可以有效地过滤掉恶意的节点或者服务质量水平低下的节点。订单匹配合约按照用户提交的 SLA 自动为用户选择预言机，而聚合合约负责将预言机提交到链上的数据整合，根据加权值计算最终结果，返回给用户完成链下和链上的数据交互。

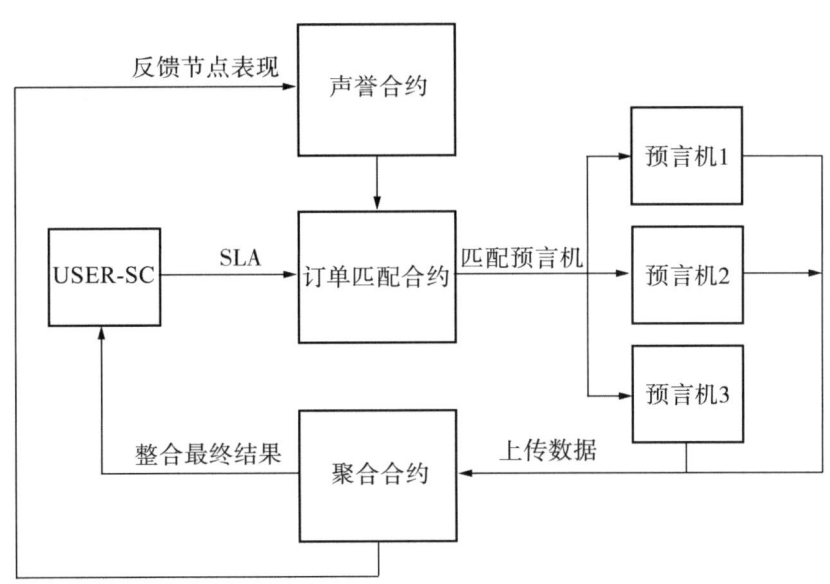

图 3-6 Chainlink-SC 架构

聚合合约根据每个节点的历史表现，反馈给声誉合约，更新各个节点的声誉情况。最早使用的是 Aggregator 聚合合约，性能较为低下。不断更新后，于 2020 年 6 月部署了新的合约版本 AccessControlledAggregator，也称为 Flux 聚合合约。在 Flux 聚合合约中，每个节点都必须单独提交数据。2021 年 1 月，Chainlink 部署新的聚合合约，链下报告（off-chain reporting，OCR）。为了减少提交数据的 Gas 成本，Chainlink 采用链下数据聚合、链上传输的方式，优化了聚合合约。OCR 主要分为三部分：①网络：保证预言机节点之间能够互相通信；②链下报告聚合：在预言机群组中轮流选出一个领导者节点，负责收集各个预言机提供的数据，运用共识算法生成最终的结果，传输到报告中，报告会返回给预言机节点验证数据的有效性，生成一个签名报告传输到链上；③链上报告传输：链上智能合约收到报告后，记录哪些预言机节点做出了贡献，为提供有效数据的节点支付 Link 代币。

2. 链下架构

Chainlink 的链下架构分为三部分：核心软件、适配器、数据源。核心软件由分布式的节点运行，将调用预言机的主任务分成多个子任务按照流水线的方式进行，而适配器则相当于 API 的接口，方便从各个数据源获取相关的信息。

（1）Chainlink 核心软件。核心软件接收订单匹配合约的申请，生成更小的子任务，子任务按照流水线生产的方式完成。各个子任务包括 HTTP 请求、JSON 页面解析、转换成不同的区块链格式等。

（2）适配器。外部适配器用于调用外部 API，获取数据源的数据。目前在 Chainlink Market 上已经有 128 个适配器可供选择使用，通过调用这些适配器，可以便捷地获取数据源的有用信息。

(3)数据源。数据源采用分布式的数据源,避免出现单点失效的情况,如图3-7所示。Chainlink 的数据源主要包括 Coinbase、币安等链下中心化的交易所以及 Uniswap、kyber 等链上的去中心化交易所。每个节点从多个数据源获取相关信息,整合筛选后再上传至聚合合约。

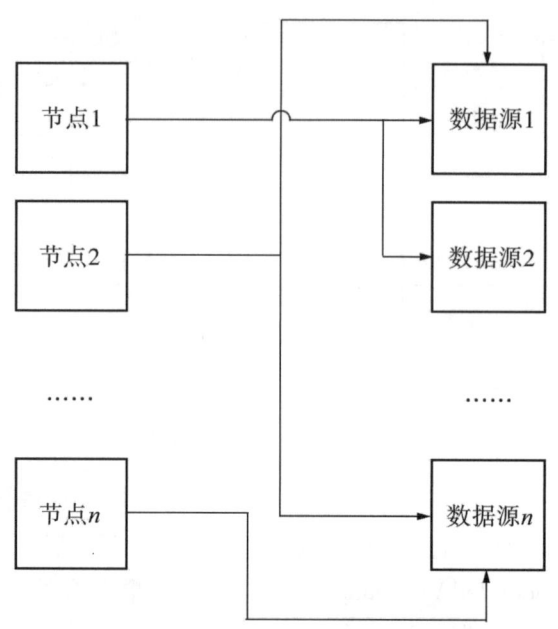

图3-7 分布式节点与分布式数据源

Chainlink 的链上架构与链下架构互相配合,构建成一个完整的架构。链下主要负责获取数据,那么重点工作就是保证数据的正确性。而链上主要负责整合数据,获取最终的结果,为预言机调用者提供优质服务。图3-8简单勾勒了 Chainlink 的整体架构,方便读者从整体把握 Chainlink 的设计思路。

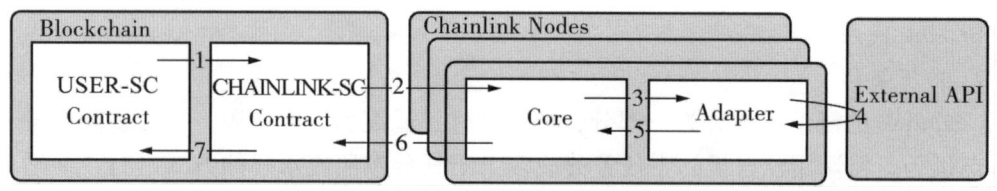

图3-8 Chainlink 的整体架构

3.2.1.2 使用 Chainlink 获取当前代币价格

Chainlink 提供了可以查询当前以太坊网络上代币价格的接口,通过这个接口就可以获得价格数据。Chainlink 的开发者文件为用户提供了查询价格的合约代码模板,用户可根据需求修改其中的参数。下面选择 Kovan 测试网,说明具体步骤。

首先准备好 Metamask 钱包账号,通过水龙头(https://faucet.kovan.network/)链接

输入 Metamask 账户地址即可获取 Kovan 的 ETH，选用基于浏览器开发智能合约的 IDE，Remix(https://remix.ethereum.org/)，使用 Solidity 编辑智能合约模板。注意选择的编译器要与合约中的声明一致，编译界面如图 3-9 所示。

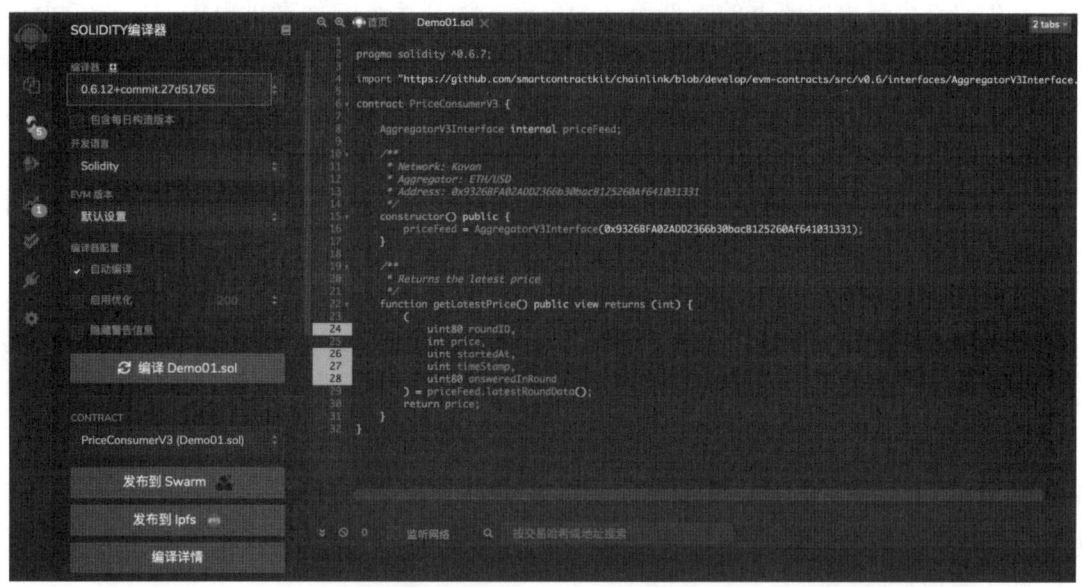

图 3-9　编译合约代码

编译通过后，选择部署的环境，勾选"注入的 Web3"，Remix 连接 Metamask 钱包账户，点击"部署"后，成功转入 Gas 费用，即可获取当前代币价格，如图 3-10 所示。

图 3-10　部署合约获取当前代币价格

3.2.2 NEST

市面上大多数的去中心化预言机的喂价服务都是将链下中心化交易所的价格上传至链上,但是这个过程中链下的数据源是否可靠,将直接影响预言机提供的数据是否可信。NEST 预言机为解决这个问题,提出了新的机制,即"验证者吃单的套利惩罚机制"。NEST 采用这种对数据直接验证其正确性的机制,属于直接式预言机,价格的可信度远远高于间接式预言机。

NEST 预言机的运行由 4 个步骤完成:矿工报价、验证者吃单验证、矿工报价被选用、预言机报价被调用。

1. 矿工报价

任何人都可以参与 NEST 的挖矿报价,根据市场上的加密货币价格,以交易对的形式报价。以 ETH/USDT 为例,目前报价规模为 30 ETH,假设矿工认为当前市场价格为 1 ETH = 1000 USDT,则需要向报价合约存储 30 个 ETH 和 30 000 个 USDT,同时还需要支付报价手续费,手续费计算公式为:报价手续费 = 报价规模 × 挖矿手续费率,目前 ETH/USDT 的挖矿手续费率为 0.3%。即该矿工还需要支付 0.9 ETH 的报价手续费,至此,矿工完成报价。

2. 验证者吃单验证

当矿工的报价与当前市场的价格存在偏差时,存在套利空间。验证者可以用 30 ETH 购买 30 000 USDT,也可以用 30 000 USDT 购买 30 ETH。验证者在购买的同时,也需要报价,但不需要再支付报价手续费。这时的报价规模扩大为 30β ETH,$\beta = 2$,即 60 ETH。当验证者的报价与市场存在偏差时,其他验证者同样可以吃单套利,但是报价规模会呈指数型增长,这一规则可以增加攻击成本,避免恶意矿工操控预言机价格。

3. 矿工报价被选用

从矿工报价开始,经过 25 个区块(以太坊的出块时间大概是 13 秒一个区块,即 NEST 为验证者预留了 5 分钟的验证时间)的验证,如果没有验证者吃单,矿工的报价将会被 NEST 预言机选用。矿工将得到相对应的 QP(quote pool) Token,即报价凭证,持有这些 Token 可以获得 NEST 收益分红。ETH/USDT 的报价可以获得 NEST Token(同时也是 NEST 的治理代币),而其他交易对的报价获得 nToken,例如 YFI/ETH,获得 nYFI。NEST 的收益来源包括矿工报价手续费、预言机被调用获取的收益。

4. 预言机被调用

NEST 预言机被 DeFi 的协议调用时,协议需向 NEST 支付费用,才能获取 NEST 的报价。目前 DeFi 中调用了 NEST 的协议有 CoFix,相信今后会有更多的协议参与。NEST 框架如图 3 - 11 所示。

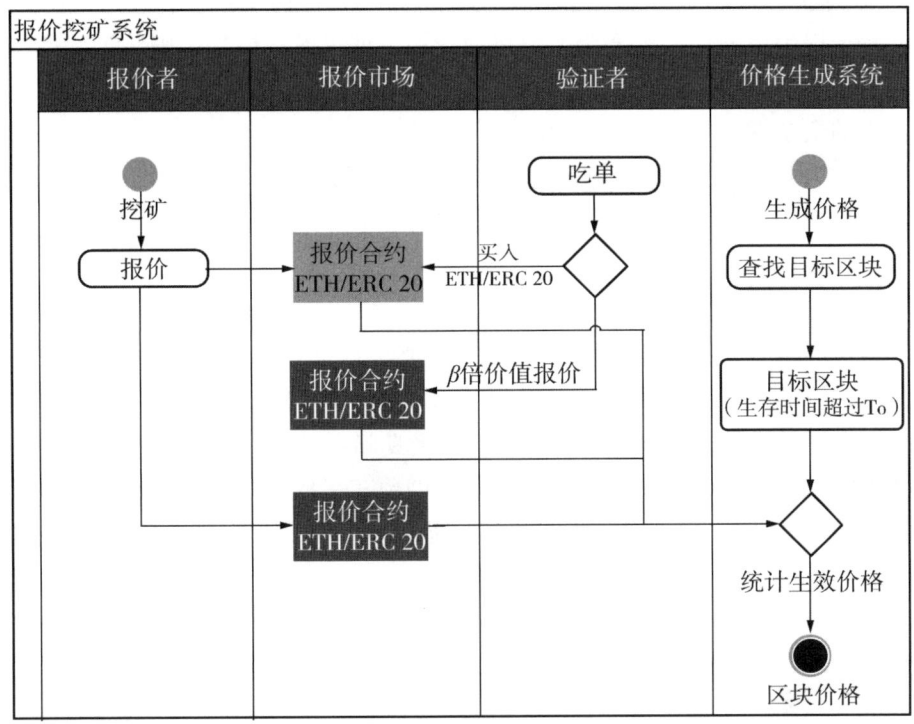

图 3-11 NEST 框架

3.2.3 Tellor

Tellor 是一个去中心化的预言机，允许智能合约安全地连接到链下世界并获取数据。Tellor 采用了 POW 的共识机制，通过挖矿的方式选出正确的数据，然后再上传至智能合约。这种方式与 Chainlink 类似，属于间接式预言机，使用的数据没有得到实际的验证，抗攻击性没有 NEST 这类预言机强。

Tellor 模仿比特币网络，运用 POW 共识机制完成去中心化。整体过程分为以下几个步骤：预言机调用申请、矿工参与挖矿、矿工质疑挑战、分配奖励。

(1) 预言机调用申请。DeFi 中的协议向 Tellor 预言机提出报价申请，支付申请费用。Tellor 预言机收到申请后，生成一道竞赛题，矿工必须具备一定的算力才能解答。Tellor 的 1.0 版本允许 10 分钟被调用一次，即一天最多只有 144 次查询的机会，随着预言机的需求增加，DeFi 的项目可能需要排很长的队才能获得查询的机会。因此，在 2.0 的版本中，Tellor 更改为 5 分钟可以调用一次。

(2) 矿工参与挖矿。Tellor 允许任何人参与挖矿，只要向合约质押 1000 枚 TRB 代币，即可参与竞赛题的解答。如果矿工有任何恶意行为，质押的代币将被没收。Tellor 选取最先解答谜题的前 5 个矿工提供的数据，但是取这 5 个数据的中位数，而不是求平均值，这一策略主要是为了防止某些恶意的矿工为了操控数据而提供异常数据。

(3)矿工质疑挑战。矿工发布数据后的一天之内，任何 TRB 代币持有者都可以对矿工提供的数据提出质疑，但是需要支付挑战费用。如果挑战成功，则矿工抵押的 TRB 代币将归挑战者所有，挑战失败则挑战费用将归矿工所有。这样可以增加恶意攻击成本，提高预言机的安全性。

(4)分配奖励。最先解答谜题的前 5 个矿工都可以获得相应的代币奖励，即 TRB。而其他参与挖矿的矿工在这一轮挖矿结束后，可以取回之前抵押的 1000 枚 TRB。

3.2.4 DOS Network

随着区块链世界的快速发展，以太坊、EOS、TRON 等公链越来越受开发者喜爱。其中以太坊是目前生态最为健康，占据市场最广的一条公链。各条公链如果能共享资源，区块链世界的发展速度将会更加飞快，因此跨链技术的发展备受关注。DOS 网络针对这些技术问题，为多条主流的区块链网络提供预言机服务，同时提供链外的可验证计算功能，减轻链上计算的负担，如图 3-12 所示。下面简单介绍 DOS 网络的整体设计思路。

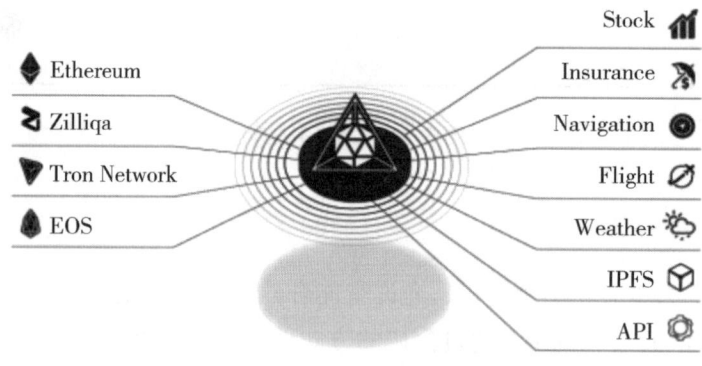

图 3-12 DOS 网络服务

DOS 网络的架构与 Chainlink 相似，同样是分为链上架构、链下架构两部分。两部分缺一不可，相辅相成。

1. 链上架构

链上的架构主要包括部署在不同链上的系统合约、管理合约。系统合约负责完成对预言机调用请求的处理、对节点上传的信息进行验证的功能，而管理合约负责完成节点的注册、节点的状态管理等功能。

2. 链下架构

DOS 网络的链下架构包括各个节点组成的去中心化节点网络，以及提供数据服务的数据源。任何人只需要向系统合约抵押一定数量的代币，就可以运行客户端软件中称为 DOS 网络的一个节点。成为节点可以监听预言机的调用申请，同时通过适配器向数据源获取数据。成功为用户提供预言机服务后，DOS 节点可以获得相应的 Token 奖励。

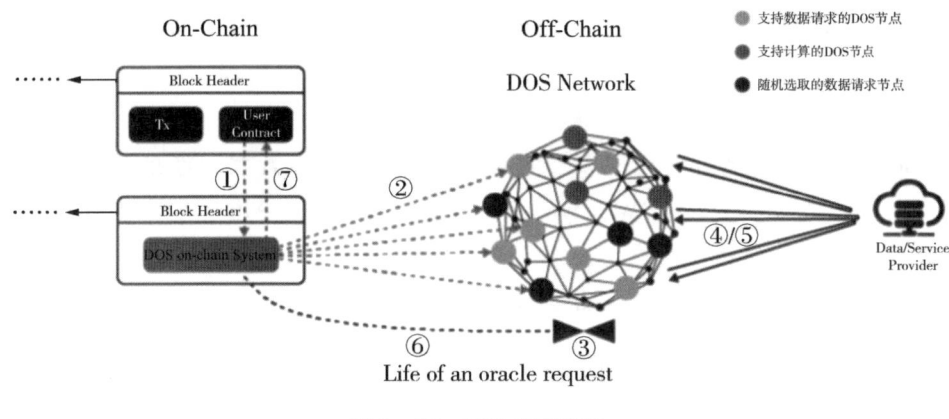

图 3-13 DOS 网络架构

3.3 预言机案例分析

加密世界经常遭遇到黑客的攻击，截至 2021 年 4 月初，各个领域都曾出现大大小小的攻击案例。剖析这些案例中的问题，有助于获得改进的方向，完善整个加密世界的安全防护罩。下面重点分析由预言机设计不合理而导致协议被攻击的典型案例，进而总结预言机设计需要重点考虑的问题。

案例 1　Compound 遭受预言机攻击

2020 年 11 月 26 日下午，Coinbase 交易所的稳定币 DAI 价格出现剧烈波动，疑似遭受恶意攻击。最高涨幅达到 30% 以上，达到 1.36 美元，这对于锚定 1 美元的稳定币 DAI 来说是灾难性的。

Compound 协议是 DeFi 的借贷市场的代表性项目之一，在借贷、交易、抵押等过程中，Compound 需要预言机来计算加密货币的价值。而项目中采用的是项目本身的中心化预言机，Compound 将预言机的报价交给一个委员会来处理，委员会选择市场上的前十大交易所汇总价格，整合后即可使用。在整体架构上，Compound 预言机具有相当多的漏洞，数据源是否可靠、预言机的安全性等问题都亟需被解决。此次攻击对象 DAI，Compound 只选择了 Coinbase 作为数据源，当 Coinbase 遭受攻击时，出现单点失效，导致 Compound 协议内的 DAI 遭受大规模的清算。攻击者利用价格出现偏差，结合闪电贷等进行套利。

案例 2　Synthetix 遭受预言机攻击

2019 年 6 月 25 日凌晨，Synthetix 协议遭受 Oracle 攻击，平台上的交易机器人检测到预言机存在漏洞，大规模交易 sKRW，在 1 个小时之内获取了 10 亿美金，Synthetix 损失超过 3700 万 sETH。遭受攻击后，Synthetix 协议的 CTO 停止预言机的报价服务，所有交易终止，在与攻击者协商后，达成扭转交易获取奖励的共识。开发者称，将与 Chainlink 合作构建更安全的去中心化预言机。

Synthetix 项目本身的预言机向多个商业的 API 接口获取数据，经过整合后得出理想的结果。对于此次被攻击的 KRW，Synthetix 仅仅采用了两个 API 接口来获取数据，交易机器人正是发现了此处存在漏洞，操控了其中一个 API 的数据，导致最后整合得到的结果大大偏离了实际数据，进而让攻击者从中获利。

Compound、Synthetix 这类采用项目本身作为中心化预言机的项目抗攻击性非常低，极其容易被攻击者篡改数据，攻击成本低。项目的开发并不能单一地使用自身配件，DeFi 就像一个乐高世界，仅凭一组零件不能搭建起结构牢固的作品，必须搭配多种配件。在借贷赛道中的项目，价格是影响其运行的最关键因素。如果能连接一个优秀的预言机，例如 Chainlink、NEST 等，保证价格是真实的，那么借贷项目就可以更好地保障用户资产的安全，降低被清算、套利等的风险。

3.4 本章小结

区块链上智能合约的广泛应用使得更多的场景无需第三方信任，尤其是当运用在金融领域时，可以在保证交易可溯源性的同时保障交易不被篡改。然而智能合约需要链下的信息才能满足合约执行的条件，预言机的出现将智能合约与现实世界完美地连接起来，真正实现智能合约的智能化。

预言机的设计模式可以分为中心化的预言机和去中心化的预言机。中心化的预言机结构简单，其框架的搭建成本低，但是存在很明显的缺点，即易发生单点失效。去中心化的预言机设计结构复杂，多个节点需要高额的费用来维持正常运行，同时访问的数据源数量大，但去中心化的预言机安全可靠，抗攻击性强，受到更多开发者的喜爱。

总结以上预言机被攻击的案例发现，越来越多的 DeFi 项目将会摒弃原来设计的中心化预言机，以 Chainlink 为代表的去中心化预言机逐渐作为一项不可或缺的工具接入项目使用，来保证项目的安全性。因此，去中心化的预言机在未来可能会得到广泛的运用，结合 DeFi 的相关协议，搭建更加安全的区块链世界。

随着跨链技术的发展，二层网络的需求日益增长，不同的公链之间如果能搭建起一个稳健的桥梁，实现公链之间的资源共享，区块链世界开发效率将会得到质的飞跃。对于预言机而言，绝大部分仅仅能满足一条链上的需求，依然不能解决跨链信息交流的问题。实现跨链交互的预言机将会是一个重要的研究领域，相信区块链世界会更加精彩。

预言机在当今的 DeFi 加密生态系统发挥着至关重要的作用，随着更多数据在链上和链下交互，其在未来会得到更多的关注。为此，以下提出几个开放性的问题，展望预言机的未来发展：

（1）Web 3.0 中的预言机的下一步发展是什么？
（2）如何权衡预言机系统中权力的下放和决策效率？
（3）除了 DeFi，预言机是否还有其他的应用场景？
（4）预言机在连接不同区块链时，如何加速跨链之间的数据交流？

参考文献

[1] GRINCALAITIS M. Mastering Ethereum：Implement advanced blockchain applications using Ethereum-supported tools, services, and protocols[M]. Birmingham：Packt Publishing Ltd. ,2019.

[2] BREIDENBACH L, CACHIN C, CHAN B, et al. Chainlink 2.0：Next steps in the evolution of decentralized oracle networks[J]. Chainlink Labs, 2021, 1：1-136.

[3] BREIDENBACH L, CACHIN C, COVENTRY A, et al. Chainlink off-chain reporting protocol[J]. https：//blog. chain. link/off-chain-reporting-live-on-mainnet, 2021.

[4] AL-BREIKI H, REHMAN M H U, SALAH K, et al. Trustworthy blockchain oracles：review, comparison, and open research challenges[J]. IEEE access, 2020, 8：85675-85685.

[5] ACHARYA V, YERRAPATI A E, PRAKASH N. Oracle blockchain quick start guide：A practical approach to implementing blockchain in your enterprise[M]. Birmingham：Packt Publishing Ltd. , 2019.

[6] EZZAT S K, SALEH Y N M, ABDEL-HAMID A A. Blockchain oracles：State-of-the-art and research directions[J]. IEEE Access, 2022, 10：67551-67572.

[7] HASSAN A, MAKHDOOM I, IQBAL W, et al. From trust to truth：Advancements in mitigating the Blockchain Oracle problem[J]. Journal of Network and Computer Applications, 2023, 217：103672.

[8] CALDARELLI G, ELLUL J. The blockchain oracle problem in decentralized finance—a multivocal approach[J]. Applied Sciences, 2021, 11(16)：7572.

[9] ESKANDARI S, SALEHI M, GU W C, et al. Sok：Oracles from the ground truth to market manipulation[C]//Proceedings of the 3rd ACM Conference on Advances in Financial Technologies. 2021：127-141.

[10] PASDAR A, DONG Z, LEE Y C. Blockchain oracle design patterns[J]. arXiv preprint arXiv：2106.09349, 2021.

[11] LYS L, POTOP-BUTUCARU M. Distributed Blockchain Price Oracle[C]//International Conference on Networked Systems. Cham：Springer International Publishing, 2022：37-51.

[12] ZHAO Y, KANG X, LI T, et al. Toward trustworthy defi oracles：Past, present, and future[J]. IEEE Access, 2022, 10：60914-60928.

[13] XIAN Y, ZENG X, ZHOU L, et al. A Data Middleware for Obtaining Trusted Price Data for Blockchain[J]. arXiv preprint arXiv：2309.04689, 2023.

[14] XIAO Y, ZHANG N, LOU W, et al. A Decentralized Truth Discovery Approach to the Blockchain Oracle Problem[C]// IEEE INFOCOM 2023-IEEE Conference on Computer Communications. IEEE, 2023：1-10.

[15] KUMAR M, NIKHIL N, SINGH R. Decentralising finance using decentralised blockchain oracles[C]// 2020 International Conference for Emerging Technology (INCET). IEEE, 2020: 1 – 4.

[16] AL BREIKI H, AL QASSEM L, SALAH K, et al. Decentralized access control for IoT data using blockchain and trusted oracles[C]// 2019 IEEE International Conference on Industrial Internet (ICII). IEEE, 2019: 248 – 257.

[17] MAMMADZADA K. Blockchain oracles[D]. Master's thesis, 2019. Available at core. ac. uk/reader/237085000, 2019.

[18] PATEL N S, BHATTACHARYA P, PATEL S B, et al. Blockchain-envisioned trusted random oracles for IoT-enabled probabilistic smart contracts [J]. IEEE Internet of Things Journal, 2021, 8 (19): 14797 – 14809.

第 4 章 去中心化交易所

随着区块链技术和加密货币重新引起人们的重视,再加上 2020 年 6 月流动性挖矿的推出,引爆了分布式金融 DeFi 的发展。纵观整个 DeFi 生态,以自动做市商(AMM)技术为代表的去中心化交易所(DEX)无疑是最出色的应用。根据 DeFi Pulse 统计,2021 年 4 月,DeFi 总锁仓量已经超过 500 亿美元,DEX 板块锁仓量接近 175 亿美元,足以证明去中心化交易所在整个 DeFi 领域占据的分量。与传统的订单簿模式相比,AMM 技术的引入带来了去中心化、透明、高效等特性,通过算法来自动完成交易,降低中心化交易所的风险与成本。然而,AMM 技术的不成熟性也带来了许多缺点,例如高滑点、无常损失等,这些都是限制 DEX 发展的重要因素,也是将来新协议重点创新和改进的地方。

传统的中心化交易所主要以订单簿模式为主,用户以自己理想的价格挂出买单和卖单,经过做市商撮合买方和卖方最终达成交易,但是这种交易模式成功率很低,买方和卖方很难达成令双方都较为满意的价格,导致市场的流动性低下。与此同时,用户将资产托管在中心化交易所,被黑客攻击的可能性较大。在这种背景下,去中心化的交易所出现了,其中 AMM 是最关键的技术,通过算法来产生十分可观的流动性。在订单簿模式下,加密货币的价格是根据上一对撮合双方达成交易的价格形成的,而 AMM 模式下的价格根据函数曲线形成,用户无需寻找交易对手,借用自动做市的"机器人"即可完成买卖双方的交易,仅通过智能合约就可以实现自动做市的功能。

本章将围绕去中心化交易所中最关键的 AMM 技术展开。首先介绍 AMM 技术的基本组成元件,然后分析其主要的数学模型,例如,恒定乘积做市商(constant product market maker)、恒定和做市商(constant sum market maker)、恒定平均值做市商(constant mean market maker)等,结合其数学模型,分析自动做市过程中存在的问题;接着介绍目前 DeFi 市场中主流的去中心化交易所,以 Uniswap、Blancer、Curve 等为例,通过了解各个交易所的核心合约来深入理解运行的机制;最后总结去中心化交易所的特点,对比分析不同 DEX 协议之间的优缺点,展望未来的协议将如何在此基础上改进。

4.1 自动做市商

4.1.1 AMM 基本原理

传统的交易所使用的是订单簿,买家和卖家分别挂单,在订单簿上记录交易的数量、时间以及价格等信息。买家的目标是以最低的价格完成交易,而卖家则想以最高的价格达成交易。然而在现实世界中,很难使买卖双方以两者都满意的价格促成交易。因此,需要做市商来撮合双方进行交易,使市场的流动性得到提高。做市商的出现提高了交易的成功率,但是对于人工的做市商,效率还是很低下,完全依赖于做市商不断工作,无法满足大量的交易需求。

自动做市商技术的出现,加速了去中心化交易所的发展进程,给中心化交易所带来很大的冲击力。AMM 技术实现了交易所的资产快速兑换,买卖双方无需再在交易所上挂单,利用资金池的模式,流动性提供者(LP)为资金池提供交易所需的 Token,一般包括两种 ERC-20 的代币。成功为资金池注入资产后可以称为做市商,获取相应的收益。买卖双方可以在资金池中进行资产的兑换,支付一定的手续费而带走流动性,交易对的价格则由自动做市的数学模型来确定。AMM 技术的应用,为去中心化交易所带来了足够的流动性,同时也提升了用户体验。下面从资金池和 AMM 的做市数学模型讲解自动做市的主要技术。

1. 流动资金池

流动资金池是协议锁定在智能合约中的所有代币总和的总称,一般一个资金池包含了一个交易对的所有代币资产,有的协议资金池是 ETH 和一种 ERC-20 代币的交易对,而有的是两种 ERC-20 代币。做市商需要同时将两种 Token 锁定至协议的智能合约中,才能参与做市,如图 4-1 所示。由于做市商注入的资产为协议带来了可观的流动性,因此做市商也被称为"流动性提供者"

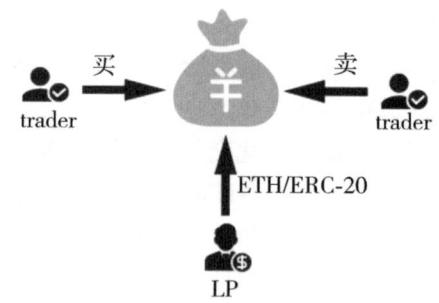

图 4-1 流动资金池模型

(liquidity provider)。成为流动性提供者后,可以获得对应协议的流动性代币作为奖励,例如 Uniswap 的 UNI、Curve 的 CRV 等,流动性代币的持有者可以根据其做市资产在资金池的占比获得相应百分比的收益,而交易所的收益来源主要来自用户兑换时上缴的交易手续费等。

在流动资金池构建的过程中,有几个重要的角色需要我们详细讨论,分别是流动资金池创建者、流动性提供者、用户、套利者、协议建设者。

(1)流动资金池创建者(liquidity pool creator)。流动资金池创建者通过部署智能合约来创建一个资金池,协议首先检查这个资金池是否已经创建过,防止重复创建。资金池包含两个以上的代币来完成代币之间的价格初始化,为了避免不必要的损失,资金池创建者会尽量将价格与外部市场价格保持一致。

(2)流动性提供者(liquidity provider,LP)。当流动资金池创建成功后,流动性提供者可以向资金池中按照资金池中的价格等比例地添加代币,作为回报,根据每个 LP 资产在资金池中的占比分配奖励,这些奖励主要来自用户在 DEX 交易支付的手续费。越来越多的协议开始发行自己的权益代币,只要 LP 为资金池添加流动性就可以获得这些代币,因此这也被称为"流动性挖矿"。同样地,如果 LP 想要移除流动性,需要销毁权益代币,部分协议还会从 LP 的收益中扣取一定比例的税收来保证资金池的规模。

(3) 交易者(trader)。交易者也被称为"流动性消耗者"(liquidity taker),在 DEX 提交交易申请,包含输入代币的名称与数量、输出代币的名称,根据 AMM 模型曲线自动求出输出代币的数量。在这个过程中交易者还需要额外支付协议交易的手续费和矿工的 Gas 费用。目前在 Uniswap 上交易手续费是 0.3%,由于交易量不断增加、以太坊吞吐量低下,导致 Gas 费用迅速增高,因此在 Uniswap 上完成一笔交易可能需要花费几十美元的额外支出。未来的 DEX 会尽力改变这种交易拥堵的状况,通过二层网络扩容等方式来改变交易者的使用体验。

(4) 套利者(arbitrageurs)。套利者是交易者当中的一个特殊群体,包括套利机器人。套利者会实时观察和对比不同 DEX 和 DeFi 的热门协议之间的代币价格偏差,通过低价买入、高价卖出的方式来获取高额利润。正是这些套利者的存在,保证了协议之间价格的平衡性,防止资金池的价格出现过大的波动。

(5) 协议建设者(protocol foundation)。一个协议的建设者包括协议本身的开发设计人员以及创建者,同时部分协议为了实现去中心化管理而采用发行治理代币的方式,流动性提供者参与挖矿就可以获得治理代币,拥有治理代币的用户可以共同参与协议的发展建设,通过投票的方式来决定协议未来发展。通过去中心化的管理机制建设一个友好的社区,吸引更多的交易量。

2. 自动做市数学模型

AMM 技术能像机器人一样自动做市,依靠的是其设计的核心数学算法模型,在买卖双方交易的过程中,加密货币的价格按照设计的规则围绕市场实际价格上下波动,依靠套利者来维持价格平衡。目前较为核心的数学模型主要有以下 5 种做市模型:

1) 对数市场记分规则

市场评分规则被做市商广泛用来评估资产的价格,这些评分规则也同样适用于其他场景,例如拍卖市场、证券交易等。2002 年,由汉森提出的对数市场记分规则(logarithmic market scoring rule,LMSR)被应用到自动做市商领域,其运行机制在一定程度上实现了自动做市的概念,但仍存在一些需要改进的缺点。

LMSR 应用到 DeFi 中自动做市时,假设资金池中有 n 种 Token,令 $q = \{q_1, q_2, \cdots, q_n\}$ 表示 Token 的集合,根据市场的评分规则,做市商参与做市的成本函数可以表示为 $C(q) = b\ln \sum_{i=1}^{n} e^{\frac{q_i}{b}}$,式中 b 为常数。对成本函数求导,可以得到每一种 Token 的单价,即

价格函数 $P(q_i) = \dfrac{\partial C(q)}{\partial q_i} = \dfrac{e^{\frac{q_i}{b}}}{\sum\limits_{i=1}^{n} e^{\frac{q_i}{b}}}$。我们绘制出 LMSR 的做市曲线，如图 4-2 所示，在做市过程中，做市商为了保证不亏损，必须让成本函数随着 q 集合的变化保持不变，这一机制让不同的 Token 在交易的过程中价格发生变化，当资金池中的价格与其他市场价格存在价差时，将会激励套利者进入市场交易，通过交易者之间的博弈保持各个 Token 之间的价格接近市场的价格，同时带来市场的流动性。当然，LMSR 模型存在许多优点，同时也有致命的缺点。例如，当 n 种 Token 比例不均衡时，交易者仅仅需要少量的 Token 来交易便可让价格大幅度改变。恶意攻击者利用这个缺点便可操控价格变化，从中获取收益。因此，LMSR 并不是一个良好的做市模型，在 DeFi 领域很难得到广泛应用。

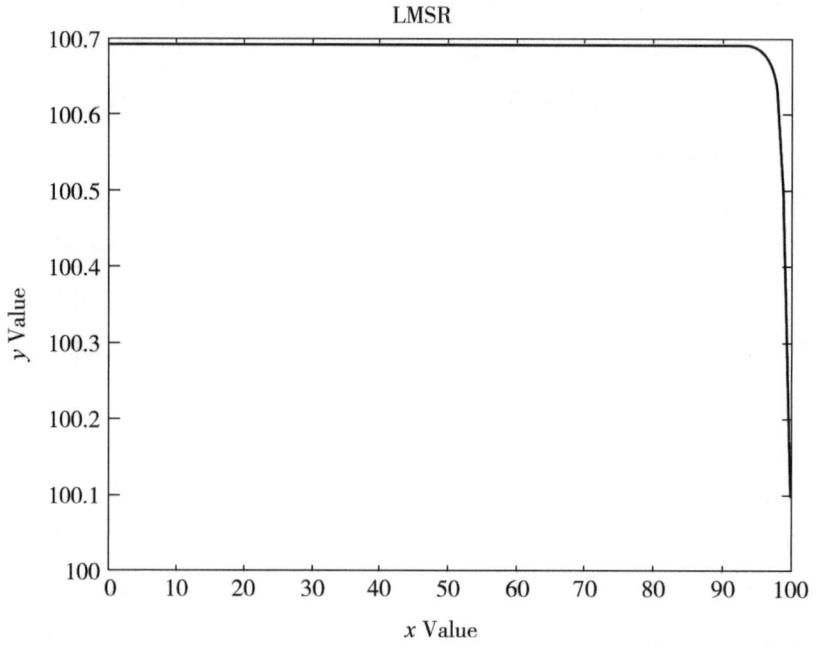

图 4-2　LMSR 模型曲线

下面举个简单的例子解释 LMSR 模型的高价格滑点。假设资金池中有 LINK/USDT = 100/100，常数 $b=1$，则成本函数 $C(q) = b\ln\sum\limits_{i=1}^{n} e^{\frac{q_i}{b}} = \ln(e^{100} + e^{100}) = 100.693$，此时 1 LINK = 1 USDT。当用 1 LINK 来兑换 USDT 时，$\ln(e^{100} + e^{100}) = \ln(e^{99} + e^{100.49})$，即 1 LINK 只能兑换 0.49 USDT，价格波动达 50%。当用 10 LINK 兑换 USDT 时，$\ln(e^{100} + e^{100}) = \ln(e^{90} + e^{100.693})$，即 1 LINK = 0.0693 USDT，价格波动达 93%。由此可见，模型的价格滑点过高，不适合用于 AMM。

2)恒定乘积做市商

LMSR 由于存在过高的价格滑点,不适合实际市场应用,于是新的一种做市模型被提出,恒定乘积做市商(constant product market maker,CPMM)。同样地,引入 $q = \{q_1, q_2, \cdots, q_n\}$ 表示 Token 的集合,成本函数 $C(q) = \prod_{i=1}^{n} q_i = k$,其中 k 为恒定的常数。价格函数 $P(q_i) = \frac{\partial C(q)}{\partial q_i} = \prod_{j \neq i} q_j$,$m$ 与 n 两种 Token 的价格 $P_{mn} = \frac{P_m}{P_n} = \frac{\prod_{j \neq m} q_j}{\prod_{j \neq n} q_j} = \frac{q_m}{q_n}$。目前的交易所大部分仅考虑两种 Token 之间的价格兑换,资金池中一般也只有两种 Token,因此可以只考虑设集合 $q = \{x, y\}$,$C(q) = xy = k$,这样就大大简化了交易模型。Uniswap 正是利用这个简单的做市模型,成为 DeFi 交易所板块的头号种子选手。

为了更加直观地观察 CPMM 模型的特点,仍然设资金池中有 ETH/USDT = 1000/10000,绘制出两种代币的做市曲线,如图 4-3 所示。

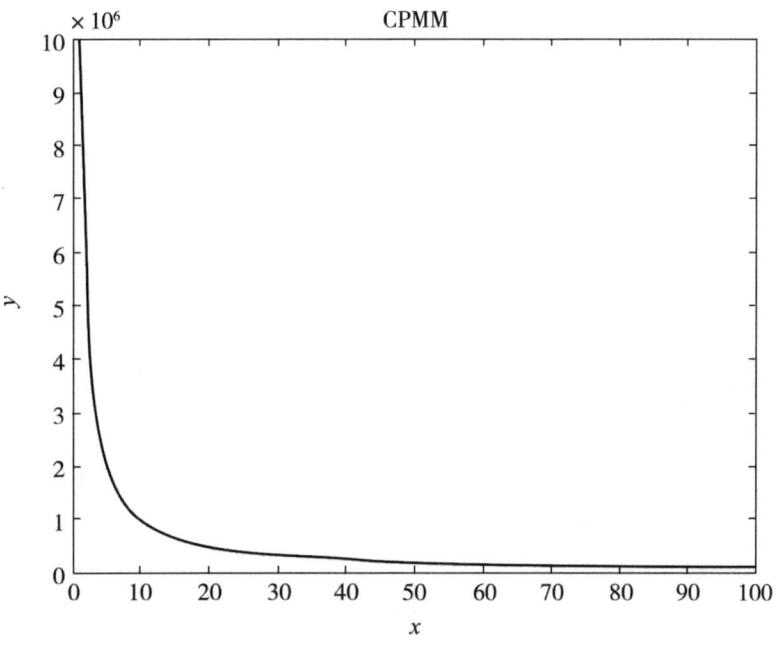

图 4-3 CPMM 模型曲线

当资金池的规模足够大时,微量的交易使价格变化十分微弱,交易深度足够大时,才能产生可观的价格滑点。随着 Uniswap 的交易规模和锁仓量逐渐增大,抗滑点攻击的特性会越来越明显,鲁棒性会越强。

3)恒定和做市商

恒定函数做市模型除了恒定乘积做市商以外,另外一种是恒定和做市商(constant

sum market maker，CSMM) 模型。在 CPMM 基础上，修改成本函数为 $C(q) = \sum_{i=1}^{n} q_i = k$，价格函数为 $P(q_i) = \frac{\partial C(q)}{\partial q_i} = 1$，意味着恒定和做市模型中加密货币的价格不随交易发生改变，因此该模型适用于价格稳定的稳定币市场。假设 q 集合中包含 ETH/USDT = x/y，则 $C(q) = x + y = k$，该函数模型的做市曲线如图 4-4 所示。

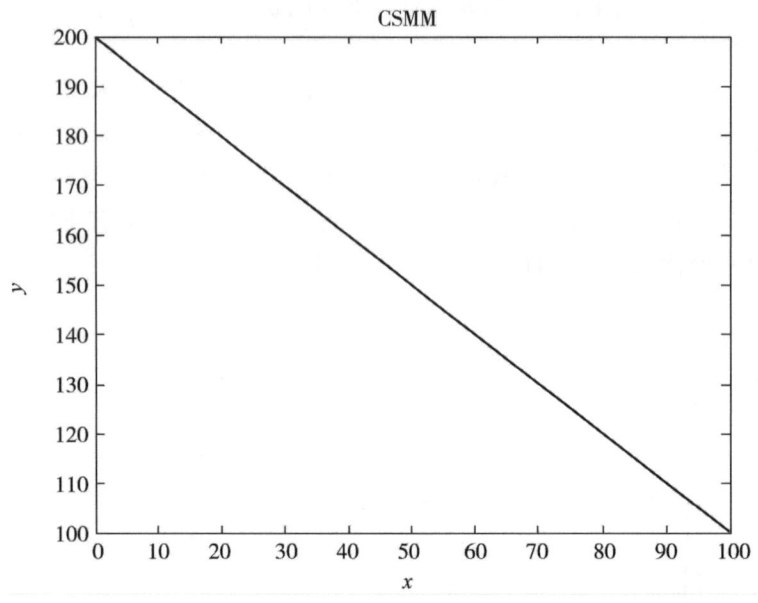

图 4-4　CSMM 做市曲线

通过观察曲线发现，交易过程中代币的价格始终不发生改变，同时在两种交易对的资金池中，其中一种 Token 有可能被买断而导致资金池枯竭，无法再继续提供有效的流动性。针对这种极限情况，需要对模型进行加工处理才能使其适用于实际的市场交易，详细的改进将在第 3 节的 Curve 项目讲解中介绍。

4) 恒定平均值做市商

CPMM 模型利用简单的成本函数以及价格函数对资金池中的 Token 实现自动做市，但是模型中 n 种 Token 的指数占比是固定不变的。为了将模型通用化，提出恒定平均值做市商（constant mean market maker，CMMM）模型，规定模型的成本函数为 $C(q) = \prod_{i=1}^{n} q_i^{\omega_i}$，其中 $\omega_i > 0$，价格函数为 $P(q_i) = \frac{\partial C(q)}{\partial q_i} = \omega_i q_i^{\omega_i - 1} \prod_{j \neq i}^{n} q_j^{\omega_j}$。可以发现，CPMM 是 CMMM 模型 $\omega_i = 1$ 的特殊情况，因此 CPMM 的许多特点都适用于 CMMM 模型。假设成本函数为 $x^{\omega_1} y^{\omega_2} = k$，$k = 100$，绘制其函数模型，如图 4-5 所示。

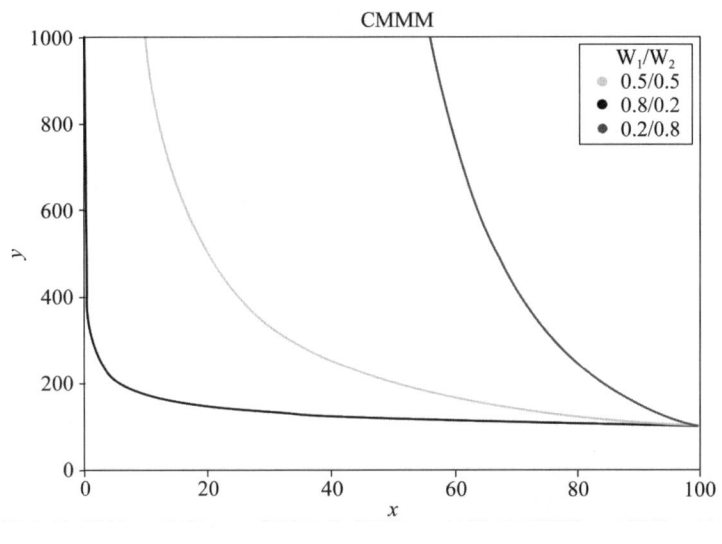

图 4-5 CMMM 做市曲线

5）恒定椭圆做市商

恒定椭圆做市模型从曲线的凹凸性考虑，规定模型的成本函数 $C(q) = \sum_{i=1}^{n}(q_i - a)^2 + b\sum_{i \neq j}q_iq_j = k$，对成本函数求导得到价格函数 $P(q_i) = \frac{\partial C(q)}{\partial q_i} = 2(q_i - a) + b\sum_{i \neq j}q_j$。为了更好地观察模型的特性，同样我们假设参数 $a=5$，$b=1$，$q=\{x, y\}$，则 $C(q) = (x-5)^2 + (y-5)^2 + xy = k$，$k=1000$，绘制曲线，如图 4-6 所示。

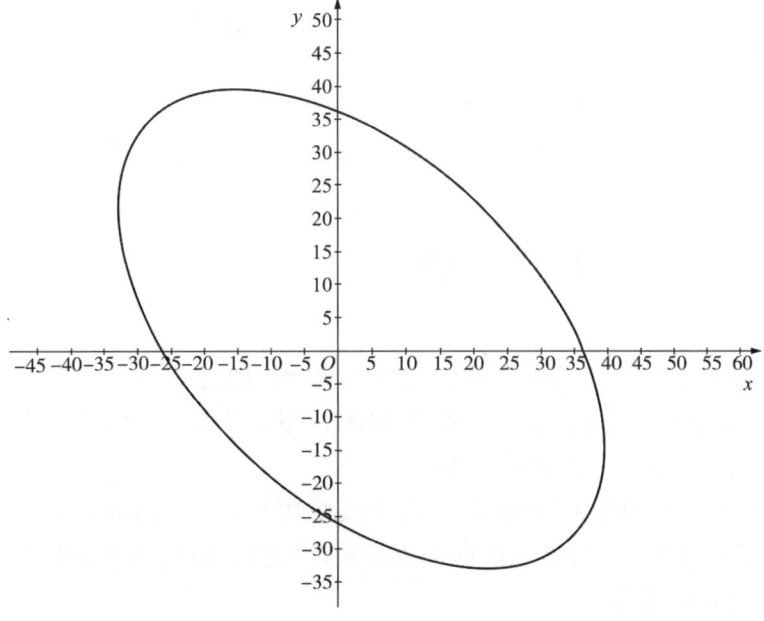

图 4-6 CEMM 做市曲线

观察发现，模型中存在两段具有使用价值的曲线，分为凹曲线和凸曲线两部分，适用于不同的市场使用场景。

4.1.2　去中心化交易所的特点

目前的去中心化交易所的主要设计目标依然是高流动性、低价格滑点，同时抗攻击性强，保证用户使用体验良好。在 DeFi 的许多去中心化交易所项目设计过程中，无论选择哪种做市模型，尽管对其进行了许多优化措施，依然存在以下几个关键的问题，亟需项目开发者采取创新性的措施解决。

1. 无常损失

做市商参与做市的过程中，储存在智能合约中的资产被锁定在资金池，根据其存储资产的占比，在其取回资金池中的资产时，分得额外的收益。这些收益激励加密货币的持有者积极成为做市商，为项目提供流动性。做市商没有亏欠的可能性吗？答案显然是否定的。在交易的过程中，资金池中代币的价格发生变动，当价格与其他项目价格相差较大时，套利者将从中获取利润。如果交易对的两种 Token 都有市场价值，那么随着市场交易进行，做市商的这种亏损就只是暂时性的，但是如果其中一种 Token 变为空气币，没有任何价值，做市商的这种亏损将无法挽回。而无常损失的程度取决于做市模型的价格滑点大小，过高的价格滑点会使得攻击者仅仅使用很小的攻击成本，就可以让做市商产生很大的亏损。

2. 多代币敞口

加密货币持有者要想成为项目的做市商为项目提供流动性，必须同时向项目的智能合约存储一定数量的两种 Token。这种策略将做市商的投资风险扩大，做市商必须面临两种 Token 的价格波动风险，亏损可能性扩大了一倍。这种情况称为"多代币敞口"。设计者可针对这一问题采取一定的措施降低做市商的投资风险，例如让做市商仅仅需要存储交易对中的一种 Token，等待另一做市商存储对应数量的另一种 Token 完成交易对的匹配，即可存入项目的资金池中，而获得的收益同样按照比例来分配。

4.2　典型项目介绍及合约实现

传统的中心化交易所交易成本高、交易体验差，而且交易所容易被黑客攻击。因此，去中心化的交易所应运而生，主要以 AMM，即自动做市商的模式满足交易者的需求，大大降低交易手续费，改善用户体验。

本节重点介绍典型的 AMM 项目，例如最受用户追捧的 Uniswap，以及 Balancer、Curve 等，详细介绍各个项目具有各自特色的做市模型，最后简要说明部分典型项目合约实现的整体源代码架构。

4.2.1 Uniswap

Uniswap 作为 DeFi 的自动做市商板块最火的项目，以简单的恒定乘积做市商模型，凭借几百行代码实现 24 小时交易次数达 13 万次，交易金额超过 20 亿美元，截至 2021 年 1 月，总锁仓量超过 40 亿美元，获得众多 DeFi 用户的青睐，具有非常可观的发展前景。下面将从 Uniswap 自动做市的数学模型出发，分析其运行机制，通过讲解 Uniswap 的开源代码，深入探讨如何凭借这几百行的代码实现其设计的兑换和自动做市功能。Uniswap 兑换界面如图 4-7 所示。

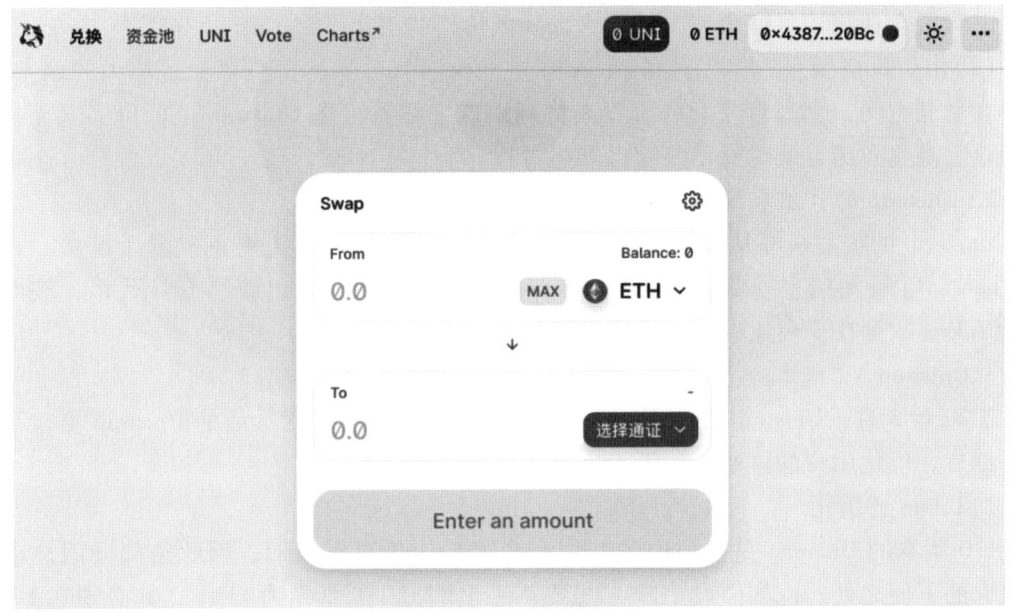

图 4-7 Uniswap 兑换界面

1. Uniswap 的恒定乘积做市商模型

1）做市商能做什么

自动做市商可在 Uniswap 协议上参与做市，对于 DeFi 的每一交易对，做市商需要往资金池同时存储加密货币对。以 ETH/USDT 为例，当市场上的价格为 1 ETH = 1000 USDT 时，做市商可以向资金池存入 10 枚 ETH 和 10 000 枚 USDT 成为 Uniswap 协议上的做市商。

2）Uniswap 的 trader 如何兑换 Token

DeFi 玩家需要兑换手上的加密货币时，可以在 Uniswap 协议上完成兑换。而 Uniswap 的恒定乘积做市商模型为 $x \cdot y = k$，其中 x 和 y 为两种 Token 数量，在 1.0 版本中，其中一种必须为 ETH；更新为 V2 版本后，玩家可以任意选择两种 Token。k 是一个恒定的常数，不随 Token 的数量改变而改变。假设一个简单的案例（不考虑交易过程中产生的手续费）：汤姆是一个 DeFi 的普通用户，现在他手里持有 5 枚 ETH，他想用其中的 1 枚 ETH 兑换 USDT，方便参与其他协议上的金融活动。假设 Uniswap 的 ETH/USDT 资金池上有 100 ETH 和 100 000 USDT，此时 $k=10^7$。经过汤姆的兑换后，资金池中有 101 枚 ETH，而 USDT 的数量为 $y=\dfrac{k}{x}=\dfrac{10^7}{101}=99\,009.9$。因此汤姆在此次交易中可以获得 990.1 枚 USDT，ETH 的价格由原来的 1000 USDT 改变为 $\dfrac{y}{x}=\dfrac{99\,009.9}{101}=980.3\,\text{USDT}$。

通过观察以上假设的案例可以发现以下几点规律：

（1）DeFi 玩家在 Uniswap 协议上兑换加密货币时，可以使资金池中的交易对价格发生改变，这种价格的变化称为"价格滑点"。当资金池规模较小时，容易产生较大的价格滑点；当资金池规模足够大后，可以大大降低价格的滑点。

（2）由于价格滑点的存在，当 Uniswap 中的价格与市场的价格存在足够大的偏差时，就存在套利空间，套利者或套利机器人将利用这个漏洞，在 Uniswap 上低价买入而在其他协议上高价卖出，此时做市商就会产生亏损。

2. Uniswap 的收益来源及分配

Uniswap 的收益来源是玩家在兑换池中进行兑换交易对时上缴的交易手续费，目前在 Uniswap 上交易的手续费为 0.3%。参与做市的做市商，可以获得 UNI 代币，按照做市的 Token 数量在资金池中所占的比重可分配所得收益。

3. Uniswap V2 版本

2020 年 3 月，Uniswap 发布 V2 版本的新版白皮书，升级版本后的 Uniswap 更改了一部分细节，优化用户的体验。创新点主要有以下几点：

1）Token 通用化

1.0 版本的 Uniswap 兑换池中的其中一个 Token 必须为 ETH，因此给部分用户带来了极大的不便之处。例如假设用户 A 想要将手上的 USDT 兑换为 LINK，其必须在 ETH/USDT 池子中先将 USDT 兑换成 ETH，再去 ETH/LINK 池中兑换 LINK，这两步操作需要收取两次交易手续费，增加了交易成本。Uniswap 升级为 V2 版本后，可以在 USDT/LINK 直接完成，既减少了交易次数缓解以太坊生态链上的拥堵问题，又降低了交易的成本，大大优化用户体验。

2）闪电交易（flash swap）

Uniswap 的 1.0 版本用户只能先支付一种 Token，才能触发合约完成兑换，从而拿到另外一种 Token。随着以太坊的快速发展，用户量不断增多，而以太坊的吞吐量有限导致交易经常出现拥堵的情况。用户如果急用另外一种 Token，有可能需要排队等待较长时间。因此，Uniswap 考虑了这个问题，在 V2 版本提供了快速兑换窗口，用户可以先取用需要兑换的那种 Token，通过 swap 函数，自定义 callback 函数发起兑换请求，Uniswap 合约会检查更新后的余额确认 k 值满足恒定乘积做市的公式，用户必须向合约中存储交易对的另一种 Token，交易才会有效，如果不满足条件，合约将回退这笔兑换交易。当然，用户也可以归还向合约中提前取用的 Token，这就相当于借贷模型，还需要额外支付 0.3% 的手续费。

3）价格预言机

Uniswap 的资金池可以计算出交易对的价格，因此可以将 Uniswap 当作一个可靠的预言机（oracle），其他协议可以通过 API 接口获取到价格信息供协议的价格计算使用。然而，在 Uniswap 1.0 版本中的价格直接从资金池获取，这很容易被攻击者操控价格，例如先在 Uniswap 进行大笔交易，改变交易对的价格，然后再攻击以 Uniswap 为预言机作为喂价服务的协议，最后到 Uniswap 赎回原来交易的资产。Uniswap V2 版本采取了时间加权平均价格（TWAP）的计算方式，在每一个区块结束后、一个区块开始时对价格进行更新，从 t_1 到 t_2 时刻，平均价格 $P_{t_1,t_2} = \dfrac{\sum_{i=t_1}^{t_2} P_i}{t_2 - t_1}$。由于其他协议从 Uniswap 中获取的价格是时间加权后的平均价格，当攻击者想要改变 Uniswap 价格时，其他交易者在同一个区块交易时会改变最终的平均价格，从而防止攻击者操控价格。

4. Uniswap 的合约实现

Uniswap 的核心代码包括三个重要合约：工厂合约、配对合约和路由合约。其中工厂合约的功能为创建新的交易对以及存储所创建的历史交易对，设置收取交易费率的管理员的地址，设置管理员的设置者地址，以及配对合约完成初始化交易对、燃烧交易对和调用路由合约实现加密货币的兑换。

1）工厂合约

工厂合约（UniswapV2Factory）负责完成交易对的创建和存储，可以设置交易费率的管理员地址以及授权给管理员设置的管理地址。这些功能由以下的三个函数来实现：

（1）CreatePair 函数。

如图 4-8 所示，函数首先确保申请创建交易对的两种 Token 必须是不同的，而且是有效的 Token 地址，不能为零，同时防止重复创建相同的交易对。生成交易所需的"盐"后，将交易对的接口初始化，然后再使两个方向的兑换都成立，创建好的交易对存储到 allPairs 数组。

```
function createPair(address tokenA, address tokenB) external returns (address pair) {
    require(tokenA != tokenB, 'UniswapV2: IDENTICAL_ADDRESSES');//必须是两种不同的token兑换
    (address token0, address token1) = tokenA < tokenB ? (tokenA, tokenB) : (tokenB, tokenA);
    require(token0 != address(0), 'UniswapV2: ZERO_ADDRESS');//token地址不能为0
    require(getPair[token0][token1] == address(0), 'UniswapV2: PAIR_EXISTS'); // single check is sufficient
    //保证交易对没有创建过
    bytes memory bytecode = type(UniswapV2Pair).creationCode;
    bytes32 salt = keccak256(abi.encodePacked(token0, token1));//生成兑换所需要的"盐"
    assembly {
        pair := create2(0, add(bytecode, 32), mload(bytecode), salt)
    }
    IUniswapV2Pair(pair).initialize(token0, token1);//初始化配对接口
    getPair[token0][token1] = pair;
    getPair[token1][token0] = pair; // populate mapping in the reverse direction
    //保证两个方向都可以兑换
    allPairs.push(pair);
    //将生成的交易对入配对数组
    emit PairCreated(token0, token1, pair, allPairs.length);
    //创建配对事件完成
}
```

图 4-8　CreatePair 函数

（2）setFeeTo 函数。

setFeeTo 函数负责管理能够设置 Uniswap 交换手续费的地址，如图 4-9 所示。

```
function setFeeTo(address _feeTo) external {
    require(msg.sender == feeToSetter, 'UniswapV2: FORBIDDEN');
    feeTo = _feeTo;
}
```

图 4-9　setFeeTo 函数

（3）setFeeToSetter 函数。

setFeeToSetter 函数用于设置并授权 Uniswap 交易手续费管理员的地址，即 setFeeTo 函数中的 feeToSetter 由 setFeeToSetter 函数管理，如图 4-10 所示。

```
function setFeeToSetter(address _feeToSetter) external {
    require(msg.sender == feeToSetter, 'UniswapV2: FORBIDDEN');
    feeToSetter = _feeToSetter;
}
```

图 4-10　setFeeToSetter 函数

2）配对合约

如图 4-11 所示，配对合约（UniswapV2Pair）中的 initialize 方法限制其他合约来调用配对合约，必须是工厂合约才能引用。_update 方法用于更新交易后 Token0 和 Token1 的储备量；_mintfee 方法用来分配交易收取的手续费，Uniswap 白皮书规定，0.25% 归 Uniswap 协议所有，0.05% 归在 Uniswap 上币的项目方。

```
function initialize(address _token0, address _token1) external {
    require(msg.sender == factory, 'UniswapV2: FORBIDDEN'); // sufficient check
    token0 = _token0;//必须是工厂合约才可以调用配对初始化
    token1 = _token1;
}
```

图 4-11　initialize 方法

配对合约中设计了 5 个供外部调用的方法，其中最重要的 3 个方法有 mint、burn 和 swap，分别完成添加流动性、燃烧流动性和兑换加密货币的功能。

（1）mint 方法。

mint 方法首先获取 Token 0 和 1 的储备量，获得当前合约地址中两种 Token 的余额，用余额减去储备量得到铸币数量。打开铸造币费开关，判断流动性是否大于 0，将流动性传给 to 地址，根据公式 $xy=k$ 得到 k 值，如图 4-12 所示。

```
//铸造方法
// this low-level function should be called from a contract which performs important safety checks
function mint(address to) external lock returns (uint liquidity) {
    (uint112 _reserve0, uint112 _reserve1,) = getReserves(); // gas savings 获取储备量0和1
    uint balance0 = IERC20(token0).balanceOf(address(this));//获取当前合约地址中token0的余额
    uint balance1 = IERC20(token1).balanceOf(address(this));//获取当前合约地址中token1的余额
    uint amount0 = balance0.sub(_reserve0);//余额0-储备量0
    uint amount1 = balance1.sub(_reserve1);//余额1-储备量1
    //返回铸造费开关
    bool feeOn = _mintFee(_reserve0, _reserve1);
    uint _totalSupply = totalSupply; // gas savings, must be defined here since totalSupply can update in _mintFee
    if (_totalSupply == 0) {
        liquidity = Math.sqrt(amount0.mul(amount1)).sub(MINIMUM_LIQUIDITY);
       _mint(address(0), MINIMUM_LIQUIDITY); // permanently lock the first MINIMUM_LIQUIDITY tokens
    } else {
        liquidity = Math.min(amount0.mul(_totalSupply) / _reserve0, amount1.mul(_totalSupply) / _reserve1);
    }
    require(liquidity > 0, 'UniswapV2: INSUFFICIENT_LIQUIDITY_MINTED');//判断流动性是否大于0
    _mint(to, liquidity);//铸造流动性给to地址
    //更新储备量0和1
    _update(balance0, balance1, _reserve0, _reserve1);
    if (feeOn) kLast = uint(reserve0).mul(reserve1); // reserve0 and reserve1 are up-to-date
    //x·y=k
    emit Mint(msg.sender, amount0, amount1);//触发铸币事件
}
```

图 4-12　mint 方法

(2) burn 方法。

burn 方法与 mint 方法类似，这里不再赘述，主要区别在于将铸币数量转入 to 地址完成 Token 的销毁，从而删除流动性，如图 4-13 所示。

```
//燃烧币方法
// this low-level function should be called from a contract which performs important safety checks
function burn(address to) external lock returns (uint amount0, uint amount1) {
    (uint112 _reserve0, uint112 _reserve1,) = getReserves(); // gas savings
    address _token0 = token0;                                // gas savings
    address _token1 = token1;                                // gas savings
    uint balance0 = IERC20(_token0).balanceOf(address(this));
    uint balance1 = IERC20(_token1).balanceOf(address(this));
    uint liquidity = balanceOf[address(this)];

    bool feeOn = _mintFee(_reserve0, _reserve1);//铸币费开关是否打开
    uint _totalSupply = totalSupply; // gas savings, must be defined here since totalSupply can update in _mintFee
    amount0 = liquidity.mul(balance0) / _totalSupply; // using balances ensures pro-rata distribution
    amount1 = liquidity.mul(balance1) / _totalSupply; // using balances ensures pro-rata distribution
    require(amount0 > 0 && amount1 > 0, 'UniswapV2: INSUFFICIENT_LIQUIDITY_BURNED');
    _burn(address(this), liquidity);
    _safeTransfer(_token0, to, amount0);//发送token0给to地址
    _safeTransfer(_token1, to, amount1);//发送token1给to地址
    balance0 = IERC20(_token0).balanceOf(address(this));
    balance1 = IERC20(_token1).balanceOf(address(this));

    _update(balance0, balance1, _reserve0, _reserve1);//更新储备量0和1
    if (feeOn) kLast = uint(reserve0).mul(reserve1); // reserve0 and reserve1 are up-to-date
    //铸币开关如果打开, x·y=k
    emit Burn(msg.sender, amount0, amount1, to);//触发燃烧币事件
}
```

图 4-13　burn 方法

(3) swap 方法。

swap 方法完成用户兑换 Token 的功能，先判断合约地址中的铸币量是否大于 0，保证有足够的流动性可以完成兑换，然后判断 to 地址是否为有效地址。接着向 to 地址转入 Token0 或者 Token1，调整余额和剩余的铸币量，更新储备量，如图 4-14 所示。

```
//兑换方法
// this low-level function should be called from a contract which performs important safety checks
function swap(uint amount0Out, uint amount1Out, address to, bytes calldata data) external lock {
    require(amount0Out > 0 || amount1Out > 0, 'UniswapV2: INSUFFICIENT_OUTPUT_AMOUNT');//amount0和1必须大于0
    (uint112 _reserve0, uint112 _reserve1,) = getReserves(); // gas savings
    require(amount0Out < _reserve0 && amount1Out < _reserve1, 'UniswapV2: INSUFFICIENT_LIQUIDITY');//保证有足够的流动性

    uint balance0;
    uint balance1;
    { // scope for _token{0,1}, avoids stack too deep errors
    address _token0 = token0;
    address _token1 = token1;
    require(to != _token0 && to != _token1, 'UniswapV2: INVALID_TO');//to地址是有效的兑换地址
    if (amount0Out > 0) _safeTransfer(_token0, to, amount0Out); // optimistically transfer tokens
    if (amount1Out > 0) _safeTransfer(_token1, to, amount1Out); // optimistically transfer tokens
    if (data.length > 0) IUniswapV2Callee(to).uniswapV2Call(msg.sender, amount0Out, amount1Out, data);
    balance0 = IERC20(_token0).balanceOf(address(this));
    balance1 = IERC20(_token1).balanceOf(address(this));
    }
    uint amount0In = balance0 > _reserve0 - amount0Out ? balance0 - (_reserve0 - amount0Out) : 0;
    uint amount1In = balance1 > _reserve1 - amount1Out ? balance1 - (_reserve1 - amount1Out) : 0;
    require(amount0In > 0 || amount1In > 0, 'UniswapV2: INSUFFICIENT_INPUT_AMOUNT');
    { // scope for reserve{0,1}Adjusted, avoids stack too deep errors
    uint balance0Adjusted = balance0.mul(1000).sub(amount0In.mul(3));
    uint balance1Adjusted = balance1.mul(1000).sub(amount1In.mul(3));
    require(balance0Adjusted.mul(balance1Adjusted) >= uint(_reserve0).mul(_reserve1).mul(1000**2), 'UniswapV2: K');
    }

    _update(balance0, balance1, _reserve0, _reserve1);//更新储备量0和1
    emit Swap(msg.sender, amount0In, amount1In, amount0Out, amount1Out, to);//触发兑换事件
}
```

图 4-14　swap 方法

3）路由合约（UniswapV2Router）

路由合约存储在 Uniswap 的周边合约中，与配对合约相对应，主要也是构造了三种方法，即添加流动性、去除流动性、交换 Token。部分代码如图 4-15～图 4-17 所示。

```
//添加流动性
// **** ADD LIQUIDITY ****
function _addLiquidity(
    address tokenA,
    address tokenB,
    uint amountADesired,
    uint amountBDesired,
    uint amountAMin,
    uint amountBMin
) private returns (uint amountA, uint amountB) {
```

图 4-15　添加流动性

```
// **** REMOVE LIQUIDITY ****
function removeLiquidity(
    address tokenA,
    address tokenB,
    uint liquidity,
    uint amountAMin,
    uint amountBMin,
    address to,
    uint deadline
) public override ensure(deadline) returns (uint amountA, uint amountB) {
```

图 4-16　去除流动性

```
//交换token
// **** SWAP ****
// requires the initial amount to have already been sent to the first pair
function _swap(uint[] memory amounts, address[] memory path, address _to) private {
    for (uint i; i < path.length - 1; i++) {
        (address input, address output) = (path[i], path[i + 1]);
        (address token0,) = UniswapV2Library.sortTokens(input, output);
        uint amountOut = amounts[i + 1];
        (uint amount0Out, uint amount1Out) = input == token0 ? (uint(0), amountOut) : (amountOut, uint(0));
        address to = i < path.length - 2 ? UniswapV2Library.pairFor(factory, output, path[i + 2]) : _to;
        IUniswapV2Pair(UniswapV2Library.pairFor(factory, input, output)).swap(amount0Out, amount1Out, to, new bytes(0));
    }
}
```

图 4-17 交换 Token

5. 合约的整体框架

以上讲述了 Uniswap 的核心代码，下面从 Uniswap 协议本身、项目方在 Uniswap 上币、用户在 Uniswap 交易三个角度出发，讲解这些核心代码如何整体配合使用，构建合约的框架。

1）Uniswap 协议

从 Uniswap 协议本身出发，配对合约继承了 ERC20 合约，使交易对按照 ERC20 的标准创建配对 Token，而工程合约又调用了配对合约，这样在部署合约时，只需要部署工厂合约即可，节约部署合约时所需要的 Gas 费用，具体代码架构如图 4-18 所示。

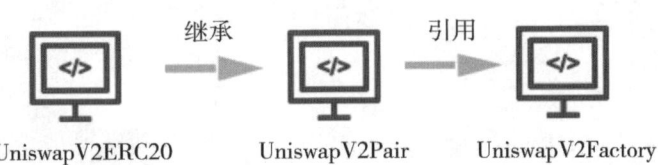

图 4-18 Uniswap 协议合约代码架构

2）项目方在 Uniswap 上币

对于 DeFi 上的项目方，如果需要在 Uniswap 上完成上币操作，创建一个流动资金池，首先需要使用路由合约来调用工厂合约，工厂合约再根据需求部署该交易对的配对合约，为项目方铸币，从而添加流动性，具体代码架构如图 4-19 所示。

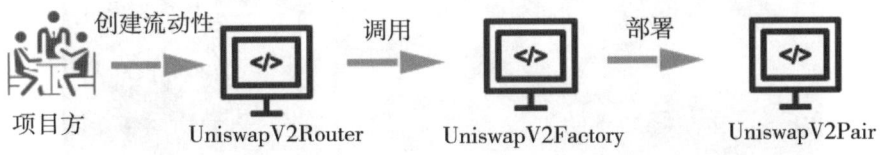

图 4-19 项目方在 Uniswap 上币的代码架构

3）用户在 Uniswap 交易

用户在 Uniswap 上交易 Token 时，需要先向路由合约提交申请，由路由合约来调用配对合约，配对合约中的三种重要方法（mint、burn、swap）为交易提供保障，完成用户的交易需求，具体代码架构如图 4-20 所示。

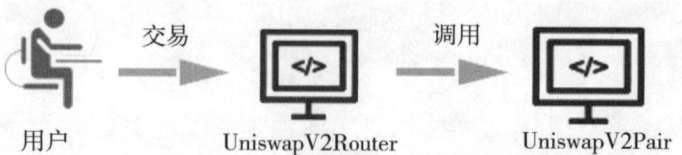

图 4-20　用户在 Uniswap 交易的代码架构

4.2.2　Balancer

Balancer 是一个根据重要参数来构建方程，实现自我平衡投资组合的 AMM 项目，同时也是一个良好的价格传感器。Balancer 颠覆了传统的指数基金（index fund），用户无需向投资组合经理支付手续费，相反还可以向在资金池中交易的 trader 收取手续费。当资金池中的投资组合失去平衡而出现套利机会时，这些 trader 通过套利使投资组合又重新回到平衡状态。Balancer 是在 Uniswap 自动做市的基础上进行通用化，Uniswap 的资金池里只能有两种 Token，而且价值比为 1∶1，但是 Balancer 可以由做市商自己选择，最多可以有 8 种 Token，资金池中的 Token 比例权重可以自己定义，同时交易手续费也由做市商设定，设计更加人性化。Balancer 的 Dapp 兑换界面如图 4-21 所示。

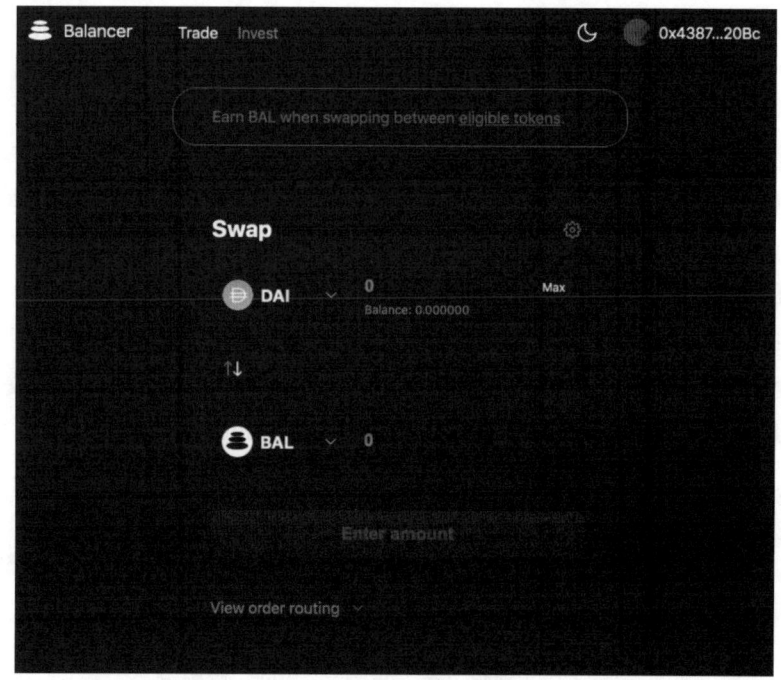

图 4-21　Balancer 的兑换界面

1. Balancer 的自动做市模型

Balancer 使用的做市模型是恒定比例做市商 CMMM，在 4.1 节中介绍了 CMMM 模型的做市曲线和特点，关于模型的理论知识不再赘述。假设 CMMM 的成本函数如下：

$$\prod_{i=1}^{n} B_i^{\omega_i} = k \tag{4-1}$$

式中，B_i 表示不同的 Token 数量；ω_i 表示不同 Token 的权重；k 是一个常数。根据以上的恒定函数，可以推算出许多有用的信息。

1) Token 之间的价格

计算 m、n 两种 Token 之间的价格：

$$\prod_{i=1, i \neq m, n}^{n} B_i^{\omega_i} \cdot B_m^{\omega_m} \cdot B_n^{\omega_n} = k \tag{4-2}$$

化简得：

$$B_m = \left(\frac{k}{\prod_{i=1, i \neq m, n}^{n} B_i^{\omega_i}}\right)^{\frac{1}{\omega_m}} \cdot B_n^{-\frac{\omega_n}{\omega_m}} \tag{4-3}$$

求导可得：

$$SP_m^n = \frac{\partial B_m}{\partial B_n} = \frac{\frac{B_m}{\omega_m}}{\frac{B_n}{\omega_n}} \tag{4-4}$$

这个价格代表投资组合中代币之间的价格。而对于 trader 而言，有效的交易价格为：

$$EP_i^o = \frac{A_i}{A_o} \tag{4-5}$$

式中，A_i 代表 trader 支出的 Token 数量；A_o 代表收到的 Token 数量。

2) 两种 Token 兑换输出与输入数量计算

两种 Token 兑换时，根据恒定函数，有：

$$\prod_{k=1, k \neq i, o}^{n} B_k^{\omega_k} \cdot (B_i - A_i)^{\omega_i} \cdot (B_o - A_o)^{\omega_o} = \prod_{k=1}^{n} B_k^{\omega_k} \tag{4-6}$$

即：

$$(B_i - A_i)^{\omega_i} \cdot (B_o - A_o)^{\omega_o} = B_i^{\omega_i} \cdot B_o^{\omega_o} \tag{4-7}$$

化简得：

$$A_o = B_o \left(1 - \left(\frac{B_i}{B_i + A_i}\right)^{\frac{\omega_i}{\omega_o}}\right), A_i = B_i \left(\left(\frac{B_o}{B_o + A_o}\right)^{\frac{\omega_o}{\omega_i}} - 1\right) \tag{4-8}$$

3) 流动性代币分配计算

Balancer 用户可以成比例地构建投资组合，也可以单一地存储代币，因此计算流动性代币时需要分两种情况计算。

第一种情况，当成比例地添加流动性时，有：

$$D_k = \left(\frac{P_{\text{supply}} + P_{\text{issued}}}{P_{\text{supply}}} - 1\right) \cdot B_k \tag{4-9}$$

式中，D_k 代表用户添加 k 种 Token 的总数量；B_k 表示原本资金池中含有 k 种 Token 的总数量；P_{issued} 表示添加流动性分得的代币奖励；P_{supply} 表示原本资金池的流动性代币奖励总和。

用 P_{redeemed} 代币赎回资产时，第 k 种 Token 分得的数量

$$A_k = \left(1 - \frac{P_{\text{supply}} - P_{\text{redeemed}}}{P_{\text{supply}}}\right) \cdot B_k \quad (4-10)$$

第二种情况，用户认为有的加密货币风险太高，只想存储其中一种 Token，则

$$P_{\text{issued}} = P_{\text{supply}} \cdot \left(\frac{V'}{V} - 1\right) \quad (4-11)$$

式中，V 表示原本投资组合的总价值；V' 表示添加流动性后的总价值；$\frac{V'}{V} = \frac{\prod_{k=1}^{n} B_k'^{\omega_k}}{\prod_{k=1}^{n} B_k^{\omega_k}} = \left(\frac{B_k'}{B_k}\right)^{\omega_k}$，$B_k'$ 表示添加流动性后第 k 种 Token 的数量，故 $P_{\text{issued}} = P_{\text{supply}} \cdot \left(\left(\frac{B_k'}{B_k}\right)^{\omega_k} - 1\right)$。

当用户赎回资产时，

$$A_k = B_k \cdot \left(1 - \left(1 - \frac{P_{\text{redeemed}}}{P_{\text{supply}}}\right)^{\frac{1}{\omega_k}}\right) \quad (4-12)$$

为了更容易理解推算出来的公式，下面以表格的形式展示交易过程中价格的变化情况。最初创建一个投资组合，如表 4-1 所示。

表 4-1 平衡状态

	权重 ω	数量 B	价格 P	总价值 V	资产总价值 V_t
ETH	0.5	5	1 000	5 000	10 000
USDT	0.3	3 000	1	3 000	
BAL	0.2	100	20	2 000	

此时 $k = 62.033$，Trader A 用 1 ETH 兑换 USDT，根据以上的公式，$A_i = 1$，$B_i = 5$，$B_o = 3 000$，$\omega_i = 0.5$，$\omega_o = 0.3$，计算得 $A_o = 786.128$，$SP = 614.964$，平衡状态改变如表 4-2 所示。

表 4-2 改变后的状态

	权重 ω	数量 B	价格 P	总价值 V	资产总价值 V_t
ETH	0.5	6	614.964	3 689.784	7 903.566
USDT	0.3	2 213.872	1	2 213.782	
BAL	0.2	100	20	2 000	

改变后的状态依然满足 $k = 62.033$，三种 Token 权重不发生改变，但是 ETH 的价格却发生了变化，资产的总价值减少了许多，意味着此时的投资组合存在套利空间。Trader B 会观察市场的套利机会，以较低的价格买走 ETH，再在其他平台高价卖出，使

投资组合再次回到平衡状态。而做市商在这个过程中的收益来源于 Trader 支付的交易手续费。

为了更直观地观察模型的特点，以下分别绘制函数 $x^3y^5=1000$、$x^{0.3}y^{0.3}z^{0.4}=100$ 的曲线，如图 4 - 22 所示。

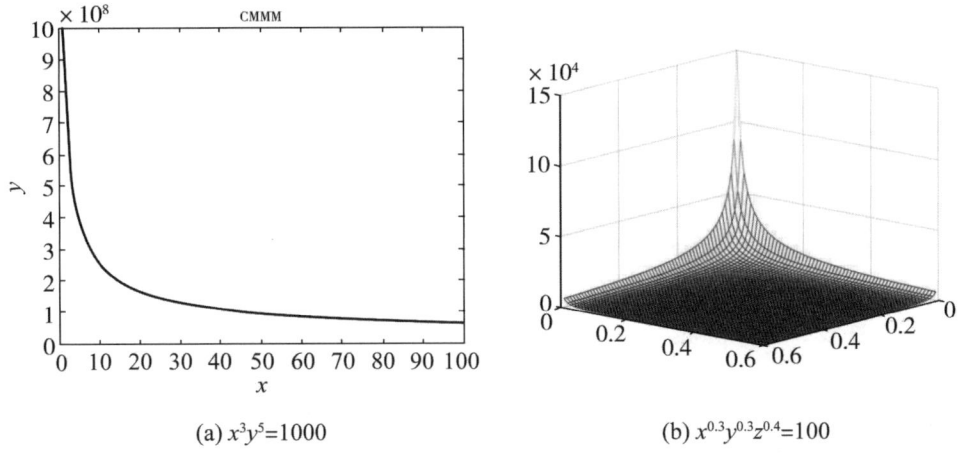

(a) $x^3y^5=1000$　　　　(b) $x^{0.3}y^{0.3}z^{0.4}=100$

图 4 - 22　两个模型曲线

从曲线可以得出结论，改变 Token 的指数可以改变 Token 在资金池中的权重，因此代币数量在不同方向的变化率不同，也即是风险在不同种类 Token 上的分配比例不同。用户可以根据市场上的风险评估，自己定义不同 Token 的指数，通过改变代币的权重来降低风险，防止出现难以承受的亏损。

2. Balancer 的合约实现

Balancer 总共有 8 个合约，如图 4 - 23 所示。其中 BColor、BConst、BNum 和 BMath 完成 Balancer 的参数计算，BToken 使代币满足 ERC20 的协议，Migrations 实现移植的功能，BPool 负责挖矿、维护资金池运行，BFactory 是工厂合约，用于创建投资组合。

图 4 - 23　Balancer 合约

(1) 参数计算。BConst 合约继承了 BColor 合约,储存 Balancer 的恒定值,例如资金池中 Token 种类最小为 2、最大为 8。BNum 合约继承 BConst 合约,定义加减乘除法、指数运算等。BMath 合约继承 BNum 合约,计算 Balancer 的输出值等,例如两种 Token 之间价格 SP_m^n,添加流动性分得的代币奖励 P_{issued}。4 个合约的框架如图 4-24 所示。

图 4-24 参数计算合约框架

(2) BToken。BToken 合约继承 BNum 合约,实现代币的发行、燃烧等操作,同时遵从 ERC-20 Token 的协议。

(3) 版本迁移。Migrations 合约完成 Balancer 的移植功能,用于管理不同版本的迁移。

(4) 矿池合约。BPool 合约继承了 BMath 和 BToken 合约,根据 BMath 计算得到参数,保证资金池正常运行。

(5) 工厂合约。工厂合约继承 BPool 合约,管理投资组合的创建。

4.2.3 Curve 及其做市模型

加密货币的价格极不稳定,时刻都处于变化之中。为了降低币价波动的风险,稳定币被提出,其中有与法定货币(如美元)进行锚定的法币稳定币,也有应用算法来铸币的算法稳定币。因此,稳定币逐渐成为加密世界用户规避风险的首选加密货币,例如 USDT、Basis 等。2020 年,随着需求越来越高,稳定币的交易量迅速增加。为了提高用户兑换稳定币的体验,Curve 在 CSMM 算法的基础上进行改进,提出了适用于稳定币交易的 Stableswap 模型,目前总市值在去中心化交易所排行榜名列前茅。Curve 的交易界面如图 4-25 所示。

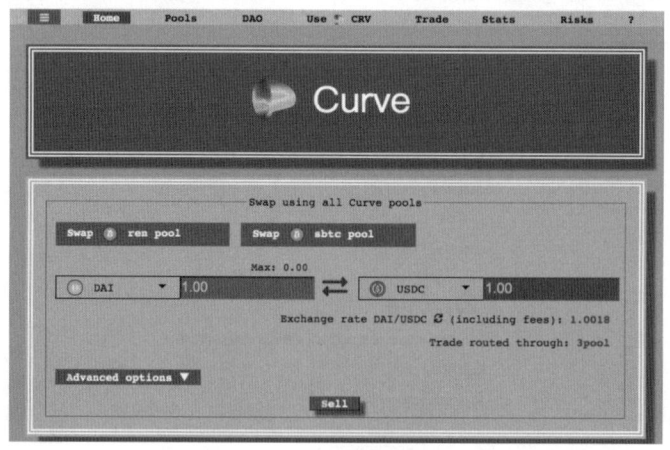

图 4-25 Curve 的交易界面

Curve 专注于稳定币的交易,而稳定币最重要的一点就是价格稳定,其波动不能过大,不然就失去了其本身的意义。在 4.1 节的自动做市模型介绍中,恒定和做市商 CSMM 适用于价格波动不大的 Token 交易。Curve 在此基础上加以改进,提出 Stableswap 算法,更加适用于稳定币的交易市场。

下面讲解 Curve 使用的 Stableswap 模型。假设有 n 种 Token,$D = \sum_{i=1}^{n} x_i$ 为资金池的总量。在理想状况下,n 种稳定币是等价的,因此 $\prod_{i=1}^{n} x_i = \left(\frac{D}{n}\right)^n$,结合 CPMM 和 CSMM 的特点,构造模型:

$$\chi D^{n-1} \sum_{i=1}^{n} x_i + \prod_{i=1}^{n} x_i = \chi D^n + \left(\frac{D}{n}\right)^n \qquad (4-13)$$

式中,$\chi = \dfrac{A \prod_{i=1}^{n} x_i}{\left(\dfrac{D}{n}\right)^n}$,表示资金池中所有稳定币的平衡系数;A 是一个常数。

当 $\chi = 0$ 时,资金池中稳定币数量极度不平衡,模型变为 $\prod_{i=1}^{n} x_i = \left(\frac{D}{n}\right)^n$,曲线与恒定乘积做市商相似。当 $\chi = \infty$ 时,资金池中稳定币数量达到理想平衡状态,模型变为 $D = \sum_{i=1}^{n} x_i$,曲线与恒定和做市商相似。Stableswap 与 Uniswap、恒定和做市商的对比数学模型曲线如图 4-26 所示。

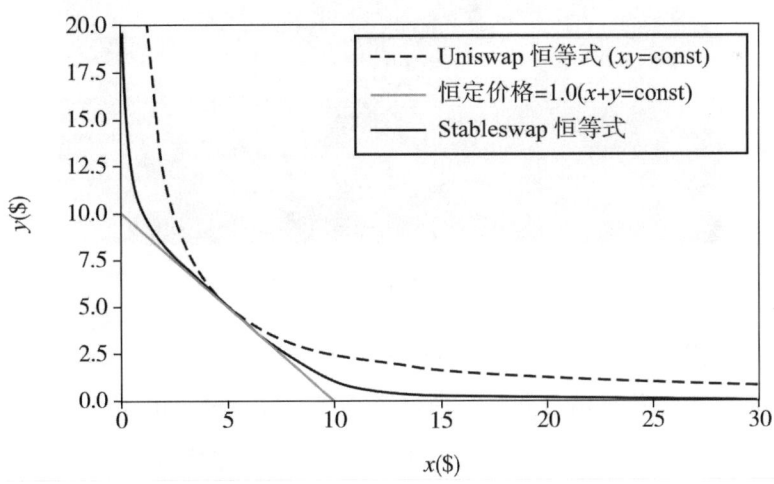

图 4-26 三种模型的数学模型曲线

曲线中间部分与恒定和做市商相似,边缘部分与 Uniswap 的恒定乘积做市商相似。因此,Curve 结合了两者的优缺点,改善用户体验。Curve 兑换池收取的手续费是

0.04%,相较其他平台,Curve 可以大大降低用户交换稳定币的成本。截至 2020 年 10 月 26 日,Curve 总共有 17 个资金池,同时与 Compound、Yearn 进行集成,即 Compound、Yearn 的储户既可以收取借贷利息,又可以在 Curve 上收取手续费。此外,Curve 鼓励用户向资金池存入比例较少的 Token,取出比例较多的 Token,可以获得额外的奖励,通过这种创新激励机制使池子中 Token 的比例保持稳定,以保证兑换时的滑点极低。

4.2.4 DODO 及其做市模型

去中心化交易所共同存在的一个问题就是无常损失,如何降低这些损失是许多去中心化交易所重点考虑的问题。DODO 借用预言机的喂价服务在 AMM 技术上进行改进,提出主动做市商,即 PMM 做市模型,将协议中的绝大部分资产控制在市场价格的边缘,降低做市商的风险。

DODO 采用 Chainlink 预言机获得链下的价格,价差每变化 0.5% 更新一次,为链上的交易与做市提供参考价格。DODO 通过略微提高交易对的价格,激励套利者进行交易,大大提升流动性。DODO 的 Dapp 界面如图 4-27 所示。

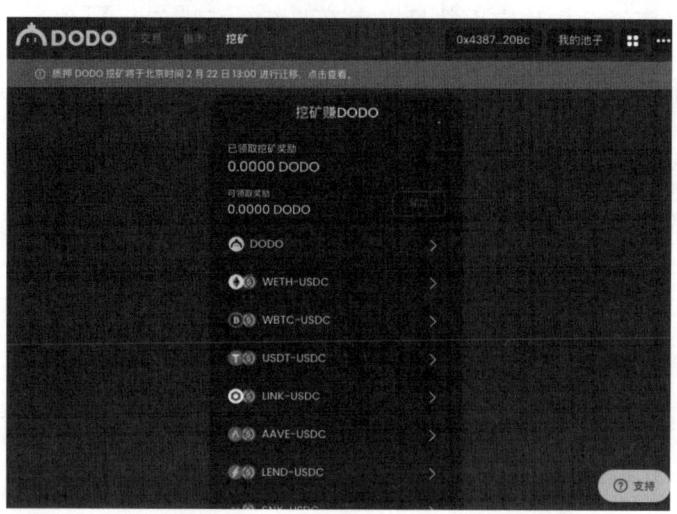

图 4-27 DODO 的 Dapp 界面

DODO 的做市模型是主动做市商即 PMM 模型。抛开 AMM 技术中的自动做市曲线,即不存在交易曲线上的价格滑点问题,通过预言机 Chainlink 的喂价服务获得一个基础价格,做市商在这个基础价格上引入调节因子来计算做市的价格。

DODO 中交易的价格公式为

$$P = iR \qquad (4-14)$$

式中,i 表示 Chainlink 预言机获得的报价;R 表示调节因子。

下面以 LINK-USDT 为例,B_0 代表 Link 代币初始的数量,B_1、B_2 代表交易过程改变的数量，Q_0 表示 USDT 初始的数量，Q_1、Q_2 代表交易过程改变的数量。当 $B < B_0$ 时，

$$R = 1 - k + \left(\frac{B_0}{B}\right)^2 k \tag{4-15}$$

k 表示流动性参数，取值范围在 $0 \sim 1$ 之间。假设 B 数量由 B_1 变为 B_2 时，支付的 Q 可表示为：

$$\begin{aligned} Q &= \int_{B_1}^{B_2} P \mathrm{d}B = \int_{B_1}^{B_2}(1-k)i\mathrm{d}B + ik\int_{B_1}^{B_2}\left(\frac{B_0}{B}\right)^2 \mathrm{d}B \\ &= i(1-k)(B_2 - B_1) + i(B_2 - B_1) \times k\frac{B_0^2}{B_1 B_2} \\ &= i(B_2 - B_1) \times \left(1 - k + k\frac{B_0^2}{B_1 B_2}\right) \end{aligned} \tag{4-16}$$

从图 4-28 所示曲线可以看出，尽管 B 的数量发生变化，但是价格与市场的价格只有很小的偏差，即 DODO 上大部分资金都靠近在市场价格的周边，使资金利用率迅速提升。

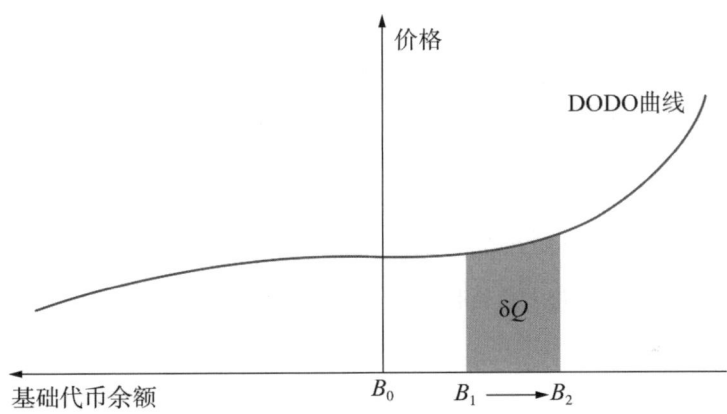

图 4-28 DODO 的价格曲线

市场价格发生变化后，曲线根据预言机提供的报价自动发生平移，如图 4-29 所示。对比 Uniswap 的价格曲线，DODO 的价格曲线永远保持近似在市场价格左右，从而避免了做市商的无常损失，同时微小的价差又可以刺激套利者发生交易获利，提高资金的流动性。

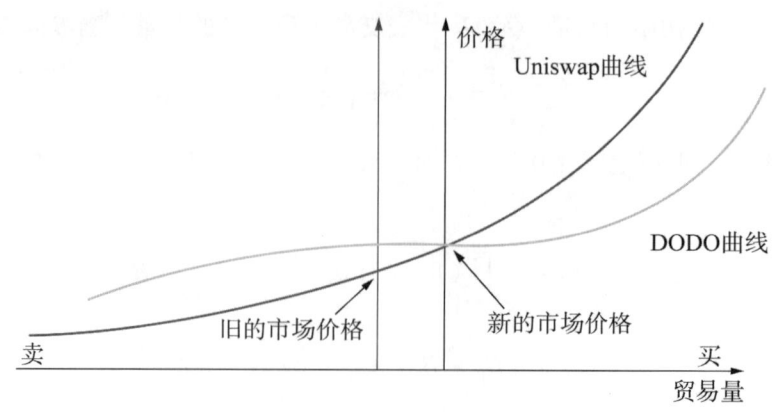

图 4-29 市场价格发生变化时 DODO 价格曲线的变化

4.2.5 CoFix 及其自动做市模型

AMM 技术推进去中心化交易所的快速发展，同时也存在需要改进的问题。例如做市商需承受无常损失，参与做市容易亏钱，降低了做市商的积极性。针对这些风险，新兴项目 CoFix 借助预言机的喂价服务，考虑市场价格的波动率以及存在的其他各种风险，实现链上可计算的金融服务，对风险进行对冲，不仅优化了用户的使用体验，同时降低了做市商的损失。在 AMM 技术的基础之上进行改进，实现"预言机 + AMM"的去中心化交易所，即 AMMO 的新型自动做市商模型。

CoFix 的全称为 computable finance exchange，即可计算金融交易所，是一个结合 Nest 预言机的改进 AMM 平台。Nest 预言机每隔 10 分钟更新一次交易对的报价，而 CoFix 将获得的链下市场报价进行自动做市。通过保持交易对与市场的报价接近，减少做市商有可能承受的无常损失。

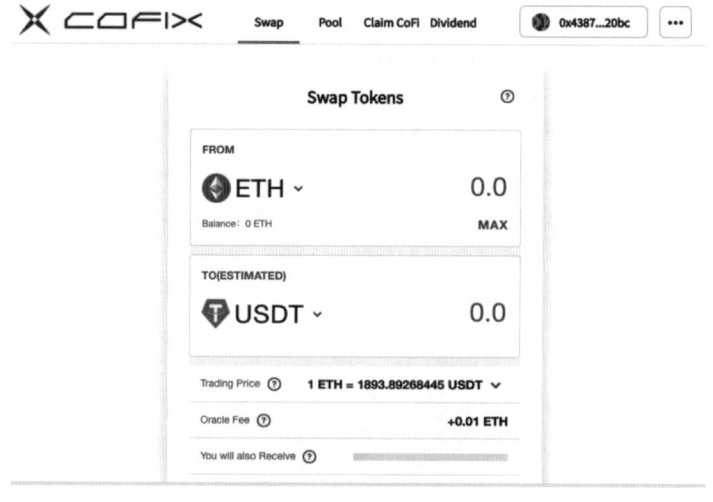

图 4-30 CoFix 交易界面

CoFix 的兑换界面有多种 Token 供选择，下面以 ETH/USDT 为例介绍 CoFix 的自动做市机制。CoFix 采用的是"预言机 + AMM"的模型进行自动做市，而预言机则选用 NEST 来喂价，NEST 预言机每隔 10 分钟更新一次价格，为做市商提供参考价格 P。当用户购买 ETH 时，计算价格为 $P'_b = P(1+k)$，其中，k 是补偿因子，与价格波动 δ、交易延迟时间 T 有关，即 $k = f(\delta, T)$，因此 k 是 CoFix 用来计算风险的参数，保证做市商不会因为价格与市场偏差过大而产生大量损失。k 值不随资金池中的资产数量变化而变化，因此 CoFix 的价格与资金池数量无关。同理，当用户卖出 ETH 时，$P'_s = P(1-k)$。考虑到以太坊上交易容易发生拥堵，需要延迟几个区块交易才能确定，交易对的价格可能会有较大波动。假设 $P_d = \dfrac{|P_{es} - P_{ex}|}{P_{es}}$，其中 P_{es} 表示估计的价格，P_{ex} 表示实际执行的价格，当 $P_d \geq 1\%$ 时，交易将被反转。这样实际交易的价格与估计价格接近，缩小套利者的套利空间，同时也降低做市商参与做市的风险。CoFix 自动做市框架如图 4-31 所示。

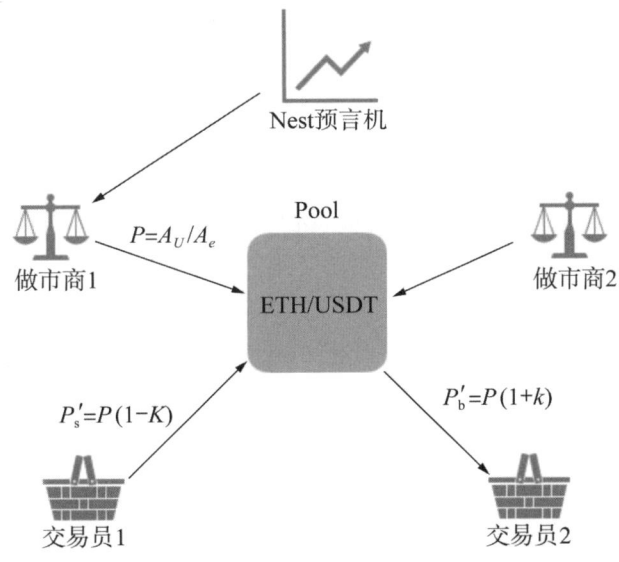

图 4-31 CoFix 自动做市框架

4.3 本章小结

4.3.1 不同 DEX 滑点与无常损失的对比

4.2 节我们列举了几种典型的 DEX 项目，本节我们将对比这几种项目之间的优劣性。DEX 的主要缺点是高滑点和无常损失，接下来将推导出不同 DEX 项目的滑点曲线以及无常损失曲线，对比总结出哪一个项目更适合市场的运行。下面以 Balancer 为例，推导滑点函数和无常损失函数。

假设资金池中含有 r_1 枚基础 Token，r_2 枚风险 Token，指数分别为 ω_1 和 ω_2，则储备函数为：

$$r_1^{\omega_1} r_2^{\omega_2} = C \tag{4-17}$$

风险 Token 的初始价格为：

$$_1P_2 = \frac{r_1 \cdot \omega_2}{r_2 \cdot \omega_1} \tag{4-18}$$

此时有交易者从资金池中用 x_1 枚基础 Token 兑换走了 x_2 枚风险 Token，这时的交易价格为：

$$_1P_2' = \frac{r_1' \cdot \omega_2}{r_2' \cdot \omega_1},\ r_1' = r_1 + x_1,\ r_2' = r_2 - x_2,\ r_1^{\omega_1} r_2^{\omega_2} = r_1'^{\omega_1} r_2'^{\omega_2} \tag{4-19}$$

价格滑点函数可以表示为：

$$S = \frac{_1P_2'}{_1P_2} - 1 \tag{4-20}$$

化简后得：

$$S(x_1) = \left(1 + \frac{x_1}{r_1}\right)^{1+\frac{\omega_1}{\omega_2}} - 1 \tag{4-21}$$

下面求无常损失函数。初始资金池的总价值为 $V = \dfrac{r_1}{\omega_1}$，当交易者交易过后导致风险 Token 价格上涨时，即滑点为 ρ，此时初始资金池的总价值变化为：

$$V_{\text{init}} = V + V_2 \cdot \rho = V \cdot (1 + \rho \omega_2) \tag{4-22}$$

交易后的总价值为：

$$V' = \frac{r_1'}{\omega_1} \tag{4-23}$$

由滑点函数可以求得：

$$\rho = \left(1 + \frac{x_1}{r_1}\right)^{1+\frac{\omega_1}{\omega_2}} - 1 \tag{4-24}$$

故有：

$$V' = \frac{r_1(1+\rho)^{\frac{\omega_2}{\omega_2+\omega_1}}}{\omega_1} = V(1+\rho)^{\frac{\omega_2}{\omega_2+\omega_1}} \tag{4-25}$$

无常损失函数为：

$$L(\rho) = \frac{V'}{V_{\text{init}}} - 1 = \frac{(1+\rho)^{\frac{\omega_2}{\omega_2+\omega_1}}}{1+\rho\omega_2} - 1 \tag{4-26}$$

同理可以分别推导 Uniswap、Curve、DODO 以及 CoFix 的滑点函数和无常损失函数，如表 4-3 所示。

表 4-3　五种 DEX 的滑点函数与无常损失函数

	Uniswap	Balancer	Curve	DODO	CoFix
滑点函数	$S(x_1)$ $=\left(1+\dfrac{x_1}{r_1}\right)^2-1$	$S(x_1)$ $=\left(1+\dfrac{x_1}{r_1}\right)^{1+\frac{\omega_1}{\omega_2}}-1$	$S(x_1)$ $=\dfrac{\dfrac{\chi D+r_2}{\chi D+r_1}\cdot r_1{}^2}{\chi^2 D^2+\chi D+D^2/4}\cdot$ $\left(\dfrac{\chi D}{r_1}+1+\dfrac{x_1}{r_1}\right)^2-1$		
无常损失函数	$L(\rho)$ $=\dfrac{\sqrt{1+\rho}}{1+\rho/2}-1$	$L(\rho)$ $=\dfrac{(1+\rho)^{\frac{\omega_2}{\omega_2+\omega_1}}}{1+\rho\omega_2}-1$			

由函数分别绘制函数曲线，如图 4-32、图 4-33 所示。

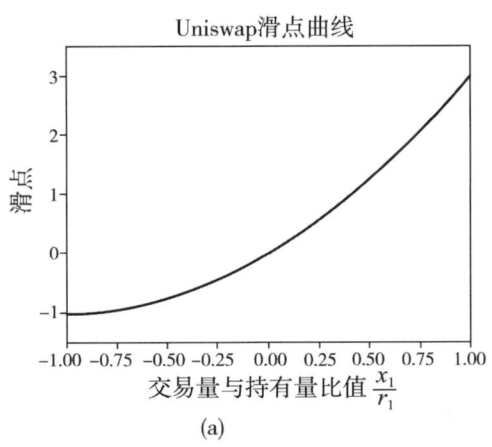

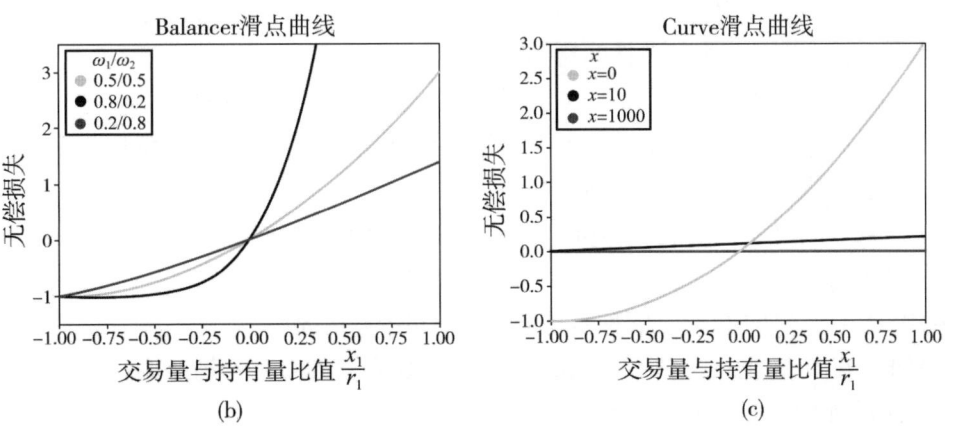

图 4-32　不同 DEX 的滑点函数

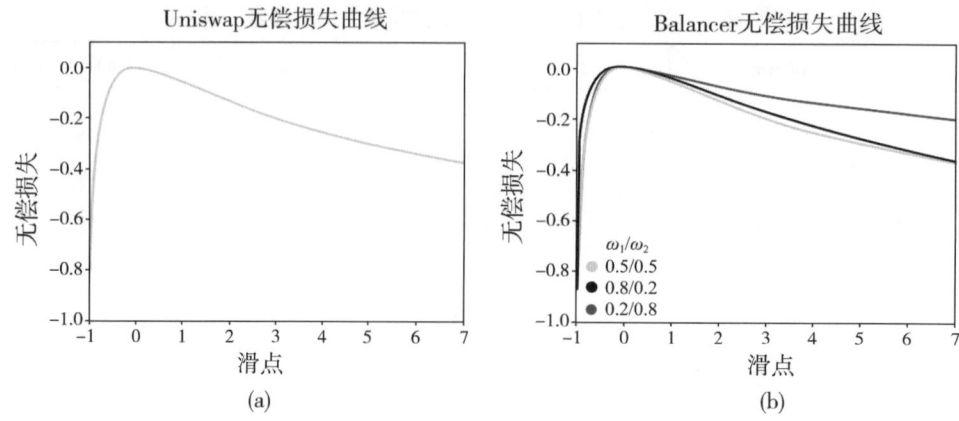

图 4-33　不同 DEX 的无常损失函数

4.3.2　未来 DEX 的发展趋势

去中心化交易所 DEX 对传统的中心化交易所 CEX 的冲击是非常明显的。2020 年以来，由于流动性挖矿引爆了 DeFi，DEX 借助 AMM 技术的发展，为市场产生了足够的流动性。在 DeFi 里，各个板块构成了组件，帮助开发者更高效地发展分布式金融。

尽管 AMM 技术具有许多良好的特点，模型简单且流动性高，但是也存在许多需要改进的地方。例如自动做市商经常因为"无常损失"而亏钱，攻击者可以利用闪电贷等工具来攻击协议，改变交易对的价格，使其偏离其他协议的价格，通过价格差来获取利润。目前有部分开发者在 AMM 技术的基础上将预言机与 AMM 结合组成 AMMO 的自动做市模型，通过预言机的喂价，再根据风险评估对预言机的喂价进行调整，从而减少"无常损失"。典型的项目有 DODO、CoFix 等，这些项目都属于新型的去中心化交易所。

未来的 AMM 发展将会以多种工具混合的方式来构建去中心化交易所，例如"预言机 + AMM"等方式，通过这些组件帮助开发者解决各类问题。同时，随着跨链技术的发展，对于不同链上资产交易的需求越来越高，未来将会出现更加通用化、用户体验更舒适的 DEX。为此，提出以下几个开放性问题供读者思考：

(1) 自动做市商如何量化风险与收益，影响协议收入的因素有哪些？

(2) DeFi 作为一个乐高式生态，去中心化交易所、预言机、借贷协议这几个重要的板块应如何组合以优化用户的资产配置？

(3) Uniswap 作为去中心化交易所的明星项目，目前已进化到 V3 版本，未来将会有哪些优化的地方？

(4) 综合几种 AMM 机制，哪种才是最吸引用户的算法模型？

(5) DEX 在 DeFi 生态中是不可或缺的板块，但是依然存在合约漏洞、治理架构等问题，应如何提高 DEX 的监管能力？

参考文献

[1] ADAMS H, ZINSMEISTER N, SALEM M, et al. Uniswap v3 core[J]. Tech. rep., Uniswap, 2021.

[2] WANG Y. Automated market makers for decentralized finance (DeFi)[J]. arXiv preprint arXiv: 2009.01676, 2020.

[3] XU JIAHUA, VAVRYK N, PARUCH K, et al. SoK: Decentralized Exchanges (DEX) with Automated Market Maker (AMM) protocols[EB/OL]. [2021-03-12]., https://arxiv.org/abs/2103.12732.

[4] ABERNETHY J, CHEN Y, WORTMAN VAUGHAN J. An optimization-based framework for automated market-making[C]//Proceedings of the 12th ACM Conference on Electronic Commerce. 2011: 297-306.

[5] MOHAN V. Automated market makers and decentralized exchanges: A DeFi primer[J]. Financial Innovation, 2022, 8(1): 20.

[6] XU J, PARUCH K, COUSAERT S, et al. Sok: Decentralized exchanges (dex) with automated market maker (amm) protocols[J]. ACM Computing Surveys, 2023, 55(11): 1-50.

[7] TOLMACH P, LI Y, LIN S W, et al. Formal analysis of composable DeFi protocols[C]// Financial Cryptography and Data Security. FC 2021 International Workshops: CoDecFin, DeFi, VOTING, and WTSC, Virtual Event, March 5, 2021. Springer Berlin Heidelberg, 2021: 149-161.

[8] WANG B, YUAN X, DUAN L, et al. DeFiScanner: Spotting DeFi Attacks Exploiting Logic Vulnerabilities on Blockchain[J]. IEEE Transactions on Computational Social Systems, 2022.

[9] COUSAERT S, XU J, MATSUI T. Sok: Yield aggregators in defi[C]//2022 IEEE International Conference on Blockchain and Cryptocurrency (ICBC). IEEE, 2022: 1-14.

[10] AUER R, HASLHOFER B, KITZLER S, et al. The technology of decentralized finance (DeFi)[M]. Bank for International Settlements, Monetary and Economic Department, 2023.

[11] BHAMBHWANI S. Governing decentralized finance (DeFi)[J]. Available at SSRN 4513325, 2023.

[12] XU A, PEI M. WispSwap: A decentralized exchange and prediction market on Sui blockchain[J].

[13] LEHAR A, PARLOUR C A. Decentralized exchanges[J]. Available at SSRN 3905316, 2021.

[14] WARREN W, BANDEALI A. 0x: An open protocol for decentralized exchange on the Ethereum blockchain [J/OL]. https://github.com/0xProject/whitepaper, 2017:4-18.

[15] BARBON A, RANALDO A. On the quality of cryptocurrency markets: Centralized versus decentralized exchanges[J]. arXiv preprint arXiv:2112.07386, 2021.

[16] SCHÄR F. Decentralized finance: On blockchain-and smart contract-based financial markets[J]. FRB of St. Louis Review, 2021.

第 5 章 去中心化借贷

信贷是传统金融领域中不可或缺的关键部分，去中心化借贷也逐渐发展成为 DeFi 生态中至关重要的一环。传统金融借贷业务主要包括信用贷款、抵押贷款以及担保贷款。信用贷款基于大数据信用体系开展借贷业务，信誉等级越高的用户一般能获得越多的信用贷款额度；抵押贷款则通常指将房子、车子或者土地等流动性不高的资产进行抵押，换取流动性高的现金；担保贷款则是借款人通过第三方担保人承担连带担保责任，根据担保人信誉等级进行贷款。传统金融借贷业务通过管理贷款风险和银行资金池盈余来保持良好运作进而实现盈利。

与传统金融相比，目前去中心化借贷由于加密资产市场的波动性通常采取抵押借贷的方式，且普遍属于超额抵押模式，用户将手中不同类型的数字货币资产进行超额抵押换取其他类型的数字货币。去中心化借贷主要的市场需求体现在交易活动所需的流动性、加密资产理财需求以及流动性挖矿等活动。去中心化借贷与传统借贷之间最大的区别在于区块链本身所具有的去信任化以及去中心化。闪电贷等创新型借贷形式的出现也让去中心化借贷焕发出更多生机，闪电贷运用以太坊交易的原子特性实现了无抵押借贷，极好地运用了 DeFi 世界的可组合性。

去中心化借贷目前成为开放式金融中的核心板块之一，是去中心化交易所和各类金融服务的基石产业。去中心化借贷目前主要依赖于超额抵押借贷这一低风险的借贷模式，尚未出现信用借贷或其他更为高效的创新型借贷方式。未来借贷赛道的走向也将直接关系到开放式金融的未来。

5.1 去中心化借贷概况

当前的去中心化借贷市场通常采取超额抵押的方式。由于抵押物属于加密货币这类具有高波动性的资产，主流的借贷平台基本采用超额抵押和资产清算的方式来降低风险。除此之外，Aave 等平台也推出闪电贷等创新型借贷模式，无需抵押但具有严格的交易时间限制。

5.1.1 借贷协议模式分类

当前去中心化借贷领域中代表协议项目有 Compound、MakerDAO、Aave 和 dYdX。各大协议方采取的经营方式并不相同,目前分为三种主流模式:资金池模式、稳定币模式以及 P2P 模式。

(1) 资金池模式,代表项目为 Compound 以及 Aave。协议通过设立资金池实现借贷需求的快速撮合,借方和贷方通过资金池进行借入借出交易,而非点对点地进行交易对手匹配。借方可将自己的闲置资产存入资金池,而贷方可以从资金池里面借出一笔资金。协议将根据资金池里面的资金流动性,实时调整动态的存款利率与借款利率。

(2) 稳定币模式,代表项目为 MakerDAO。MakerDAO 这种稳定币模式的借贷只有借方,协议通过发行稳定币 Dai 来充当贷方,借方可将数字货币资产超额抵押到协议从而获取一定量的稳定币 Dai。

(3) P2P 模式,代表项目为 dYdX。P2P 模式也即撮合借方与贷方形成借贷协议,协议项目方在其中充当类似做市商的撮合角色。

去中心化借贷的功能价值与传统金融的借贷有较多不同点,去中心化借贷常见的超额抵押以及用钱抵押来借钱的借贷方式与传统借贷观念有较大差异。在资金利用率方面,与中心化借贷不同的是,去中心化借贷的资金使用率并非越高越好,当资金利用率达到 100% 时,存款人从资金池中取回资金的操作将受阻,从而增大资金挤兑以及资金池爆仓的风险,因此 Compound 和 Aave 等主流借贷系统设计的利率模型通常都基于资金使用率,当资金使用率超过一定值时,利率会大幅上升,以激励更多的存款行为和抑制更多的借款需求,从而保障协议资金的流动性。

5.1.2 借贷协议的市场需求

DeFi 规模的爆炸性增长与借贷领域的发展相辅相成,而目前去中心化借贷的主要市场需求包括以下三方面。

(1) 金融市场的资金需求。套利、做市等交易活动对资金的需求量极大,例如杠杆多头或空头某种加密货币,假设鲍勃看跌 ETH,他可以在 Compound 或其他借贷平台存入一些稳定资产(例如 USDC),借出 ETH 并立即出售,当 ETH 价格下降之后用降价后的 ETH 赎回存入的 USDC,实现盈利。反之,假设鲍勃看涨 ETH,他可以在 Compound 或其他借贷平台存入 ETH,借出稳定币(例如 USDC)并购置更多的 ETH,当 ETH 价格上升之后用稳定币 USDC 赎回存入的 ETH,实现 ETH 数量盈利。

(2) 流动性及挖矿需求。用户可以通过存入 ETH 等想长期持有的加密资产,借出其他加密资产实现流动性挖矿。在不卖出手头加密资产的前提下,矿工也需要借贷以换取资金支付矿机的购置费和电费等成本。

(3) 获得额外收入。去中心化借贷给希望长期持有加密资产同时增加额外收益的投资者提供了一个绝佳的平台。

5.2 典型项目介绍及合约实现

5.2.1 Compound

Compound 发行于 2018 年 9 月 27 日，是一个采用资金池模式的借贷协议，存款人或借款人直接与协议交互，赚取或支付浮动利率，而不必与同行或交易对手协商诸如期限、利率或抵押品等条款。每个特定资产的资金池都有动态的浮动利率，利率会随着资金流动性实时调整。Compound 不设定存款与借款的到期限制，每个资金池都对应唯一的一种以太坊链上资产，例如 ETH 和 ERC-20 稳定币（例如 Dai）或 ERC-20 效用型代币（例如 Augur），同时包含一个记录所有交易和历史利率的透明可公开的账簿。

1. 存款

当用户向某个特定资金池中存入资金时，会获得特定的 cTokens，例如将一定数量的 Dai 存入协议后，会获得对应的 cDai。cTokens（cDai）是一种 ERC-20 类型的代币，存款后会自动记入提供资产的钱包，其可以作为存款人赎回存款和利息的凭证。cToken 的价值通过波动的资金池存款利率确定，随着时间的推移而增加价值。当存款人兑现 cToken 时，所兑换的代币数量将包括除去本金以外的利息。

持有 cTokens 也即享有存款利息，但 Compound 的存款利息基于波动利率，用户可在任何合适的时间赎回存款。举个例子，假设当前 Dai 的存款利率为 0.020070，艾丽丝向协议存入了 1 000 个 Dai，则艾丽丝将收到 49 825.61 个 cDAI（计算式为 1 000/0.020 070 = 49 825.61）。几个月后，艾丽丝决定赎回该部分 Dai，且当前的 Dai 存款利率为是 0.021 591，则艾丽丝所持有的的 49 825.61 个 cDAI 现在可兑换为 1075.78 个 DAI（计算式为 49 825.61 × 0.021 591 = 1075.78）。艾丽丝可以选择全额提取 1 075.78 个 DAI，或者选择提取一部分，例如只提取原始的 1 000 DAI，该部分将利用 46 315.59 个 cDAI，同时艾丽丝的钱包中还保留 3 510.01 个 cDAI。

在利息不断累积的基础上，cToken 与底层资产之间的汇率会随着时间推移不断增加，同时随着市场总借款额的增加，该汇率也会增加，具体计算公式如下：

$$\text{exchangeRate} = \frac{\text{underlyingBalance} + \text{TotalBorrowBalance}_a - \text{Reserve}_a}{\text{cTokenSupply}_a} \quad (5-1)$$

2. 借款

借款建立在存款的基础上，当存入一定数量的 A 类数字资产（例如 ETH），获得对应的 cToken（cETH），将该 cToken（cETH）进行抵押后才能借出一定数量的 B 类数字资产（例如 Dai）。为了降低风险，Compound 借款要求超额抵押，具体借款金额将由所贷资产的抵押因子（collateral factor，CF）决定。流动性高且价格波动风险小的抵押物具有较高的抵押因子，反之，流动性较低且价格波动风险高的抵押物的抵押因子通常较低。用户的借款能力等于其账户各种底层代币余额的价值乘以各自的质押率。抵押因子 CF 取值为 0～1，例如 0.8 的抵押因子表明用户可以借入所抵押资产价值的 80%。倘若艾丽丝抵押了价值 100 美元的 ETH，在 ETH 的抵押因子为 0.8 的情况下，艾丽丝便可以借到价值 80 美元的 Dai。

3. 利率模型

Compound 协议的利率模型基于供求关系，使得每个货币市场实现利率均衡。根据经济学理论，利率将跟随需求量的增大而上升，当需求较低时，利率也会下降。Compound 协议依靠利率模型来激励流动性。当某资产的需求极度旺盛时，该资金池的流动性将下降，此时该资产的借款利率会上升，刺激存款人加入供应量，抑制借贷。

例如 a 货币市场的利用率 U_a 由供给和需求统一成一个变量：

$$U_a = \frac{\text{Borrows}_a}{\text{Cash}_a + \text{Borrows}_a} \tag{5-2}$$

需求曲线将通过社区治理决定，并表示为利用率的函数。例如，a 货币市场的借款利率计算公式可能类似于：

$$\text{BorrowingInterestRate}_a = 2.5\% + U_a \times 20\% \tag{5-3}$$

存款人的存款利率是隐性的，等于借款利率乘以利用率，即：

$$\text{SupplyingInterestRate}_a = U_a \times \text{BorrowingInterestRate}_a \tag{5-4}$$

每个资金池的历史利率都会被利率指数（interest rate index）所记录，这个指数随着每次利率的变化而变化，伴随着用户铸造、赎回、借款、还款或清算等交易活动而改变。故每发生一笔交易，该资产的利率指数就会被更新，以复利自前一项指数以来的利息，其将使用期间利息来计价，并使用每一区块的利率来计算，公式如下：

$$\text{Index}_{a,n} = \text{Index}_{a,(n-1)} \times (1 + r \times t) \tag{5-5}$$

市场未偿还的借款总额也会被更新，包括自上一个指数改变以来的待付利息：

$$\text{TotalBorrowBalance}_{a,n} = \text{TotalBorrowBalance}_{a,(n-1)} \times (1 + r \times t) \tag{5-6}$$

同时，其中一部分累计利息将被保留作为准备金（reserve），具体金额由准备金系数（reserve factor）决定，该系数范围为 0～1，具体公式如下：

$$\text{Reserve}_a = \text{Reserve}_{a,(n-1)} + \text{TotalBorrowBalance}_{a,(n-1)} \times (r \times t \times \text{ReserveFactor}) \tag{5-7}$$

4. 清算

当借款人所借的加密资产价格上涨或所抵押的抵押物价格下降，将意味着账户未偿还贷款的价值可能超过其借款能力，此时将可能面临清算风险。如果账户未偿还贷款价值超过其借款能力，一定比例的未偿还贷款可以被别的账户（也即清算人）偿还以换取该账户的 cToken 抵押品，且清算价格略优于市场价格，是以当前市场价格减去清算折扣。价格的优惠将激励套利者迅速介入，以降低借款人的风险敞口，并消除协议的风险。

清算程序中设有清算系数，即指每次调用清算时，一次清算时借出资产中可偿还部分的比例，清算系数的范围为 0～1，如 25%。清算程序可以一直被调用，直到用户借入的资金低于其借款能力为止。

任何具有借贷资产的以太坊地址都可以调用清算功能，将其资产交换为借贷人的 cToken 抵押品。由于所有用户、资产和价格都包含在 Compound 协议中，故清算是无摩擦的，不依赖于任何外部系统或订单。

5. 治理

COMP 代币是 Compound 发布的用于社区治理的 ERC-20 资产，旨在提升协议的去中心化性。Compound 协议将其治理代币 COMP 分发给所有个人和应用，例如每天发放 2312 个代币，在贷方与借方之间平均分配各一半的份额。按照目前的分配速度，储备库总共 4 229 949 个 COMP 代币将花费大约四年的时间才能发放完毕，分配机制将一直持续到储备金用完为止。其中 1000 万的 COMP 封底供应将分配给 Compound 实验室的股东（占 24%）、团队和创始人（占 22%）、未来的团队成员（占 4%）和社区资金（占 8%）。部分市场的 COMP 分布情况如图 5-1 所示。

Market Distribution

Market	Per Day	Supply APY	Borrow APY	Total Distributed
0x	25.62	0.95%	6.22%	11 087
Basic Attention Token	25.62	1.25%	8.44%	32 935
Compound Governance Token	65.70	3.47%	14.05%	4 990
DAI	880.38	2.19%	2.55%	434 039
Ether	141.25	0.34%	4.85%	20 487
USD Coin	880.38	2.02%	2.46%	136 063

图 5-1　部分市场的 COMP 分布情况

COMP 代币持有人参与治理许多事情，例如调整各资产的抵押因子、优化协议的利率模型、增加白名单支持资产或更改协议的其他参数等。将协议治理权通过发放治理代币的方式分散到社区,在加强去中心化的同时也有利于吸引用户,提升协议交易流动性。

6. 现状

根据 Compound 官网数据,截至 2023 年 9 月中旬,以 USDC-Ethereum 为例,总抵押在 5 亿美元以上,总借款接近 3 亿美元(图 5-2)。

图 5-2 Compound 借贷额

7. 小结

目前 Compound 作为 DeFi 世界里的顶级项目之一,其占据了借贷领域的最大市场份额,Compound 也在 2020 年 12 月宣布使用 MakerDao 的跨链版本构建其独立的 Compound Chain,其本地发行的稳定币为 CASH。Compound Chain 采用 POA 网络,仍有 COMP 代币持有者管理,新链旨在解决以太坊的扩容问题。

Compound 毋庸置疑是目前最为成功的协议项目之一,具有广阔的前景,但 Compound 也面临着许多风险挑战,团队和早期投资者所持有的 COMP 治理代币份额过大所导致的去中心化程度问题,以及 2020 年 11 月的 DAI 清算事件,都警示着 Compound 需要不断完善其价格预言机以及清算机制。

5.2.2 MakerDAO

MakerDAO 是 2014 年在以太坊区块链上创建的开源去中心化自治组织,其借贷平台采用的是稳定币模式,与其他借贷平台不同的是,用户在 Maker 协议上只能借出该平台发行的稳定币 Dai,而不能自主选择借出的加密资产种类。MakerDAO 通过超额抵押的模式发放贷款,用户可以通过抵押 ETH 或其他白名单里的加密货币借出 Dai。目前 Dai 已发展成为稳定币市值第三的货币,随着 Dai 的影响力不断扩大,MakerDao 也逐渐成为去中心化借贷领域中的重要角色。

MakerDAO 发行一种称为 MKR 的治理型代币,MKR 持有者可以管理 Maker 协议及 Dai 的金融风险关键的参数,例如稳定费率、担保物类型和质押比率等,从而确保该协议的稳定性、透明性和高效性。Maker 协议目前由稳定币 Dai、Maker 担保物金库、预言机等部分组成，用户可以使用其创造货币。

1. 借款

在 Maker 协议中，用户可以通过建立一个抵押债仓（CDP）来生成 Dai。Dai 的创造及其价值背书和稳定性，都是通过存入 Maker 金库的抵押品来实现的，所有通过 MKR 持有者投票批准的抵押品都可以存入使用 Maker 协议生成的 Maker 金库智能合约来生成 Dai。用户可以通过多种用户界面访问 Maker 协议并创建金库，这些用户界面包括 Oasis 平台以及由社区创建的金库。

用户可以通过 Oasis Borrow 门户或 Instadapp、Zerion、MyEtherWallet 等由社区创建的界面来创建金库，并锁入特定类型和数量的抵押品来生成 Dai。将抵押品锁入金库之后，该金库所有者可以使用任意非托管型密码货币钱包来发起交易并确认，即可生成一定数量的 Dai。借出 Dai 期间需要支付稳定费也即利息，且稳定费利率是动态变化的。

由于 Dai 属于超额抵押稳定币，对于每种抵押品，MKR 持有者都会投票设定一个特定的风险参数，也称为清算比率，这一比率决定了金库为避免清算所需的超额抵押金额。用户需要超额抵押才能获得 Dai。例如假定目前 1 ETH 的价格等同于 150 Dai 的价值，且目前 ETH 的清算率为 150%，则抵押 1 ETH 最多只能获得 100 Dai，用户可以在 MakerDao 官网利用借 DAI 计算器查询不同抵押品的实时抵押借贷率，即当下用户抵押多少资产可以借出多少 DAI，如图 5-3 所示。在 2021 年 4 月 17 日，在 200% 抵押率的前提下抵押 200 ETH 可以借出 248 860 DAI。

图 5-3 MakerDao 官网借 DAI 计算器

2. 利率模型

MakerDAO 的稳定费是根据一个金库所生成的 Dai 的数量来计算的年利息。对于借出 Dai 的用户，稳定费率相当于贷款的年化利率；对于 Maker 协议，稳定费率相当于年化的收益率。稳定费只能由 Dai 支付并发送至 Maker 缓冲金。不同金库的稳定费率不同，具体的风险参数由 MKR 持有者投票决定。MakerDAO 社区和风险管理团队会通过发布稳定费率投票方案，由 MKR 持有者投票决定是否修正和修正程度。

3. 赎回

若想取回部分或所有抵押品，金库所有者必须部分或全额偿还先前所产生的 Dai，并支付该部分 Dai 在未偿还债务期间不断累积的稳定费，也即利息。在完全偿还了 Dai 并撤回所有抵押品之后，金库就会空置下降，以待其所有者再次锁入资产。生成 Dai 意味着用户背负相应债务。稳定费用是指金库持有者偿还部分或全部债务时需要支付的费用，根据逐步债务年化计算，且必须通过 Dai 支付。

4. 清算——Maker 协议拍卖机制

Maker 协议通过超额抵押来规避债务。在理想情况下即正常的风险参数下，单个保险库的债务可以由存放在该保险库的抵押品完全覆盖。为保证 Dai 价格的稳定性，确保 Maker 协议中始终有充足的抵押品来为未偿还债务背书，未偿还债务即以目标价格（Dai 锚定一美元）计算的未偿还 Dai 的总价值。每一个金库类型都有各自的清算率，清算率由 MKR 持有者基于不同担保品资产的风险状况（例如当前的 ETH 价格波动风险）投票决定。当用户存入金库的抵押品被认定为高风险时，其对应的高风险 Maker 金库都会通过自动化的 Maker 协议拍卖流程来清算，判定依据是比较清算率与该金库当前的抵押品价值－债务比率。

Maker 协议具有三种不同类型的拍卖机制，分别为抵押品拍卖、债务拍卖、盈余拍卖。当抵押品价值低于清算率时，触发抵押品拍卖。担保物拍卖得到的 Dai 会进入 Maker 缓冲金，而如果担保物竞拍获得的 Dai 不足以清偿金库内的债务，亏损部分就会变成 Maker 协议的负债，由 Maker 缓冲金（maker buffer）中的 Dai 偿还。如果缓冲金中没有足够的 Dai，Maker 协议就会触发债务拍卖。如果由竞拍和稳定费获得的 Dai 超过了 Maker 缓冲金的上限（由 Maker 治理设定的值），超出的部分就会通过盈余拍卖出售。

5. 抵押品拍卖（collateral auction）

每种抵押品都具有对应的清算比率，这决定了金库为避免清算所需的超额抵押金额。例如，如果清算比率是 150%，那么抵押品的价值必须始终是 Dai 产生的价值的 1.5 倍。如果抵押品的价值低于清算比率，那么金库就会变得不安全，系统将自动清算该保险库并拍卖出售该抵押品，直到该保险库中的未偿还债务（以及清算罚金）得到覆盖。清算罚金是指当金库清算时，其持有者需要支付的罚金，MKR 投票者会针对不同的担保物类型设定不同的清算罚金。

任何用户都可以通过发送特定的"咬定交易"（bite transaction）来清算某个特定的不安全的金库，这将启动抵押品拍卖。

如果金库中被申请清算的抵押品的数量小于拍卖的成交量，那么将对金库中的所有抵押品进行一次拍卖。

如果金库中被申请清算的抵押品的数量大于拍卖的成交量，则将以全部抵押品的规模启动拍卖，并且可以再次对该金库进行清算申请以进行另一次拍卖，直到所有金库中的抵押品在抵押品拍卖中竞标。

值得一提的是，拍卖到期日和投标到期日参数取决于具体的抵押品类型，流动性越强的抵押品类型到期时间越短，反之亦然。

一旦拍卖开始，第一个投标人可以对抵押品以任意数量的 Dai 出价。其他投标人可以提高出价，直到有一个出价覆盖未偿债务。如果出现覆盖未偿债务的出价，拍卖将转变为反向抵押品竞拍，投标人出价接受抵押品的较小部分，以固定金额的 Dai 覆盖未偿债务。当投标持续时间（TTL）已过或已达到拍卖持续时间（TAU）时，拍卖结束。这一过程旨在鼓励及早竞标，一旦拍卖结束，系统就会将抵押品发送到中标人的地址。

关于反向抵押品竞拍，如果担保物拍卖上获得的 DAI 足以清偿金库内的债务，并足够支付清算罚金，该竞拍会转换成反向担保品竞拍（reverse collateral auction）尽可能地减少担保物的出售数量。剩余的担保物都会物归原主。

6. 债务拍卖（debt auction）

在债务拍卖期间，Maker 缓冲金不足以偿还债务，系统会铸造新的 MKR（增加流通中的 MKR 量），出售给那些使用 DAI 来参与竞拍的用户。这是一种反向拍卖，在拍卖结算时，保管者竞标他们愿意用多少的 MKR 来换取固定 DAI 金额（lot）。当投标持续时间已过或已达到拍卖持续时间时，拍卖结束。一旦拍卖结束，由投标人支付到系统中的 DAI，以换取新铸造的 MKR，减少了系统中原有的债务余额。

7. 盈余拍卖（surplus auction）

盈余拍卖用于拍卖系统中固定数量的剩余 DAI，以换取 MKR。在盈余拍卖期间，投标者使用 MKR 来竞拍固定数量的 DAI，价高者得。一旦盈余拍卖结束，拍卖的 DAI 被发送给中标人，Maker 协议会自动销毁拍卖所得的 MKR，从而减少 MKR 的总供应量。

以下提供一个拍卖实例：

假设由于市场行情的影响，某个大额金库的质押率跌至最低阈值以下。某个拍卖清算商（auction keeper）检测到这一现象并对该金库启动清算程序。假设本次有 50 ETH 进入拍卖流程。

每个清算商都可以提出自己的竞标价，作为抵押品拍卖第一阶段的起拍价。在该阶段，清算商使用一定数量的 DAI 来竞拍 50 ETH，价高者得。

假设清算商要出 5 000 DAI 去竞标 50 ETH。这部分 DAI 会从金库引擎转移到抵押品竞拍合约内。等到某一笔充进抵押品竞拍合约的 DAI 能够偿还系统的债务并支付清算罚金，担保物竞拍的第一阶段即结束。

为了用自己竞拍策略中的价格买到抵押品，清算商还要在抵押品竞拍的第二阶段提交报价。这一阶段的目标是在市场竞争的情况下，将尽可能多的抵押品归还给金库的所有者。

在这一阶段，清算商要使用固定数量的 DAI（本例中为 5 000 DAI）去竞拍尽可能少的 ETH。例如，在本例中，该清算商的竞拍策略所寻求的竞标价是 125 DAI/ETH，即用 5 000 DAI 去竞拍 40 ETH。本次竞标获得的 DAI 会从金库引擎转移到抵押品竞拍合约内。等到投标期结束，竞标截止之后，假设该竞拍管理者中标，取得担保物，抵押品竞拍即彻底结束。

8. 现状

根据 Coingecko 的数据统计，截至 2023 年 9 月下旬，稳定币 DAI 的价格及市值如图 5-4 所示，DAI 的价格长期基本稳定在一美元左右。

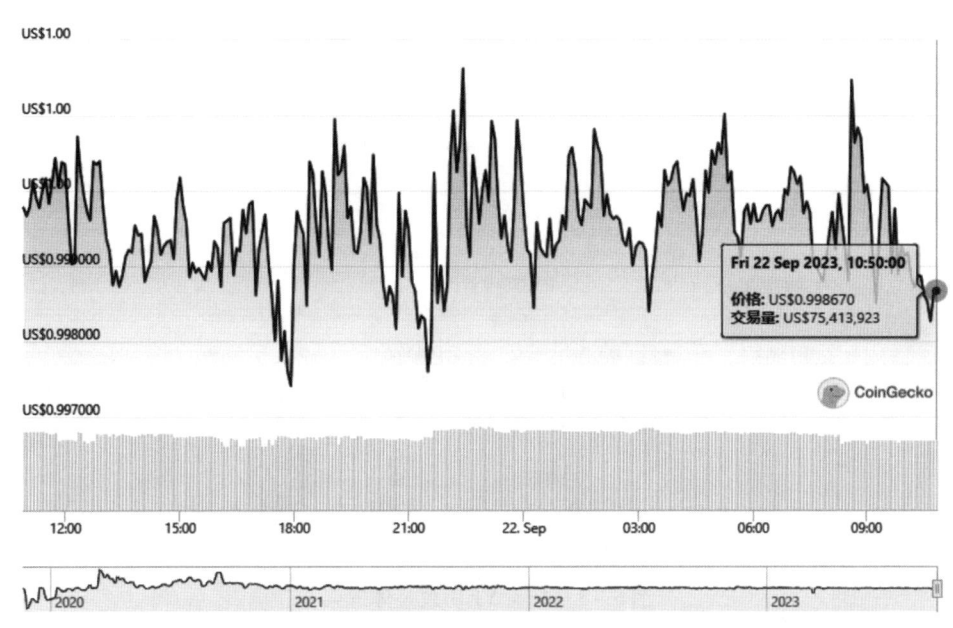

图 5-4　DAI 价格趋势图

9. 总结

Maker 与 Compound、Aave 等借贷协议最大的不同点在于，其只提供自己发行的稳定币 DAI 的借贷服务，Maker 较高的去中心化程度以及 DAI 不断增长的流通供应量帮助 Maker 和 DAI 都成为目前借贷领域和稳定币领域中的主要角色。同时 Maker 在未来也仍面临较大的风险挑战，2020 年 3 月 12 日也即"黑色星期四"，由于比特币和以太坊的价格在一天内下跌了近 40%，MakerDAO 面临抵押物极度不足的难题，DAI 也因流动性紧缩而价格飙升，此后长时间内失去了与美元 1∶1 的价格锚定，导致多个金库的持有者损失惨重，后续 Maker 通过 MKR 代币拍卖来弥补缺口。类似"黑色星期四"的事件未来仍有可能发生，加密货币市场的极端波动性使得借贷协议在市场极度不稳定时容易陷入清算大量资产的恶性循环中，这也是整个借贷领域在未来需要解决的难题。

5.2.3　Aave

Aave 是一个开源的、非托管的借贷平台，以去中心化的方式提供各种基于债务的产品。Aave 支持 ETH、DAI 和 USDC 等稳定币以及其他各种 ERC-20 代币。Aave 协议采用资金池模式，借方和贷方的存款和借款活动都通过与资金池交互的方式完成，资金池提供固定利率、可变利率与闪电贷等借贷形式。目前 Aave 有 V1 和 V2 两个版本，V2 版本在 V1 基础上增加了抵押品交易和抵押品还款等新功能，同时优化了 Gas 和清算机制。图 5-5 和图 5-6 分别为 Aave 协议官方所展现的 Aave V1 和 Aave V2 的整体框架图。

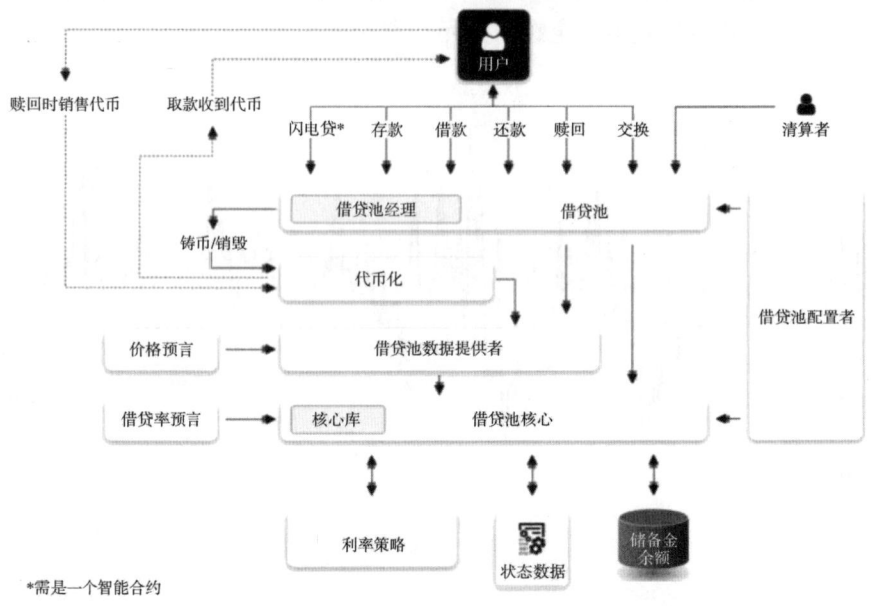

图 5-5　Aave V1 协议整体框架

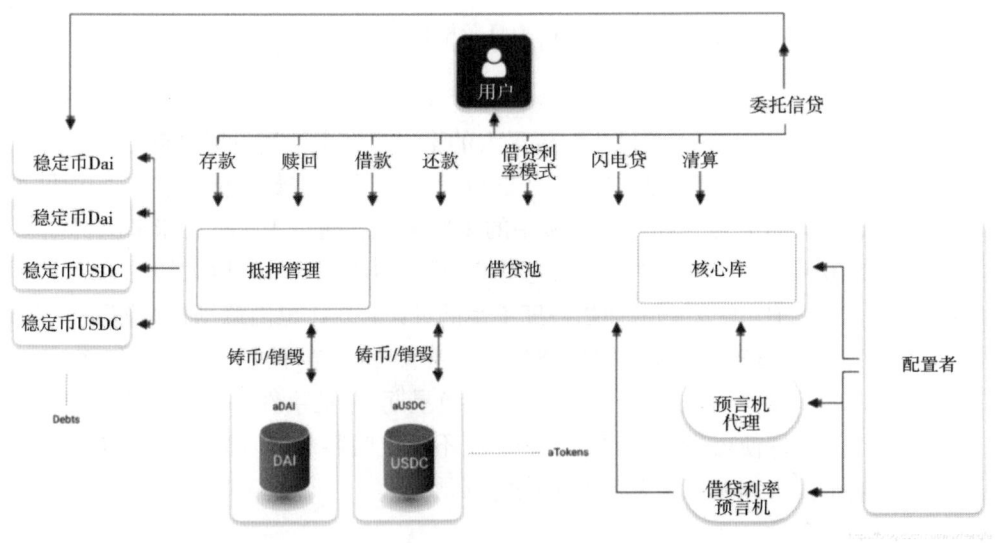

图 5-6　Aave V2 协议整体框架

1. 存款

在选择固定利率或可变利率后，将代币存入 Aave 的池中便会铸造相应数量的 aToken 作为存款或抵押的凭证。aToken 会直接在用户钱包中实时赚取利息。利息会根据借款需求和流动性供应波动。通过持有 aToken，可以连续赚取存入资产的利息，且可以随时赎回。Aave 的存款机制不限制金额上限或下限，但值得一提的是，由于存在一定的交易成本，如果存款金额过低，该流程的交易成本可能会高于预期收益。除了获得常规存款利息之外，aToken 持有人还可以从 Aave 的闪电贷机制中获得一定比例的费用，具体为该笔闪电贷金额的 0.063%。

aToken 可以向以太坊上的任何其他加密资产进行移动和交易，不同的 aToken 对应不同的加密资产，例如往资金池中存入 DAI 的用户将获得 aDAI，而存入 ETH 的用户将获得 aETH。aDAI 和 aETH 将根据各自资金池中基础资产的借贷供给和借贷需求匹配不同的利率。每种资产都有其各自的供需市场，用户可以根据该资产过去 30 天的平均年利率来评估利率的演变。某加密资产的使用率越高，对应资金池的利率就越高，但这也意味着更高的风险。因为假设某资金池中的加密资产的利用率接近 100%，则存在资金池流动性不足的隐患，也即导致系统的抵押品不足以支持偿还债务或借方赎回抵押品的交易。

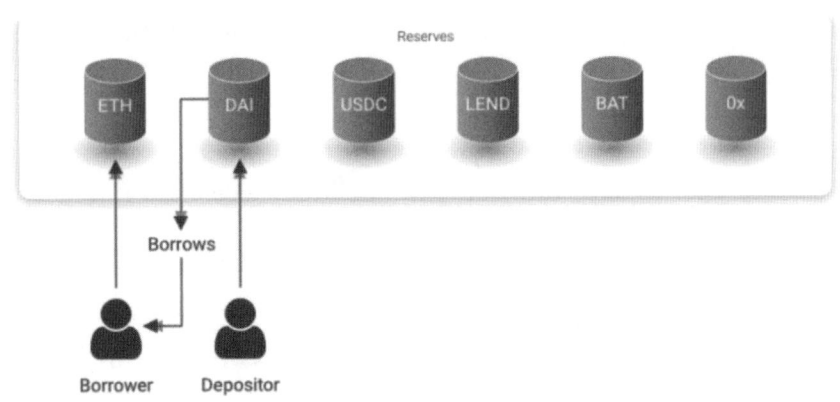

图 5-7 Aave 资金池模式

2. 借款

在存款的基础上，将资产存入并作为抵押品便可获得借款资格，Aave 同样采用超额抵押机制，用户可以借到的最大金额取决于其抵押品的总价值和资金池可用的流动资金。贷款与价值比率（LTV）定义了使用特定抵押品可以得到的最大借贷金额，LTV 会随着市场的变化而发展。假设当 LTV = 75% 时，每存入 1 ETH 价值的抵押品，借款人将能够借出 0.75 ETH 价值的相应资产，具体资产的 LTV 值可以在 Aave 官网实时查看。若用户抵押了多种加密资产，则该用户所拥有的最大 LTV 值为其抵押品资产的 LTV 及抵押价值的加权平均值，具体公式为 $\text{MaxLTV} = \dfrac{\sum \text{Collateral}_i \text{ in ETH} \times \text{LTV}_i}{\text{Total Collateral in ETH}}$ 。

用户可以选择可变利率或稳定利率借贷并在两者中进行切换，可变利率借贷会随着市场供需调整利率，稳定利率则在一般情况下维持稳定的利率不变。

所借资产将产生相对应的利息，例如某用户借了 1 ETH，一段时间后其应当偿还 1 ETH 以及应计利息。用户除了用 ETH 偿还以外，也可以用 USDC、DAI、USDT 等美元稳定币偿还，在 Aave 协议的 V2 版本中，该部分贷款也可以使用用户的抵押品来偿还。Aave 并没有限制借款期限，原则上可以借出无限期的资产，但利息会随时间积累，如果没有进行资产再抵押则容易面临清算风险。

3. 利率模型

Aave 的利率模型旨在管理流动性风险和优化利用率。利率变化基于资金利用率 U 的改变。可变利率模型的主要思想为：当资金池资金富余时，低利率以鼓励贷款；当资金池资金稀缺时，高利率以鼓励偿还贷款和额外存款。当资金利用率 U 高时，也即资金池资金稀缺时，流动性风险就会出现，当资金利用率 U 接近 100% 时，流动性便是一个很大的问题。为了解决流动性问题，利率曲线以最优利用率 U_{optional} 为节点，一分为二。在 U_{optional} 之前利率变化的斜率很小，在 U_{optional} 之后利率变化十分陡峭。利率 R_t 将遵循下述模型：

$$R_t = \begin{cases} R_0 + \dfrac{U_t}{U_{\text{optional}}} R_{\text{slope1}} & U < U_{\text{optional}} \\ R_0 + R_{\text{slope1}} + \dfrac{U_t - U_{\text{optional}}}{1 - U_{\text{optional}}} R_{\text{slope2}} & U \geqslant U_{\text{optional}} \end{cases} \quad (5-8)$$

式中，R_{slope1} 和 R_{slope2} 为 U_{optional} 前后两段不同利率曲线的斜率。

而 Aave 推出稳定利率以便投资者更好地进行预算评估。由于加密资产本身所具有的波动性，稳定利率模式只表明在短期内保持固定利率，但在长期内会根据市场状况的变化进行必要的再平衡，触发条件为该资产平均借款利率低于 APY 25% 且利用率超过 95%。如图 5-8 所示为 Aave 各抵押借贷资产利率。

4. 清算

清算机制在借贷中属于十分重要的一环，由于 ETH 等加密资产本身难免的波动性，清算环节能够帮助抵押借贷在极端市场环境下免于崩盘，当一笔贷款被清算后，会自动出售一部分抵押品以偿还部分债务以及任何罚款和费用。借款人固然不希望自己的资产被清算，但实际上清算可以维持 Aave 系统的稳定性，防止一些高风险的贷款危及整个平台的正常运行，确保资金池具有足够的流动性。同时在 Aave V2 中，清算人可以利用闪电贷从 Aave 协议本身快速借入资金，从而实现闪电清算。

Aave 清算机制中设有清算门槛(liquidation threshold)、健康系数(health factor)、储备因子(reserve factor)、整体风险评级(overall risk)和清算罚款(liquidation bonus)。

	Variable Rate			Stable Rate Rebalance if U > 95% + Average APY < 25%		
Uoptimal	Base	Slope 1	Slope 2	Average Market Rate	Slope 1	Slope 2
BUSD 80%	0%	4%	100%			
DAI 80%	0%	4%	75%	4%	2%	75%
sUSD 80%	0%	4%	100%			
TUSD 80%	0%	4%	75%	4%	2%	75%
USDC 90%	0%	4%	60%	4%	2%	60%
USDT 90%	0%	4%	60%	4%	2%	60%
AAVE						
BAT 45%	0%	7%	300%	3%	10%	300%
ENJ 45%	0%	7%	300%			
ETH 65%	0%	8%	100%	3%	10%	100%
KNC 65%	0%	8%	300%	3%	10%	300%
LINK 45%	0%	7%	300%	3%	10%	300%
MANA 45%	0%	8%	300%	3%	10%	300%
MKR 45%	0%	7%	300%	3%	10%	300%
REN 45%	0%	7%	300%			
SNX 80%	3%	12%	100%			
UNI 45%	0%	7%	300%			
WBTC 65%	0%	8%	100%	3%	10%	100%
YFI 45%	0%	7%	300%			
ZRX 45%	0%	7%	300%	3%	10%	300%

图 5-8　Aave 各抵押借贷资产利率

清算门槛即当某抵押物价值降低到该门槛值时将会触发清算机制。例如 80% 的清算门槛意味着，如果该抵押物价值降至 80% 则认定为目前贷款为担保不足状态，抵押物可能会面临清算。贷款与价值比率（LTV）和清算门槛之间的差值是为借款人保留的安全缓冲区。若用户抵押了多种加密资产，则清算门槛计算为各种抵押品资产的清算门槛及各抵押品价值的加权平均值，具体公式为

$$\text{Liquidation Threshold} = \frac{\sum \text{Collateral}_i \text{ in ETH} \times \text{LiquidationThreshold}_i}{\text{Total Collateral in ETH}} \quad (5-9)$$

健康系数是关于抵押资产价值相对于借入资产价值两者间安全性的数学表示。健康系数值越高，则表明用户资金状况越安全，不会出现清算情况，反之如果健康系数越低则意味着清算风险增加。如果健康系数达到 1，则 Aave 将可能触发抵押物清算机制，这是抵押品的清算门槛。健康系数的具体公式为

$$H_f = \frac{\sum \text{Collateral}_i \text{ in ETH} \times \text{Liquidation Threshold}_i}{\text{Total Borrows in ETH} + \text{Total Fees in ETH}} \quad (5-10)$$

当 H_f 小于 1 也即贷款的担保不足时，它可能会被清算，以维持图 5-9 所述的偿付能力。为了避免健康系数过低导致清算，用户可以选择偿还贷款或再抵押更多的资产，其中偿还贷款这一方案会更有效地提升健康系数值。

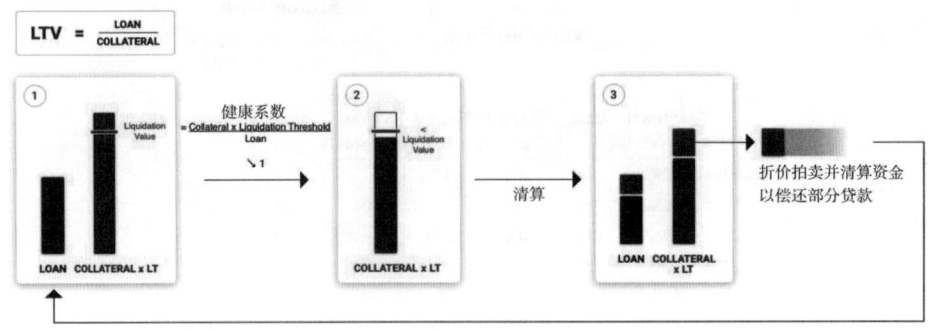

图 5-9 偿付能力

储备因子是 Aave 新版本 V2 新增的，旨在将一定比例的协议收益用于维持 DAO 社区发展，同时储备金也是风险保障金，用于对冲抵押物风险。

整体风险评级作为对特定抵押物的风险评估，主要用于校准储备因子，风险等级越高的抵押物储备因子越高，反之，风险等级越低的抵押物储备因子越低。清算机制中设有清算罚款，用于激励清算人在清算过程中的工作。2023 年 9 月，Aave 官网提供的各抵押物的风险参数如图 5-10 所示，其中稳定币和 ETH 的风险评级较低，拥有较高的 LTV 和清算门槛，其他波动性代币则具有较高的风险等级。图表中灰色的粗体数据为 Aave 新版本 V2 相对于 V1 的风险参数修整。

	LTV	Liquidation Threshold	Liquidation Bonus	Overall Risks	Reserve Factor
BUSD				B	10%
DAI	75%	80%	5%	B	10%
sUSD				C+	20%
TUSD	75%	80%	5%	B	10%
USDC	80%	85%	5%	B+	10%
USDT				B+	10%
AAVE	50%	65%	10%	C+	
BAT	70%	75%	10%	B+	20%
ENJ	55%	60%	10%	B+	20%
ETH	80%	82.5%	5%	A+	10%
KNC	60%	65%	10%	B+	20%
LINK	70%	75%	10%	B+	20%
MANA	60%	65%	10%	B-	35%
MKR	60%	65%	10%	B-	20%
REN	55%	60%	10%	B	20%
SNX	15%	40%	10%	C+	35%
UNI	60%	65%	10%	B	20%
WBTC	70%	75%	10%	B-	20%
YFI	40%	55%	15%	B-	20%
ZRX	60%	65%	10%	B+	20%

图 5-10 Aave 平台各抵押物风险参数

5. 清算实例

实例1：鲍勃存入10 ETH并借入价值5 ETH的DAI。如果鲍勃的健康系数降至1以下，他的贷款将被清算。清算人最多可以偿还一笔借贷金额的50%也即价值2.5 ETH的DAI。作为回报，清算人可以要求一笔ETH抵押品回报(5%清算罚金也即0.125 ETH)。最终清算人通过偿还价值2.5 ETH的DAI而得到2.625 ETH。

实例2：鲍勃存入5 ETH和价值4 ETH的YFI，并借入价值5 ETH的DAI。如果鲍勃的健康系数降至1以下，他的贷款将被清算。清算人最多可以偿还一笔借贷金额的50%也即价值2.5 ETH的DAI。作为回报，清算人可以要求一笔单一抵押品的回报，因为YFI的清算罚金(15%)比ETH的清算罚金(5%)高，所以清算人选择YFI(15%清算罚金也即0.375 ETH)。最终清算人通过偿还价值2.5 ETH的DAI而得到2.825 ETH。

6. 信贷委托(credit delegation)

2020年7月，Aave推出信贷委托。信贷委托使得具有信贷资格的用户可以委托他们的信用额度，存款人可以从中赚取收益且借款人在无需抵押的情况下便可以向Aave借贷。举一个简单的实例来展现信贷委托的操作流程：

(1) 鲍勃往Aave中存入10 000 USDT，获得10 000 aUSDT(APY=5%)。

(2) 鲍勃创建CDV信贷委托金库(credit delegation vault)，存入所持有的10 000个aUSDT。

(3) 鲍勃和信贷委托人艾丽丝签署信贷委托协议OpenLaw，协议包含鲍勃与信贷委托人艾丽丝所达成一致的8%的年化利率。

(4) 信贷委托人艾丽丝根据授权的额度从CDV中借出一定价值的ETH资金。Aave协议会在其中收取3%的稳定费。

(5) 委托人艾丽丝还款还息。

值得一提的是，Aave所推出的信贷委托功能并不能有效防范"老赖"问题。官方表示，信贷委托功能只支持用户与用户之间为熟人关系的情况，也即鲍勃与艾丽丝私下存在信任关系。此外，OpenLaw智能合约也具有现实世界的法律效应。

7. 闪电贷

闪电贷的主要面向对象为开发者，用户可以轻松地借款，无需任何抵押，只要在一个交易块内将流动资金返还给资金池即可。在Aave的V1版本中，借款人在单次闪电贷中只能一次借出一种代币。Aave的V2版本中加入了批量闪电贷，开发人员可以在单次闪电贷交易中借出多种数字资产。在Aave合约上进行闪电贷操作，闪电贷结束后在归还所借金额以外还需要交付0.09%的借款金额，这笔额外费用的70%将按比例分发给存款人，剩余30%的部分中的两成将分给为闪电贷API提供便利的集成商，另外80%将交换成AAVE并销毁。

8. 治理、安全模块

Aave 的安全模块是 Balancer 平台上的特定流动性池，AAVE 是 Aave 发布的治理代币，AAVE 持有者可以将 AAVE 质押从而在获得决策投票权的同时赚取更多的 AAVE 代币。AAVE 总供应量 1600 万枚，其中 1300 万枚 AAVE 用于迁移之前的 LEND，300 万枚 AAVE 将分配给 Aave 生态储备。安全模块中的 AAVE 旨在维护 Aave 协议的流动性，如果清算事件不足以维持系统中的流动性，则锁定在安全模块中的 AAVE 将在公开市场上拍卖，以恢复平台的流动性。在资金池流动性不足的情况下，最多会售出 30% 锁定在安全模块中的 AAVE 代币，来为协议提供更多的流动性。

9. Aave 的合约实现

Aave 合约代码最重要的是 LendingPool 文件，包含了借贷中的存款、赎回、借款、还款以及利率调整等主要环节。

存款函数：用户向 Aave 存入一定数量的资产后得到对应数量的 aTokens，如图 5-11 所示。

```
function deposit( //存款函数，例如存入100个USDC则收到100个aUSDC
    address asset,    //存款资产
    uint256 amount,   //存款数量
    address onBehalfOf, //atoken接收者
    uint16 referralCode
) external override whenNotPaused {
    DataTypes.ReserveData storage reserve = _reserves[asset];

    ValidationLogic.validateDeposit(reserve, amount);

    address aToken = reserve.aTokenAddress;

    reserve.updateState();
    reserve.updateInterestRates(asset, aToken, amount, 0);

    IERC20(asset).safeTransferFrom(msg.sender, aToken, amount); //将atoken转给存款人

    bool isFirstDeposit = IAToken(aToken).mint(onBehalfOf, amount, reserve.liquidityIndex);//判断是否为首次存款

    if (isFirstDeposit) {
        _usersConfig[onBehalfOf].setUsingAsCollateral(reserve.id, true);
        emit ReserveUsedAsCollateralEnabled(asset, onBehalfOf);
    }

    emit Deposit(asset, msg.sender, onBehalfOf, amount, referralCode);
}
```

图 5-11 存款函数

赎回函数：用户将存款赎回，燃烧对应的 aTokens，如图 5-12 所示。

```solidity
function withdraw( //赎回函数,例如赎回100个USDC则燃烧100个aUSDC
    address asset,
    uint256 amount,
    address to
) external override whenNotPaused returns (uint256) {
    DataTypes.ReserveData storage reserve = _reserves[asset];

    address aToken = reserve.aTokenAddress;

    uint256 userBalance = IAToken(aToken).balanceOf(msg.sender);

    uint256 amountToWithdraw = amount;//赎回的数量

    if (amount == type(uint256).max) {
        amountToWithdraw = userBalance;
    }

    ValidationLogic.validateWithdraw(
        asset,
        amountToWithdraw,
        userBalance,
        _reserves,
        _usersConfig[msg.sender],
        _reservesList,
        _reservesCount,
        _addressesProvider.getPriceOracle()
    );

    reserve.updateState();

    reserve.updateInterestRates(asset, aToken, 0, amountToWithdraw);

    if (amountToWithdraw == userBalance) {   //全部赎回,失去贷款资格
        _usersConfig[msg.sender].setUsingAsCollateral(reserve.id, false);
        emit ReserveUsedAsCollateralDisabled(asset, msg.sender);
    }

    IAToken(aToken).burn(msg.sender, to, amountToWithdraw, reserve.liquidityIndex);//燃烧aTokens

    emit Withdraw(asset, msg.sender, to, amountToWithdraw);

    return amountToWithdraw;
}
```

图 5-12 赎回函数

借款函数:具有一定抵押资产或被赋予信用委托权的用户可以进行借款,可以选择可变利率或固定利率两种不同的利率模型,如图 5-13 所示。

还款函数:用户选择还款金额和还款的债务类型,系统燃烧对应的债务 token,如图 5-14 所示。

```solidity
function borrow(//具有一定抵押资产或被赋予信用委托权的用户可以进行借款
    address asset,
    uint256 amount,
    uint256 interestRateMode, //选择可变或固定利率模型
    uint16 referralCode,
    address onBehalfOf //借款人地址
) external override whenNotPaused {
    DataTypes.ReserveData storage reserve = _reserves[asset];

    _executeBorrow(
        ExecuteBorrowParams(
            asset,
            msg.sender,
            onBehalfOf,
            amount,
            interestRateMode,
            reserve.aTokenAddress,
            referralCode,
            true
        )
    );
}
```

图 5 – 13　借款函数

```solidity
function repay(
    address asset,
    uint256 amount,
    uint256 rateMode,//选择还款的类型（可变或固定利率）
    address onBehalfOf
) external override whenNotPaused returns (uint256) { //返回最终还款数目
    DataTypes.ReserveData storage reserve = _reserves[asset];

    (uint256 stableDebt, uint256 variableDebt) = Helpers.getUserCurrentDebt(onBehalfOf, reserve);

    DataTypes.InterestRateMode interestRateMode = DataTypes.InterestRateMode(rateMode);

    ValidationLogic.validateRepay(
        reserve,
        amount,
        interestRateMode,
        onBehalfOf,
        stableDebt,
        variableDebt
    );

    uint256 paybackAmount =
        interestRateMode == DataTypes.InterestRateMode.STABLE ? stableDebt : variableDebt;

    if (amount < paybackAmount) {
        paybackAmount = amount;
    }

    reserve.updateState();

    if (interestRateMode == DataTypes.InterestRateMode.STABLE) { //燃烧借款token
        IStableDebtToken(reserve.stableDebtTokenAddress).burn(onBehalfOf, paybackAmount);
    } else {
        IVariableDebtToken(reserve.variableDebtTokenAddress).burn(
            onBehalfOf,
            paybackAmount,
            reserve.variableBorrowIndex
        );
    }

    address aToken = reserve.aTokenAddress;
    reserve.updateInterestRates(asset, aToken, paybackAmount, 0);

    if (stableDebt.add(variableDebt).sub(paybackAmount) == 0) {
        _usersConfig[onBehalfOf].setBorrowing(reserve.id, false);
    }

    IERC20(asset).safeTransferFrom(msg.sender, aToken, paybackAmount);

    IAToken(aToken).handleRepayment(msg.sender, paybackAmount);

    emit Repay(asset, onBehalfOf, msg.sender, paybackAmount);

    return paybackAmount; //返回最终还款数目
}
```

图 5 – 14　还款函数

10. 现状

根据 Aave 官网数据，截至 2023 年 9 月中旬，Aave V2 协议目前在 Ehereum 市场的市值规模已超过 32 亿美元，如图 5－15 所示。

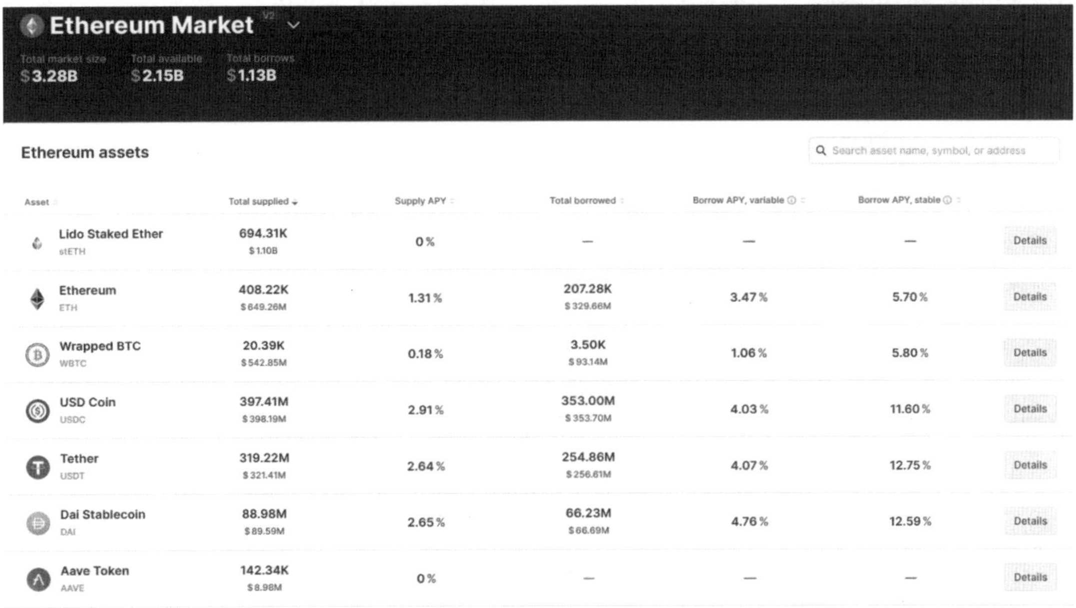

Asset	Total supplied	Supply APY	Total borrowed	Borrow APY, variable	Borrow APY, stable	
Lido Staked Ether stETH	694.31K $1.10B	0%	—	—	—	Details
Ethereum ETH	408.22K $649.26M	1.31%	207.28K $329.66M	3.47%	5.70%	Details
Wrapped BTC WBTC	20.39K $542.85M	0.18%	3.50K $93.14M	1.06%	5.80%	Details
USD Coin USDC	397.41M $398.19M	2.91%	353.00M $353.70M	4.03%	11.60%	Details
Tether USDT	319.22M $321.41M	2.64%	254.86M $256.61M	4.07%	12.75%	Details
Dai Stablecoin DAI	88.98M $89.59M	2.65%	66.23M $66.69M	4.76%	12.59%	Details
Aave Token AAVE	142.34K $8.98M	0%	—	—	—	Details

图 5－15　Aave V2 市场数据

11. 总结

Aave 在传统借贷协议的基础上推出了闪电贷和信贷委托等创新功能，逐渐占据了借贷市场的一席之地。除此之外，Aave V2 版本也对 V1 版本进行了架构和代码上的简化。总体而言，Aave 在逐渐发展成为功能齐备的创新型借贷协议平台，但闪电贷和信贷委托等创新功能在带来无抵押借贷这一高效率借贷模式的同时也带来了巨大的风险，如何控制风险将成为 Aave 未来所面临的巨大挑战之一。

5.2.4　dYdX

dYdX 是一个基于以太坊的去中心化借贷平台，dYdX 同时包含现货交易、保证金交易以及永续合约交易，是一个去中心化交易所 DEX 和借贷平台的结合体。目前 dYdX 的永续合约在 Layer 1 与 Layer 2 上同时运行，Layer 2 采用 StarkWare 的二层解决方案，已开启主网测试。在借贷服务方面，dYdX 支持 ETH、USDC 和 DAI 三个币种。

1. 存款

dYdX 设有全球借贷池(global lending pool)作为与借贷双方交互的资金池。使用以太坊钱包，在 dYdX 的“余额”页面上存入资金，即可自动开始放贷并赚取实时利息，利息会在每个区块中支付。用户在 dYdX 上的所有存款可以随时赎回，没有过渡期的限制。

2. 借款

dYdX 协议同样采用超额抵押借贷的模式，借款人必须维持至少 125% 的初始抵押率和至少 115% 的最低抵押率。前者 125% 的初始抵押率表明，只有当质押率不低于 125% 时，用户才可继续借出资产。一旦质押率低于 125%，用户将无法继续借款，除非向 dYdX 协议中添加质押资产或偿还部分借款。后者 115% 的最低抵押率表明，当抵押率低于 115% 时，用户将会面临资产被清算的风险。

借款人只要保持合适的抵押率，其所持有的借款并没有任何期限，原则上可以无限期持有该笔借款。dYdX 协议采用负数形式表示借款人的借款数量，例如账户余额显示 –200 UDSC 表示用户借出 200 USDC。如果用户想借的资产目前的余额是正值，则需要先在余额界面上将该资产的余额取出，让该资产余额变为零之后才可以借出该资产。

3. 清算

如前所述，当借款人的账户的借贷抵押率低于 115% 时，借款人将会面临资产被清算的风险，同时会收取 5% 的清算罚金。产生抵押率降低导致清算的情况有两种，一是所借资产升值，二是所抵押资产贬值，两种情况都可以通过添加质押资产或偿还部分借款来提升抵押率。

举个例子，在不考虑其他交易费用的前提下，如果鲍勃在拥有价值 112 美元的抵押资产的同时借出价值 100 美元的资产，那么此时鲍勃的账户没有达到最低 115% 的抵押率，将会面临资产清算。任何其他账户皆可以作为清算人偿还鲍勃价值 100 美元的借入资产，同时换取价值 105 美元的抵押品。这将使鲍勃的账户或头寸剩下价值 7 美元的资产。

任何用户都可以对存在风险的账户通过清算机器人进行清算，如果有多个用户试图对同一账户进行全额清算，则遵循先到先得的原则。

4. 利率模型

dYdX 协议采用浮动利率模型，动态的利率会根据资金供求实时更新。dYdX 借贷平台上的每种资产都对应两种利率，分别是贷方的借出利率和借方的借入利率。由于贷方存款的利息收入来自借方所支付的借款利息且一部分借款利息要作为协议保证金用以维护借贷协议的稳定，借入利率会高于借出利率。

利率模型基于资金利用率变化，资金利用率也即借入金额与借出金额之比。随着资金利用率的提高，利率将提高，从而激励更多的贷方加大存款抵押。随着利用率降低，利率也会降低，从而激励更多的借方加大借款。假设 a 资产的利用率为 X，则两种利率的对应计算公式如下：

借入利率将在 0%～50% 非线性地伸缩，其具体计算公式：

$$\text{Borrowing Interest Rate}_a = (0.1 \times X) + (0.1 \times X^{32}) + (0.3 \times X^{64}) \quad (5-11)$$

借出利率的计算公式：

$$\text{Supplying Interest Rate}_a = 95\% \times (\text{Borrowing Interest Rate}_a \times X) \quad (5-12)$$

假设利用率为50%，则借款利息为：

$$\text{Borrowing Interest Rate}_a = (0.1 \times 50\%) + (0.1 \times 50\%^{32}) + (0.3 \times 50\%^{64}) = 5.00\% \text{ 年利率}$$

放款利息为：

$$\text{Supplying Interest Rate}_a = 95\% \times (0.05 \times 0.5) = 3.275\% \text{ 年利率}$$

5. 保证金交易

保证金（margin）和杠杆（leverage）是传统金融中十分重要的角色，其在开放式金融中同样具有重要地位。保证金可以理解为一个投资者目前持有的抵押品数量，保证金作为抵押品抵押之后可以覆盖代理人为交易对手带来的信用风险，从而获得一定杠杆的资金贷款。杠杆从字面意思来理解就是利用保证金的抵押从而撬动得到的额外资金。如不借助杠杆，交易者最多只能拥有与抵押品同等价值的购买力，在杠杆的乘数效应下交易者便可以获得更多的资金投入更高价值的交易中。值得注意的是，杠杆在提高交易潜在收益率的同时也同比放大了风险，杠杆率作为交易员风险资本中的一个参数，实际上决定了该交易员与平仓线的距离。

dYdX 的保证金交易提供两种类型的杠杆，分别是逐仓保证金（isolated margin）和全仓保证金。逐仓保证金也即投资者分割出一部分资金来做杠杆并用在一项交易中。杠杆率决定了投资者需要投入多少保证金存款来抵押，且当遇到强制平仓时该部分被分割出来的资金就是投资者的损失上限。逐仓保证金交易能直观看到投资者动用的资金数量以及每日收益（PNL），更适合短期投机。全仓保证金模式则动用投资者 dYdX 账户里所有的资产作为抵押品，也即用账户余额来做交易，余额会随着用户的借贷交易行为而改变。账户余额可正可负，正资产表示所持有的资产并实时收取利息，负资产表示所借出的资金并实时收取欠息。

通过两个例子来直观展现保证金交易，分别是看涨 ETH 和看跌 ETH 交易。

看涨 ETH：假设当前鲍勃的账户里有 1 ETH、100 USDC、0 DAI，市场价格 1 ETH = 1000 DAI。鲍勃认为 ETH 的价格还会涨，所以鲍勃用 1 ETH 的存款以 1000 美元的开仓价开启了一个 5 倍的多头头寸，也即借入 4000 DAI 来换取 4 ETH。此时鲍勃的余额就会变成 5 ETH、100 USDC、−4000 DAI。账户上 DAI 所显示负余额表示鲍勃未偿还的贷款且会实时收取欠息，并且由账户上的 ETH 和 USDC 作为担保。当 ETH 涨到 1500 美元时，鲍勃可以用价值 4000 美元的 DAI 偿还欠款，从而盈利 6000 − 4000 = 2000（美元）。

看跌 ETH：同样假设当前鲍勃的账户里有 0 ETH、100 USDC、1000 DAI，市场价格 1 ETH = 1000 DAI。鲍勃认为 ETH 的价格还会跌，所以鲍勃通过借入 ETH 卖出来得到 DAI。假设鲍勃借入 1 ETH 并卖出，此时鲍勃的余额就会变成 −1 ETH、100 USDC、2000 DAI。当 ETH 跌到 500 美元时，鲍勃可以用价值 500 美元的 ETH 偿还欠款，从而盈利 1000 − 500 = 500（美元）。

如上述两个例子所示，保证金交易使得交易者可以不需要实际拥有具体资产来建立空头或多头头寸,但伴随着杠杆的保证金交易带来更大收益的同时也意味着更大的风险。当账户中资产的价格不断下跌,一旦达到115%的最低抵押率,账户中的资产将面临清算风险,风险资金占账户总资金的比重越大,清算的风险就越高。

6. 永续合约交易

永续合约(perpetual swap)是一种新型的金融衍生品,顾名思义,永续也即意味着交易者可以永久持有该部分头寸。永续合约与期货和期权市场不同,永续合约的优势在于合约不设置到期日和结算日。同时它也与现货市场不同,想要做空或做多的交易者无需实际持有或借入某资产就可以获得其价格变动的敞口。表5-1展示了现货、期货期权以及永续合约之间的对比。

表5-1 现货、期货期权以及永续合约的对比

模式	杠杆率	需要保管标的资产	到期日	资金费率
现货交易	低	是	无	无
期权/期货	高	否	有	无
永续合约	高	否	无	有

区分永续合约与期权期货另外一个大的不同点便是永续合约的资金费率机制。期货期权在一定时间之后便会产生合约价格与现货价格有所偏差的情况,这也是期货期权的利益与风险所在。而资金费率机制帮助永续合约时刻与追踪的标的资产价格紧密挂钩,可以简单理解为交易者在持有头寸的时间内所承担的费用或所获得的利润。资金费率机制具体如下:

(1)当永续合约的合约价格高于标的价格,资金费率将为正,此时多头交易者向空头交易者支付费用。与算法稳定币的 Rebase 机制类似,这种正利率会抑制合约买入且鼓励合约卖出,永续合约的价格得以慢慢跌至与标的资产的价格一致。

(2)当永续合约的合约价格低于标的价格,资金费率将为负,此时空头交易者向多头交易者支付费用。相反,此时负利率会抑制合约卖出同时鼓励合约买入,永续合约的价格得以慢慢上涨至与标的资产一致。

资金费率通常在 -0.025% ~ 0.025% 波动,且就 dYdX 而言,其每个结算周期为8小时,资金费率每小时更新一次,但以8小时利率来表示,也即账户可预期在8个小时内支付/收取的资金金额。假设8小时利率为 ±0.025%。某交易者持有一份价值100 000 美元的 BTC 永续合约,则在一个结算周期后其将支付或收到一笔 0.025% × 100 000 = 25(美元)的费用。

dYdX 和 StarkWare 合作为通用保证金永续合约建立了 Layer 2 协议,用户可以零 Gas 成本进行交易,这极大降低了交易费用和交易门槛,此外还将提供更高的杠杆倍数和更低的清算罚款。StarkWare 的 zkSTARKS 技术是 ZK-Rollup 技术的一种形式,可显著提高

dYdX 的交易结算能力，同时仍将其安全性置于基础的以太坊区块链上。在发布 Layer 2 上的永续合约后，dYdX 将逐渐关闭 Layer 1 的永续合约交易，逐渐完全过渡到 Layer 2。

值得注意的是，由于永续合约具有极大的杠杆特性，交易者可在一定资金抵押的基础上扩大交易规模，但这也同比增大了交易风险，此外由于加密市场的波动性，资金费率机制的存在也将给头寸持有者带来一定的风险。

7. 现状

根据 dYdX 官方数据，截至 2023 年 9 月 22 日，dYdX 市场累积仓量达到 877 亿，日活量也活跃在 2 亿至 10 亿间，如图 5-16 所示。

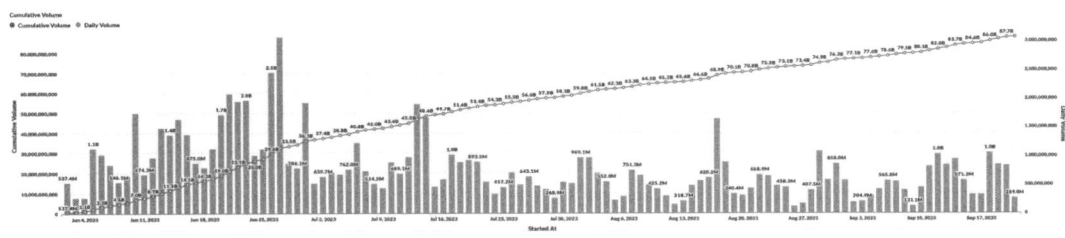

图 5-16　dYdX 数据图

dYdX 借贷市场提供 ETH、BTC 以及 DAI 等多种资产，图 5-17 所示为 2023 年 9 月 22 日 dYdX 平台上资产借贷情况。

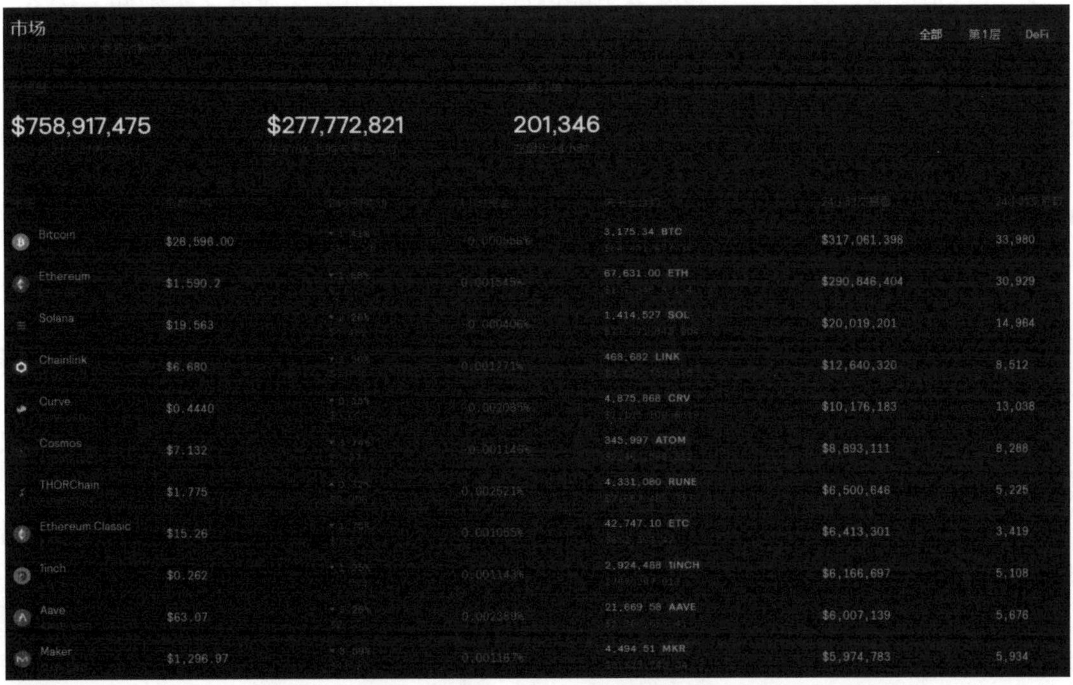

图 5-17　dYdX 资产借贷现状

8. 总结

dYdX 是一个集去中心化借贷、DEX 与衍生品交易于一体的协议，随着 DeFi 锁仓量的不断增长，金融衍生品也逐渐成为 DeFi 板块中至关重要的一环，dYdX 将借贷、DEX 与衍生品的结合无疑为投资者创造了更为便捷的交易平台。dYdX 的永续合约在 Layer 2 上的部署也已经上线，并将逐渐从 Layer 1 向 Layer 2 转移，由于 Layer 1 昂贵的 Gas 费用以及低吞吐量的弊端，相信转移到 Layer 2 后的 dYdX 有望进一步提高自己的市场地位。

5.2.5 闪电贷

借贷作为传统经济中的一个核心组成部分，市场参与者可以相互借贷，旨在促进市场资金的流动性。与此同时，借贷双方也背负着债务违约风险，也即借款人不再有能力偿还贷款和支付利息。有没有可能在不承担借款人违约风险的情况下提供借贷服务？在传统金融中这几乎是不可能实现的，因为无论债务额度有多小，贷款期限有多短，借款人始终具有违约的可能性。结合区块链特性，在 DeFi 中如果能保证该笔债务还款的绝对性，那么在无违约风险的前提下，单笔借贷或整体借贷规模都将具有无限扩展的可能性，这也就是所谓的闪电贷。

闪电贷是一种新型的借贷模式，这一概念在 2018 年 7 月首次由 Marble 协议提出。闪电贷不需要抵押品，但规定整个借贷还贷流程必须在一次以太坊交易中完成。因为交易都是以原子方式执行的，原子方式也即一个交易只有 0 和 1 的状态，交易里的所有操作步骤（包括借款、转移、还款）要么全部执行，倘若中间有一个步骤受阻则此交易所有步骤都不会执行，交易中的所有操作都会全部回滚。目前 DeFi 几乎所有借贷平台全部采用超额抵押这种资金利用率十分低下的借贷模式，闪电贷却允许借款人在无需抵押资产的情况下即可实现大额借贷，这种极大提高资金利用率的借贷模式很快得到众多投资者和开发者的青睐。目前提供闪电贷服务的主要的协议有 Aave、dYdX、Uniswap V2 和 bZx，一般协议会从闪电贷交易中收取较低的交易成本，例如 Aave 协议收取 0.09% 的交易成本。

闪电贷与传统借贷模式相比，主要有三点优势：

（1）没有债务违约风险。因为闪电贷只有当交易中包括还款的所有操作都被顺利执行后才会生效，所以闪电贷不具有债务违约风险。

（2）无需抵押品。传统金融借贷中抵押品是为了对冲债务违约风险，故没有违约风险的闪电贷也不需要抵押品。

（3）借款金额。DeFi 借贷多数基于资金池模式，闪电贷支持任何人在任何时间点借用整个资金池中的资金，这也归功于闪电贷风险的规避特性。

闪电贷的开发技术门槛初期比较高，这是由于早期闪电贷主要供开发人员或具有一定区块链技术知识的投资者使用。目前也有 Collateralswap、Furucombo 和 Defisaver 等项目可以帮助投资者进行闪电贷操作。闪电贷编程开发的门槛将随着其简易性不断提升而不断降低，投资者只要专注于制定交易策略，就可以在零资金成本的情况下通过各个不同的 DeFi 协议进行套利。这极大地提升了 DeFi 世界的可组合性，未来闪电贷交易极有可能会成为去中心化金融里面最有创新力和最有价值的交易模式。闪电贷的出现给 DeFi 增加了更多的交易可能性，具体实用场景包括套利使用、闪电清算以及资产更换，具体举例如下。

实例 1：套利使用

假设某一时刻去中心化交易所 Curve 和 Uniswap 上的 DAI/USDC 池的价格不一致，Curve 的价格为 0.98∶1，Uniswap 的价格为 1∶1。该价格差形成套利机会。具体实现步骤如下(不考虑 Dex 的交易费用)：

(1) 通过 Aave 闪电贷借出 10 000 DAI；
(2) 在 Curve 上将 10 000 DAI 换成 10 204 USDC；
(3) 在 Uniswap 上将 10 204 USDC 换成 10 204 DAI；
(4) 在 Aave 上偿还所借的 10 000 DAI 和 0.09% 的闪电贷费用 9 DAI；
(5) 套利金额：10 204 DAI − 10 000 DAI − 9 DAI = 195 DAI。

实例 2：闪电清算

在 Aave V2 中，清算人可以利用闪电贷从 Aave 协议本身快速借入资金，从而实现闪电清算。假设目前清算人打算清算一笔 2.5 ETH 的贷款，具体实现步骤如下：

(1) 清算人通过 Aave 闪电贷借出 2.5 ETH；
(2) 清算人在 Aave 平台上偿还 2.5 ETH 并获得清算奖金 0.125 ETH；
(3) 清算人偿还所借的 2.5 ETH 和 0.09% 的闪电贷费用 0.002 25 ETH；
(4) 清算获利金额：0.125 ETH − 0.002 25 ETH = 0.122 75 ETH。

实例 3：资产更换

通过闪电贷，只需要额外支付 Aave 平台的 0.09% 的闪电贷费用便可以实现资产更换。假设目前艾丽丝在 Aave 上将 ETH 抵押借出了 USDC，其想将抵押品换成 DAI，具体实现步骤为：

(1) 通过 Aave 闪电贷借出 USDC；
(2) 将用 ETH 抵押的 USDC 偿还，取出 ETH；
(3) 在 Uniswap 上将 ETH 换成 DAI；
(4) 将 DAI 作为抵押品在 Aave 上借出 USDC；
(5) 偿还所借 USDC 闪电贷，并支付 0.09% 的闪电贷费用。

闪电贷在为去中心化借贷注入新鲜活力的同时，也成了黑客攻击者手里的有力武器。2020 年初以来出现了多起闪电贷攻击案例，此类攻击案例并不是攻击闪电贷本身，而是利用闪电贷本身高速且无成本的特性，用闪电贷筹集攻击资金，利用预言机漏洞操控价格或者利用协议代码漏洞进行套利攻击。表5-2列出了2020年发生的闪电贷攻击事件以及涉及的智能合约和攻击金额等。

表5-2 2020年闪电贷攻击事件

时间	攻击事件	闪电贷提供协议	涉及的DeFi协议	获利金额/万美元
2020-02-05	Yearn.Finance攻击	dYdX Aave	Yearn.Finance Compound Curve	270
2020-02-15	bZx攻击	dYdX	bZx Compound Kyber Uniswap V1	35
2020-02-18	bZx攻击	bZx	bZx Kyber Uniswap V1 Syntheix	63.8
2020-06-28	Balancer攻击	dYdX	Balancer Uniswap V2	43.9
2020-10-26	Harvest攻击	Uniswap V2	Harvest Uniswap V2 Curve	2660
2020-11-06	Cheese Bank攻击	dYdX	Cheese Bank Uniswap V2	330
2020-11-12	Akropolis攻击	dYdX	Akropolis	200
2020-11-14	Value.DeFi攻击	Aave Uniswap V2	Value.DeFi Uniswap V2 Curve SushiSwap	740
2020-11-17	OUSD攻击	dYdX	OUSD Uniswap V2 SushiSwap	790
2020-12-18	Warp Finance攻击	dYdX Uniswap V2	Warp Finance Uniswap V2 SushiSwap	94.1

下面具体分析其中三起闪电贷攻击的攻击流程。

实例4：2020年2月15日，bZx协议遭受攻击

攻击流程如下（图5-18）：

（1）攻击者在 dYdX 平台上通过闪电贷借入 10 000 ETH。

（2）攻击者在 Compound 平台上用 5 500 ETH 借入 112 WBTC。

（3）攻击者用另外的 1 300 个 ETH 到 bZx 上进行保证金交易，用 5 倍杠杆做空，换了 51.35 WBTC。此时 bZx 通过 KyberSwap 发起大量 WBTC/ETH 的买入，且该笔交易还要调用 Uniswap 来获取价格，从而导致 BTC/ETH 价格在流动性不足的市场中飙升。

（4）攻击者用从 Compound 借来的 112 WBTC 在 UniSwap 中以高价卖掉，卖了 6 871 ETH。

（5）攻击者归还 dYdX 中的 10 000 ETH 的借贷。此时盈利 6 871 ETH - 5 500 ETH - 1 300 ETH = 71 ETH。除此之外，攻击者还在 Compound 里有 5 500 ETH 的抵押品和 112 WBTC 的债务，在 bZx 有 4 337 ETH 的债务和 51 WBTC 的抵押品。根据市场价格，攻击者用大约 4 300 ETH 便可在 Compound 上兑换出 112 WBTC，也即攻击者归还 112 WBTC 还可盈利 1 200 ETH。攻击者最终获利 1 271 ETH，按照当时 ETH 约 280 美元的价格，大约获利 35 万美元。

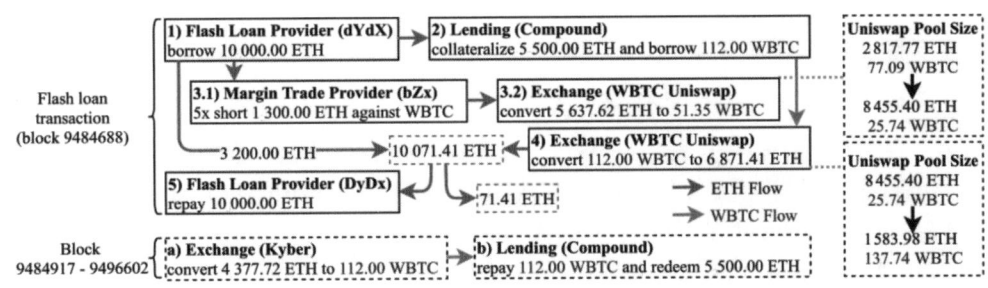

图 5-18　bZx 协议 2020 年 2 月 15 日攻击流程

实例5：2020年2月18日，bZx协议再次遭受攻击

攻击流程如下（图5-19）：

（1）攻击者在 bZx 平台上通过闪电贷借入 7 500 ETH。

（2）攻击者使用 540 ETH 通过 Kyber 购买 92 419.7 sUSD，使得 sUSD/ETH 的价格在流动性不足的市场中飙升。

（3）攻击者继续在 Kyber 上进行了 18 次 ETH 购置 sUSD 的小额度兑换，每次花费 20 ETH，共花费 360 ETH 使得 sUSD/ETH 价格继续上升。

（4）攻击者继续在 Synthetix 发起 sUSD 的购买，通过向 Synthetix 发送 6000 ETH 购买 sUSD，将 Synthetix 中的 sUSD 买空后还剩大约 2 482 ETH，也即这一步交易花费 3 517.86 ETH。

（5）攻击者在 bZx 平台上一共获得 1 099 841 sUSD 换取了 6 799.27 WETH。

(6)归还 bZx 中的 7500 ETH 的借贷。总盈利为 7 500 – 540 – 360 – 3 517.86 + 6 799.27 – 7 500 = 2 381.41(ETH)。

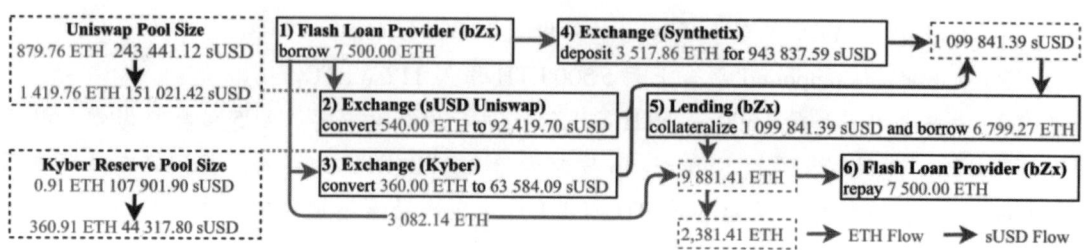

图 5 – 19　bZx 协议 2020 年 2 月 18 日攻击流程

👆 实例 6：2021 年 2 月 5 日，Yearn. Finance 协议遭受攻击

这次攻击主要通过 Yearn 的代码漏洞获取 3Crv 代币。攻击流程如下：

(1)攻击者在 dYdX 和 Aave V2 平台上通过闪电贷借入 ETH；

(2)攻击者将借入的 ETH 在 Compound 上换成 USDC 和 DAI；

(3)攻击者将换来的 USDC 和 DAI 注入 Curve 的 3Crv 池中；

(4)攻击者从 3Crv 池中取出 USDT；

(5)攻击者将 DAI 存入 yDAI 池；

(6)攻击者将 USDT 存入 3Crv 池中；

(7)攻击者从 yDAI 池中取出 DAI；

(8)重复步骤(4)~(7)共 5 次，然后从 3Crv 池中取出 USDC 和 DAI；

(9)偿还 Compound 中的债务；

(10)偿还 dYdX 和 Aave V2 平台的闪电贷债务。

5.4　本章小结

随着 DeFi 生态的不断壮大，以资金池为核心模型的去中心化借贷领域也蓬勃发展，逐步成为 DeFi 体系的核心板块之一。目前去中心化借贷在一定程度上满足了投资者的资金借贷需求，成为各种交易活动的基础支撑。但总体而言，相较于传统金融行业中借贷板块的规模占比，目前去中心化借贷仍有十分巨大的发展空间，借贷模式的单一以及功能不足仍是一个较大的突破口。同时，信用贷款也还未出现在去中心化金融中，如何在区块链上建立信用评级系统也将是一个巨大挑战。

目前去中心化借贷存在几个主要发展方向，具体如下：

(1)信用借贷。传统金融中的信用借贷作为效率最高的借贷模式，公认且可靠的信用体系可以为借贷减免巨大的坏账风险，同时提升系统灵活性。目前去中心化金融中还未出现信用贷款，如何在区块链上建立信用评级系统将是一个巨大挑战。区块链的强匿名性和去中心化导致了其很难像传统金融一样建立权威的信用体系，如何对账户地址进行信用评级以及如何建立适合链上的信用借贷模式，都将是巨大的难题和挑战。或许将账户地址历史积累的交易记录以及账户地址的操作习惯作为信用评级基础，对信用评级高的用户提供低质押率的借贷服务，才能提升借贷服务的资金利用率和流动性。

（2）借贷理财服务。目前借贷协议的核心经营模式为资金池模式，投资者往协议中添加抵押物只能得到基于可变利率或者半稳定利率的利息收入，借鉴传统金融中的基金服务，开发基于浮动存款利率的结构化理财产品，通过对协议和数字资产的风险评级以及投资者的风险厌恶，基金管理人可以募集资金并开展基金投资服务。

（3）第三方担保借贷。第三方担保借贷包括第三方用户担保借贷和第三方协议担保借贷，也即通过第三方担保来为用户提供借贷服务。

（4）闪电贷。目前闪电贷已成为借贷板块的活力项目，但其带来高收益率的同时也给 DeFi 生态带来一定的风险，闪电贷未来的技术升级和功能拓展仍具有较大的空间。

借贷作为 DeFi 生态中至关重要的一环，将在不断与传统主流金融进行融合创新的道路上开启未来新的金融秩序。为此，提出以下几个开放性问题，供读者思考。

（1）去中心化借贷平台的核心是智能合约，而智能合约的漏洞可能导致用户资金丢失。如何确保去中心化借贷平台的安全性，并采取措施减少智能合约风险？

（2）去中心化借贷平台的资金利用率通常较低，这意味着资金未能最大化利用。同时，流动性也可能面临挑战，导致交易滑点和高额交易费用。如何提高资金利用率和流动性，以提供更高效的借贷服务？

（3）在去中心化借贷中，如何进行有效的风险管理和违约处理？由于缺乏中心化机构的介入，如何确保借款人按时偿还贷款，并应对不良债务和违约情况？

（4）随着去中心化借贷的发展，监管机构可能对其进行监管，并要求符合特定的合规标准。在这种情况下，如何确保去中心化借贷平台与传统监管机构合作，并满足相应的监管合规要求？

（5）去中心化借贷在过去几年中取得了快速发展，但它是否具备足够的可持续性和成长潜力？它是否能够与传统借贷市场竞争，并在未来成为主流选择？对于去中心化借贷行业的发展前景和潜在应用领域，有哪些关键因素需要考虑？

参考文献

[1] GUDGEON L, WERNER S, PEREZ D, et al. Defi protocols for loanable funds: Interest rates, liquidity and market efficiency [C] // Proceedings of the 2nd ACM Conference on Advances in Financial Technologies. 2020: 92 – 112.

[2] QIN K, ZHOU L, GAMITO P, et al. An empirical study of defi liquidations: Incentives, risks, and instabilities[C] // Proceedings of the 21st ACM Internet Measurement Conference. 2021: 336 – 350.

[3] SAENGCHOTE K. Decentralized lending and its users: Insights from Compound [J]. Journal of International Financial Markets, Institutions and Money, 2023, 87: 101807.

[4] WANG D, WU S, LIN Z, et al. Towards a first step to understand flash loan and its applications in defi ecosystem[C] // Proceedings of the Ninth International Workshop on Security in Blockchain and Cloud Computing. 2021: 23 – 28.

[5] QIN K, ZHOU L, LIVSHITS B, et al. Attacking the defi ecosystem with flash loans for fun and profit[C] // International Conference on Financial Cryptography and Data Security. Berlin, Heidelberg: Springer Berlin Heidelberg, 2021: 3 – 32.

[6] CAO Y, ZOU C, CHENG X. Flashot: A snapshot of flash loan attack on DeFi ecosystem[J]. arXiv preprint arXiv:2102.00626, 2021.

第6章 去中心化保险

早期的保险协议起源于高风险的海上货运贸易。保险的出现降低了海上贸易的风险，也促进了贸易的蓬勃发展。保险作为一种风险管理方式，其本质是风险分摊或转移，投保人通过预先支付某一风险事件的保费，在风险发生时获得赔付，以抵消部分或全部损失，使投保人不至于在风险事件发生时破产。在实现风险转移的同时，保险也带来了投资机遇。保险本质上是通过资本的汇集分摊风险事件带来的巨额损失，所汇聚的巨额资本便是巨大的投资机遇。去中心化金融（decentralized finance，DeFi）领域的快速崛起，以及诸如协议漏洞攻击、闪电贷攻击套利等风险也同样促进了 DeFi 保险（去中心化保险）的发展。去中心化保险的出现吸引了更多风险厌恶型投资者进场。

在传统金融领域，保险有两种实现方式，即股份制保险公司和相互保险组织。相较于传统保险行业，去中心化保险仍处于早期发展阶段。目前传统的中心化保险行业有以下问题：①保险行业保险双方信息不对称，信任成本高；②保险索赔核实程序中心化、不透明；③数据低质且易缺失，业务模式普遍低效；④摩擦成本及风险评估成本高昂。

基于区块链技术的不可篡改性、匿名性，相比传统的中心化保险，去中心化保险能够提高风险评估以及索赔核实的透明度和效率，可以实现更低的门槛、更快速的偿付以及免除中介成本。

6.1 去中心化保险概况

从 2020 年初至 2021 年初，DeFi 领域的锁仓资金从 6.8 亿美元上升至 258 亿美元，实现了数量级的突破。DeFi 领域规模的爆炸性增长也催生了各种保险项目，去中心化保险的出现让更多处于观望中的投资者敢于进场。随着 DeFi 的蓬勃发展，黑客事件也相应增多，智能合约安全漏洞造成的损失也日益严重。自 2019 年下半年以来，发生了超 20 起公开报道的 DeFi 安全事件，包括闪电贷攻击等，智能合约安全事件频发成为去中心化保险快速发展的主要契机。现有的主要的 DeFi 保险为互助保险和金融衍生品，例如龙头 Nexus Mutual[①] 和 Opyn，同时也有 Cover[②] 这种将保险协议代币化的创新项目。

DeFi 的发展前景很美好，但目前仍处于早期动荡的发展阶段。在加密货币的世界

---

① https://nexusmutual.io/
② https://opencover.com/

里，投资人往往面临以下两种风险：①市场风险，即某一加密货币价格随市场波动的风险；②智能合约风险，即某一智能合约由于代码安全性不足面临被黑客攻击的风险。

面对市场风险，可以通过购买金融衍生品期权进行对冲。而面对智能合约风险，对于没有专业代码安全审计团队的投资者来说，购买保险是最有效的规避风险途径。目前DeFi领域中出现了各式各样的保险项目，各保险项目具有不同的机制，也对应不同的应用场所。Nexus Mutual作为目前DeFi领域的保险先行者，采取互助保险的模式，主要为智能合约的代码漏洞引发的安全风险提供保险服务；Opyn主要覆盖的是市场风险，通过搭建期权平台为资产价格波动提供风险对冲的保险服务，投资者可通过买卖看涨或看跌期权来对其持有的加密货币资产进行保护；Cover则通过发行可交易的保险协议代币，将具体保单代币化，由市场决定保单价格，提高保险协议的可流动性和灵活度。

总体而言，去中心化保险正在努力跟上DeFi迅猛的发展速度，但目前其仍处于发展早期阶段，在定价模型、流动性及资本效率等问题上仍有较大发展空间。

6.2 典型项目及其合约实现

6.2.1 Nexus Mutual及其合约实现

Nexus Mutual由英国慕尼黑再保险公司前首席财务官休·卡普（Hugh Karp）创立，是一个去中心化的互助保险项目，通过创建风险共担池以实现社区成员的风险共担，并共享资金池收益。用户实际上可以在不持有"财产"的情况下进行"投保"。

图6-1　Nexus Mutual标志

通过其了解客户（know your custower，KYC）成为会员的用户，在官网购买会员代币（NXM）后，可以购买具体保单。当指定的智能合约因代码漏洞遭到黑客攻击时，投保会员可以申请索赔，通过索赔评估程序认定后即可根据保单内容挽回对应损失。会员通过质押NXM对智能合约背书并获得保费收益，也可通过质押NXM参与索赔评估并获得相应奖励。因此Nexus Mutual全体会员（包括保单持有人）共同享有风险背书权和索赔评估的投票权，同时也承担赔付责任。

Nexus Mutual目前主要提供两种类型的保险：托管资金保险和智能合约保险。托管资金保险主要针对资金被黑客盗取或提款暂停的风险，保险对象包括中心化交易所和借贷公司，如Coinbase、Binance、BlockFi和Nexo等。智能合约保险针对的是智能合约，保险范围覆盖了目前各大主要的DeFi协议，如MakerDao、Aave和Uniswap等。Nexus Mutual的产品的保险责任为代码的非预期使用，而由DeFi"可组合性"带来的系统性风险以及代币价格波动则不在承保范围内，具体保险责任为：①在保险期限内，指定的智能合约地址或与其在智能合约系统中直接相关的智能合约地址，若遭到黑客攻击，保险公司将承担相应责任。这是智能合约代码被意外使用的直接后果。②若因黑客攻击，智能合约或智能合约系统遭受了资金的重大损失，包括资金被转移到不由原始拥有者管理的地址，或者资金发生永久性损失，保险公司将承担相应责任。

1. Nexus Mutual 中的三种主要角色

1）投保人

投保人可在 Nexus Mutual 平台上选择投保的智能合约、投保金额和保期，然后用 NXM（或使用 DAI 和 ETH）来支付保费，保费中 90% 的 NXM 在购买保险后被销毁，10% 的 NXM 用于后续索赔程序。如果风险事件发生，用户可提交索赔申请，经索赔评估员评审，申请通过以后方能获得赔偿。

2）承保人

承保人可以是 Nexus Mutual 全体会员，当承保人认为某个合约的安全性较高，就可以对该合约质押 NXM，该合约的 NXM 质押数越多，对应保单的保费就越低。现行的联合质押模式允许承保人在保证每笔合约的质押值都小于或等于其所拥有的 NXM 数量时，同时为 10 个合约质押，从而实现将资产放大 10 倍，提高资金利用率。当其他人购买该合约保险时，就可以获取对应的奖励，保费的 50% 将按比例奖励给风险评估员；而当有索赔发生的时候，所质押的 NXM 会被用来支付对应的保险金额。承保人有权在中途申请赎回 NXM 并退出质押，但会面临 90 天的锁定期，锁定期间仍然会获得保费收益和面临偿付风险。

3）索赔评估员

索赔评估员也可以是 Nexus Mutual 全体会员，会员质押 NXM 后便可成为索赔评估员。所质押的 NXM 会有 30 天的初始质押期。索赔评估员主要参与索赔的评估，投票结果需要达成大于 70% 比例的共识。如果索赔评估员的投票结果和最终结果相同，那么评估者就获得对应的评估奖励，保费的 20% 将按比例奖励给索赔评估员；若与结果相反，所质押的 NXM 会被延长 7 天质押期作为惩罚，以防止索赔评估员恶意投票。

2. 索赔评估程序

在保险期内以及到期后的 35 天内，投保人可以申请最多两次索赔。具体的索赔评估流程如图 6-2 所示。提出索赔后，由索赔评估员进行第一轮评估投票，投票结果只有"同意"与"不同意"，当第一轮投票共识超过 70% 后，索赔评估程序结束并达成评估结果。当第一轮投票共识未达到 70% 或索赔评估员人数未达最低要求时，进行第二轮评估投票。第二轮评估投票由全体 Nexus Mutual 会员参加，投票结果少数服从多数。当第二轮评估投票参与人员未达最低人数要求或者参与索赔的评估员质押的 NXM 未超过保险金额的 5 倍时，索赔评估结果采用第一轮多数投票结果。

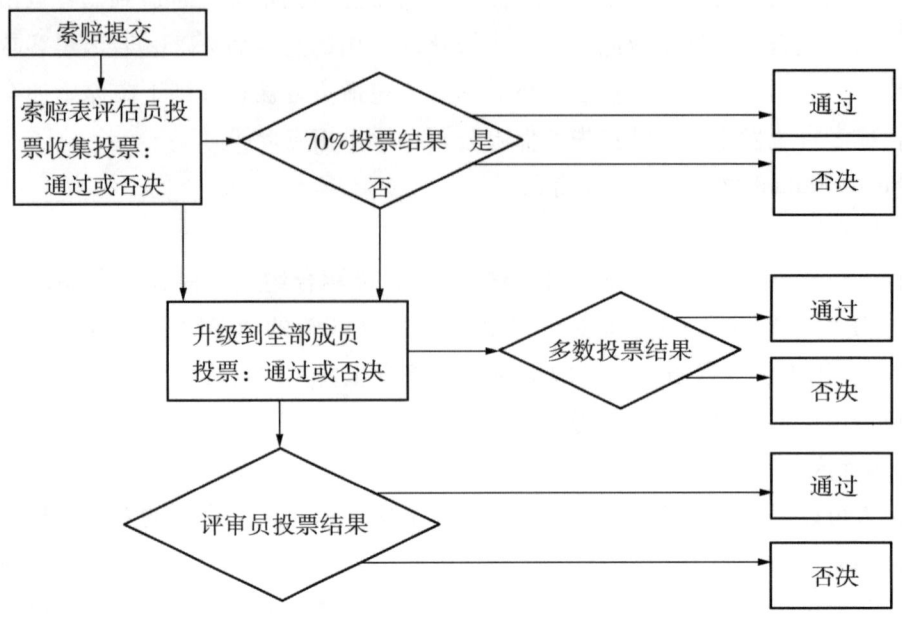

图 6-2 Nexus Mutual 索赔流程

提出索赔需投保人质押 NXM，如图 6-3 所示。该质押费来自保费中用于索赔程序的 10% NXM，每索赔一次需质押 5% NXM，若索赔成功则返还该部分 NXM，若索赔失败则销毁该部分 NXM。

3. 保费定价模型

Nexus Mutual 平台上一份智能合约保险的费用不仅取决于保险金额和保险期限，同时，该智能合约所具有的风险质押量也是决定着保费高低的关键。

确定保费的第一步是计算风险成本（risk cost），即预期 Nexus Mutual 每年支付的保险金额数量，见公式 6-1。第二步就是计算保险费用（cover price），见公式 6-2。保费的完整计算方式见公式 6-3。

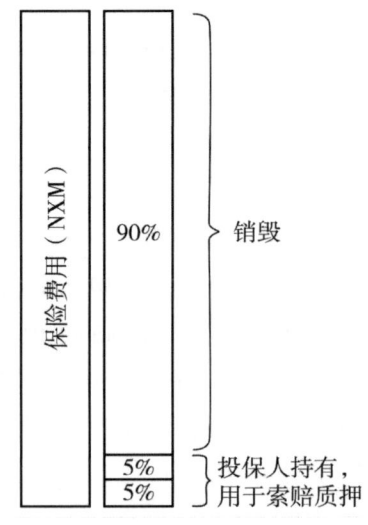

图 6-3 Nexus Mutual 索赔质押费用

$$\text{net staked NXM} = \text{amount of NXM staked} - 50\% \times \text{Pending Staking Withdrawals} \quad (6-1)$$

$$\text{risk cost} = 1 - \frac{\text{net staked NXM}}{\frac{\text{low risk cost limit}}{7}} \quad (6-2)$$

$$\text{cover price} = \text{risk cost} \times (1 + \text{surplus margin}) \times \frac{\text{cover period}}{365.25 \times \text{cover amount}} \quad (6-3)$$

式中，risk cost 为风险成本；cover price 为保险费用；net staked NXM 为 NXM 质押数量；low risk cost limit 为达到低风险限值所需的 NXM 质押量；surplus margin 为盈余利润率（30%）；cover period 为保险期限；cover amount 为保险金额。

4. 资本模型

Nexus Mutual 资本模型主要由资本池和最低资本要求（minimum capital requirement in ETH terms，MCR）组成，其中资本池（capital pool）是指 Nexus Mutual 持有资金的数量，全部来自会员购买 NXM 所用的 ETH 和 DAI。最低资本要求由资本模型确定，并被校准为在 1 年内实现 99.5% 的偿付能力概率，即 Nexus Mutual 维持运行所需的最低资金数量。

MCR 直接决定了 NXM 代币价格，是 Nexus Mutual 系统中重要的组成部分。MCR 具体公式如下：

$$\text{MCR} = \text{Max}(\text{MCR floor}, f(\text{cover amount})) \quad (6-4)$$

$$f(\text{cover amount}) = \frac{\text{active cover in ETH}}{\text{gearing factor}} \quad (6-5)$$

其中 MCR floor 为 MCR 底值，自 Nexus Mutual 启动有多次升级改动。期间 MCR floor 有过动态模型的驱动，即当 MCR% 的值高于 130% 时，链下固定频率向上调整 MCR 底值 1%，调整频率为每 1 天或每 4 小时。图 6-4 展示了 2020—2023 年 MCR 变化情况。

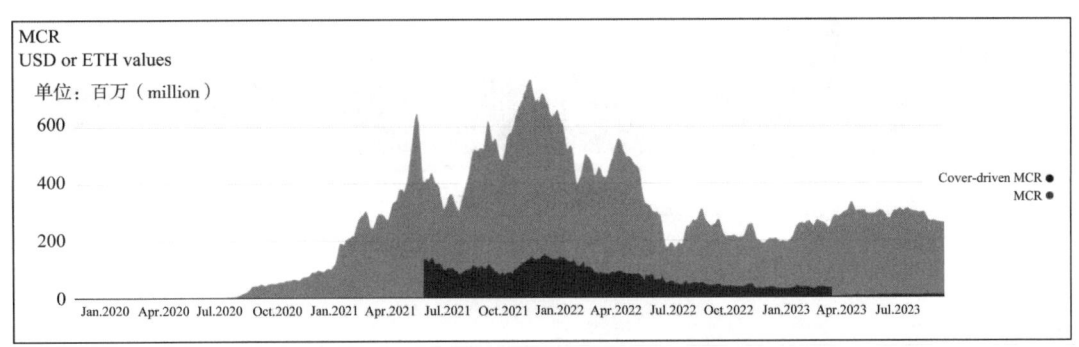

图 6-4 Nexus Mutual 的最低资本要求（MCR）

从长期来看，Nexus Mutual 希望 MCR 由当前项目总体保险金额以及其他风险因素驱动，例如资产与负债的匹配程度。现行的 $f(\text{cover amount})$ 通过设定固定的杠杆比例，将以 ETH 衡量的活跃保险金额除以杠杆比例计算得出。

MCR 主要由两个组成部分，如图 6-5 所示：

（1）缓冲器（buffer）指用来防止"黑天鹅"事件的资金池，由欧洲保险行业的偿付能力框架（solvency Ⅱ）来计算；

（2）最佳债务预测（best estimate liability，BEL）指每一个保险预期的偿付额，现行的

BEL 等同于全部现存保单的风险成本。

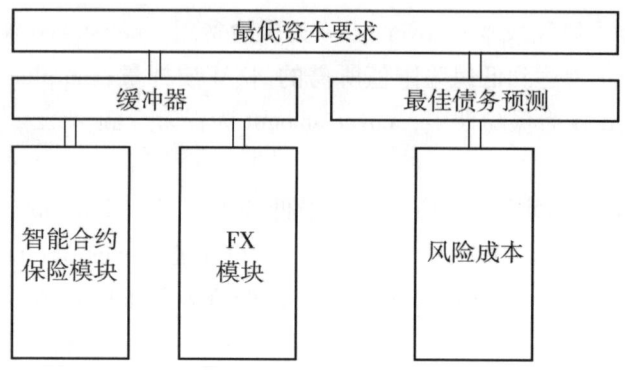

图 6-5　MCR 组成

与传统保险相似，Nexus Mutual 也将资产池中超过 MCR 的部分进行投资，以支持其保险范围。MCR_{ETH} 为以 ETH 价值衡量的 MCR 值，MCR% 在上文提到过，资本池与 MCR 之间的比值通常被称为覆盖率，即为 MCR%，Nexus Mutual 将维持 MCR% 始终大于 1。当 MCR% ≤1 时，NXM 不能再赎回 ETH 或 DAI。

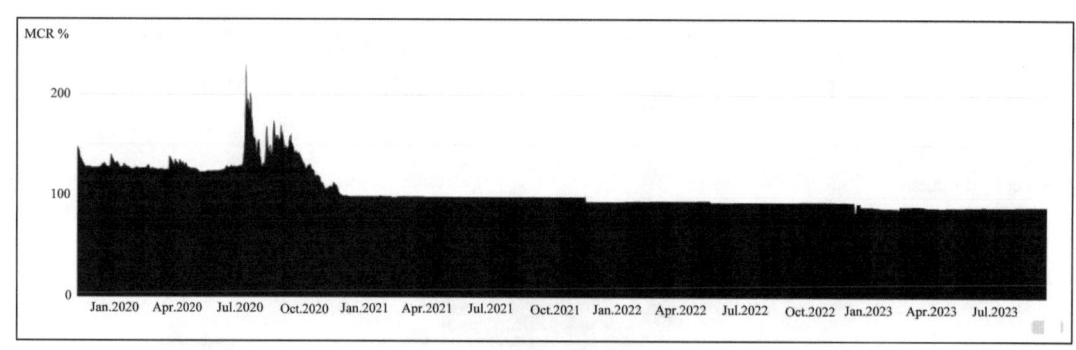

图 6-6　MCR% 变化(单位:%)

5. NXM 代币

NXM 代币价格由联合曲线决定，代币价格有两个主要影响因素，分别为当前资金池的规模和 MCR 值，且由于 NXM 是与 ETH 绑定的，故 NXM 币价也受 ETH 价格波动影响，但不纳入本书讨论范围。

NXM 代币价格具体公式如下：

$$\text{NXM price} = A + \left(\frac{MCR_{ETH}}{C}\right) \times (MCR\%)^4 \qquad (6-6)$$

其中 A 和 C 为常数，$A = 0.01028$，$C = 5\,800\,000$。从公式中不难看出，当 MCR% 值较低的时候意味着当前资金池覆盖率低，因此需要资金覆盖保额，也即需要调低 NXM 价格来吸引资金入场；反之，较高的 MCR% 值意味着较高的资金量，此时 NXM 价格可以随之升高。同时，当 MCR 值较高时，通常意味着业务正在增长，因此，代币价格应该与 MCR 值呈正相关关系。

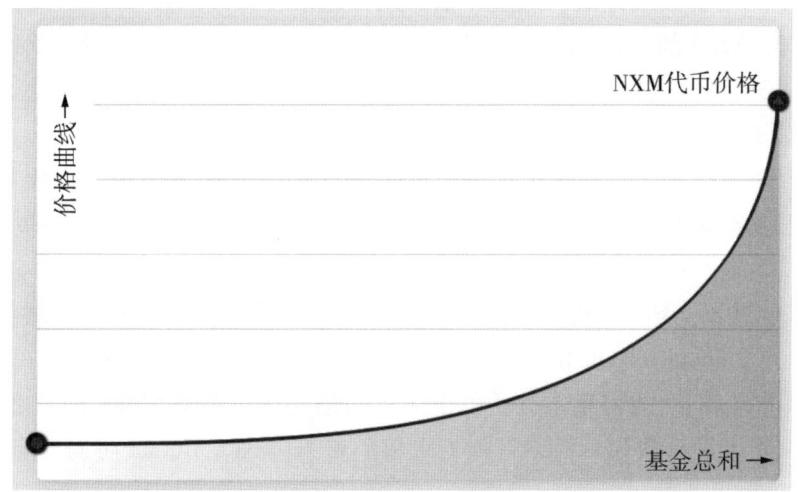

图 6-7　NXM 代币价格与资金池储备曲线图

1) NXM 有以下 5 种铸造方式

①初始代币：在合约部署的时候，生成 300 万枚 NXM 代币分配给了创始人和早期贡献者。

②通过代币价格模型购买：任何会员都可以在任意时间点通过价格模型购买。

③索赔评估的奖励：保费的 20%，奖励参与索赔评估的会员。

④风险评估奖励：保费的 50%，奖励参与风险质押的会员。

⑤治理奖励：通常为 100 NXM，用于奖励参与治理的会员。

2) NXM 有以下 4 种用途

①购买保险：NXM 可以通过销毁获得保险。90% 的代币被销毁，10% 的代币被锁定，用于申请索赔。

②索赔评估质押：用户参与索赔评估必须质押 NXM。

③风险评估质押：参与风险评估也必须质押 NXM。

④参与社区治理投票。

3) NXM 赎回：即在一定条件下，用户可以将 NXM 销毁置换回 ETH。条件如下：

①资金池大于 MCR_{ETH}，即 MCR% > 100%。

②每笔交易的赎回额度有上限，单笔最大赎回量为 (MCR% - 100%) × 2000。

③资金池必须有足够多的 ETH 流动性，若赎回将使资产池中持有的以太币低于基本最低金额的 50%，则任何赎回交易都将失败。

④为了防止投机性买卖，赎回价格将为 NXM 代币模型销售价格的 97.5%。

值得补充的是，NXM 代币不能在以太坊地址间转移，只有 Nexus Mutual 会员才能购买和销毁 NXM。但是社区制作了 Wrapped NXM(简称为 WNXM)，用户可以将 NXM 1∶1 兑换成 WNXM，从而可以在 Uniswap 或 Binance 等二级市场上自由交易。与 NXM 不同的是，WNXM 不能用于索赔评估、风险评估以及社区治理投票。

总体而言，NXM 的代币模型较为简单清晰，且长期只受 ETH 价格和业务行情变化的影响，有利于社区稳定运行发展。

6. 偿付能力限制

偿付能力限制指 Nexus Mutual 对特定风险的偿付金额作出限定，以保护保险资金，主要有两种限制：特别风险限制和全局能力限制。具体保单采用这两者中较低的限制。

①特别风险限制：智能合约的保险金额上限等于在该智能合约质押的金额，如果没有质押，Nexus 就不会给该智能合约提供任何保险。特别风险限制具体公式如下所示：

$$\text{specific risk limit} = \text{capacity factor} \times \text{net staked NXM} \tag{6-7}$$

其中 capacity factor 为容量系数，值得注意的是，在治理提案#88 提出之前，平台所购买的保险，其容量系数为 2 倍，否则为 1 倍。未来 Nexus Mutual 将对容量系数做更合理的调整。

②全局能力限制：无论单一特定的智能合约的 NXM 质押数量是多少，最多都只能赔付 MCR_{ETH} 的 20%，以保证资金池安全。全局能力限制具体公式如下：

$$\text{global capacity limit} = MCR_{ETH} \times 20\% \tag{6-8}$$

7. Armor：Nexus Mutual 代理商

Armor.Fi 是基于 Nexus Mutual 保险应用创造的 DeFi 资产保险项目，是 Nexus Mutual 的分销代理商，即保险经纪商。Armor 本身并不提供保险业务，但用户可以通过 Armor 购买 Nexus Mutual 的保险。通过 Armor 平台，Nexus Mutual 的保单以 NFT(ERC-721 格式)的形式被代币化，生成 arNFT 资产，投保人即能获得更加灵活的即用即付和按需付费保险服务，代币化之后的保单也方便了二次交易。在 Nexus Mutual 平台上购买保单需要 KYC，而通过 Armor 购买则不需要，这将极大地降低购置保险的门槛。

Armor 的索赔机制建立在 Nexus Mutual 的基础上，用户在 Armor 提交索赔申请后会触发 Armor 的审查程序，确认触发索赔条件后，平台会将该申请提交给 Nexus Mutual 的索赔评估机制进行审议。如果索赔成功，索赔金额将被发送到 Armor 的支付资金库，再分配给投保人。

用户可以在 Armor 上通过抵押 WNXM 获得 arNXM。arNXM 转化为 WNXM 的转化率公式为：

$$\text{arNXM price} = \frac{b+s}{t} \times \text{NXM price} \tag{6-9}$$

式中，b 是当前保留在合约上的 WNXM 余额；s 是当前已存入 Nexus Mutual 的 WNXM 余额；t 是 arNXM 的总供应量。用户质押 WNXM 获得 arNXM 后可以通过提供流动性的方法，将流动性提供者代币(LP 代币)质押在奖励合约上以获得 Armor 发行的代币 ARMOR。

8. Nexus Mutual 发展现状

Nexus Mutual 是目前承保金额最大的 DeFi 保险平台。截至 2023 年 9 月中旬，Nexus Mutual 保额规模达到 44 亿美元（见图 6-8）。

图 6-8　Nexus Mutual 规模

9. 小结

Nexus Mutual 面临多起索赔申请，由于 2020 年 2 月份的 bZx 攻击事件，前 3 笔索赔得以通过；随后由于 2021 年 2 月份发生的 Yearn Finance 事件，又有 14 笔索赔得到批准。索赔事件也说明了 Nexus Mutual 确实可以保护会员的智能合约风险，但同时其保险的责任范围十分清晰。

作为 DeFi 领域的保险先行者，Nexus Mutual 在去中心化保险领域的探索已经取得了不小的成绩，其对保险责任的明确界定以及采用的互助保险模式，为 Nexus Mutual 持续稳定发展提供了有力支持。但由于 KYC 的限制以及目前狭窄的业务范围，DeFi 领域也出现了其他创新的保险模式。DeFi 保险的竞争才刚刚开始，未来的格局也许会发生变化。

6.2.2　COVER 及其合约实现

Cover Protocol 保险协议的前身为 yinsure.finance，其前身的保险模式为将保单生成为 NFT。之后由于 yinsure.finance 项目的两个核心成员之间发生争执，从而导致 Yinsure 的流动性挖矿逐渐衰弱，故在本次风波之后 yinsure.finance 重新命名为 Cover Protocol。Cover 目前的重心聚焦在 DeFi 领域，但其长期愿景是搭建覆盖任何事物的保险市场。

图 6-9　Cover 标志

作为点对点的保险市场，Cover 采用保险双代币化机制来设定保险价格，主要是指 Cover 保险市场上等同于保单性质的同质化代币 CLAIM 和 NOCLAIM 代币。同质化代币即可互换的代币，用户往 Cover 智能合约存入抵押资产生成保单的同时就会铸造 CLAIM 和 NOCLAIM 代币，保单内容包含投保协议、存入的抵押品、存储数量以及保险的到期日。相比 Nexus Mutual，Cover 不要求 KYC 认定，Cover 的保单定价由市场决定，具有高度的市场流动性。

1. 同质化代币模型

Cover 的两种代币分别由投保人和承保人持有，理论上，CLAIM 和 NOCLAIM 价格之和为 1 DAI，即，每抵押 1 DAI，便可获得 CLAIM 和 NOCLAIM 代币各 1 个。持有 CLAIM 即代表投保人的权益，当保单到期时，若发生索赔事件，则可用 1 个 CLAIM 代币赎回 1 个 DAI；反之，持有 NOCLAIM 即代表承保人的权益，当保单到期时，若没有发生索赔事件，则可用 1 个 NOCLAIM 代币赎回 1 个 DAI。在未发生意外事件的情况下，随着时间的推移，CLAIM 代币的价值趋近于 0 美元，而 NOCLAIM 代币的价值将趋近于 1 美元，具体机制如下：

1）Cover 协议中整个系统基于如下公式运行

$$1 \text{ CLAIM 代币} + 1 \text{ NOCLAIM 代币} \approx 1 \text{ 抵押物（例如 DAI 代币）} \quad (6-10)$$

①若保单到期，且发生索赔事件，则：

1 CLAIM 代币 ≈ 1 抵押物（例如 DAI 代币）；1 NOCLAIM 代币 = 0

②若保单到期，没有发生索赔事件，则：

1 CLAIM 代币 = 0；1 NOCLAIM 代币 ≈ 1 抵押物（例如 DAI 代币）

2）CLAIM 和 NOCLAIM 代币代码格式

每个保险合约包含投保协议、存入的抵押品、存储数量以及保险的到期日，其代码格式为：COVER_{协议}_{到期日}_{抵押物}_{Nonce}

例如，保期截至 2020 年 12 月 31 日的 Curve 保险其两种代币代码分别为：

①CLAIM 代币：COVER_CURVE_2020_12_31_DAI_0_CLAIM

②NOCLAIM 代币：COVER_CURVE_2020_12_31_DAI_0_NOCLAIM

当 CLAIM 和 NOCLAIM 代币被铸造之后，可以将其投入 Cover 在 Balancer 上创建的两个代币池中提供流动性并赚取流动性收益，上述所指的两个代币池分别为：①包含 80% CLAIM 代币和 20% DAI 代币的 CLAIM 池；②包含 98% NOCLAIM 代币和 2% DAI 的 NOCLAIM 池。

2. Cover 中的三种主要角色

1）做市商

做市商持有 CLAIM 和 NOCLAIM 代币，并为这两种代币提供流动性，其机制流程如图 6-10 所示。

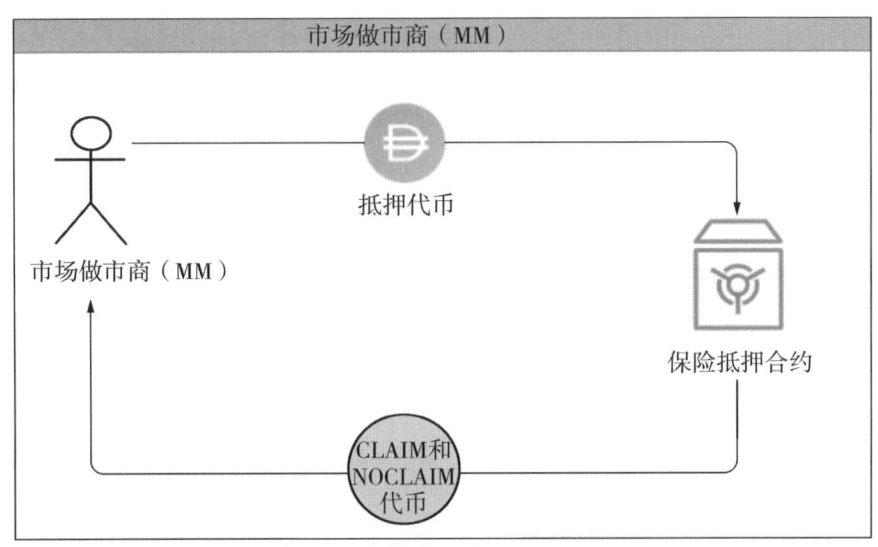

图 6-10　做市商机制流程

（1）如何成为一个做市商？

①往 Cover 中存入抵押品（DAI 或 ETH）；②收到 CLAIM 和 NOCLAIM 这两种保险代币；③在 Balancer 为 CLAIM 和 NOCLAIM 代币提供流动性。

（2）做市商的权益。

①为 CLAIM 及 NOCLAIM 代币提供流动性并赚取流动性费用收益；②参与护盾挖矿，利用通过流动性挖矿所获得的 LP 代币（质押流动性代币）参与挖矿可以获得 Cover 奖励；③可以卖出 CLAIM 或 NOCLAIM 代币中的任何一种代币；④想退出时，也可以用 CLAIM 和 NOCLAIM 代币赎回抵押品。

（3）做市商的风险。

成为做市商也有流动性的无常损失（也称"非永久性"损失）风险，但由于 98%/2% 的 CLAIM 和 NOCLAIM 代币池提供了较稳定的流动性，所以这种损失不会很大。

2）保险提供者

保险提供者持有 NOCLAIM 代币，并为 NOCLAIM 代币提供流动性。保险提供者的主要职责是进行承保，其机制流程如图 6-11 所示。项目方也可以成为保险提供者，如果协议向自己的用户售出 CLAIM 代币（甚至可以以其协议用户能够接受的较低价格，或者代币补贴等方式卖出），而且协议平台保留 NOCLAIM 代币，就相当于为自己的用户提供

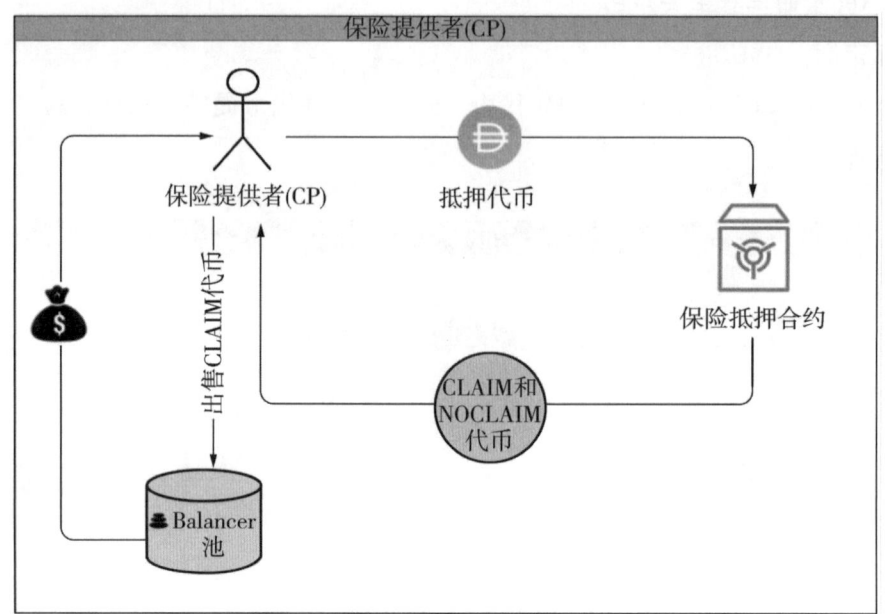

图 6-11　保险提供者机制流程

了低价的承保服务，这也是协议向用户展示其信心的重要标志。保险提供者也可以直接在 DEX 平台（例如，Balancer）上买入特定协议的 NOCLAIM 代币。

（1）如何成为一个保险提供者？

①往 Cover 中存入抵押品（DAI 或 ETH）；②收到 CLAIM 和 NOCLAIM 这两种保险代币；③卖出 CLAIM 代币，仅持有 NOCLAIM 代币，并为其提供流动性。

（2）保险提供者的权益。

①卖出 CLAIM 代币，以获得溢价；②为 NOCLAIM 代币提供流动性并赚取流动性费用收益；③参与护盾挖矿，LP 代币参与挖矿可以获得 Cover 奖励；④可以选择卖出 NOCLAIM 代币以规避风险；⑤若保单到期且没有发生索赔事件，则保险提供者也可以使用 NOCLAIM 代币赎回抵押品；⑥想退出时，可以购买相同数量的 CLAIM 代币，结合 NOCLAIM 代币赎回抵押品。

（3）保险提供者的风险。

作为承保方，如果发生了成功的索赔事件，则保险提供者的抵押品会遭受损失。

3）保险需求者

保险需求者仅持有 CLAIM 代币，并为 NOCLAIM 代币提供流动性。当发生索赔事件时，保险需求者可以使用 CLAIM 代币赎回抵押品，挽回损失，其机制流程如图 6-12 所示。保险需求者也可以直接在 DEX 平台（例如，Balancer）上买入特定协议的 CLAIM 代币，也可以只进行一次以太坊交易便在 Cover 协议的网页上购买保险。

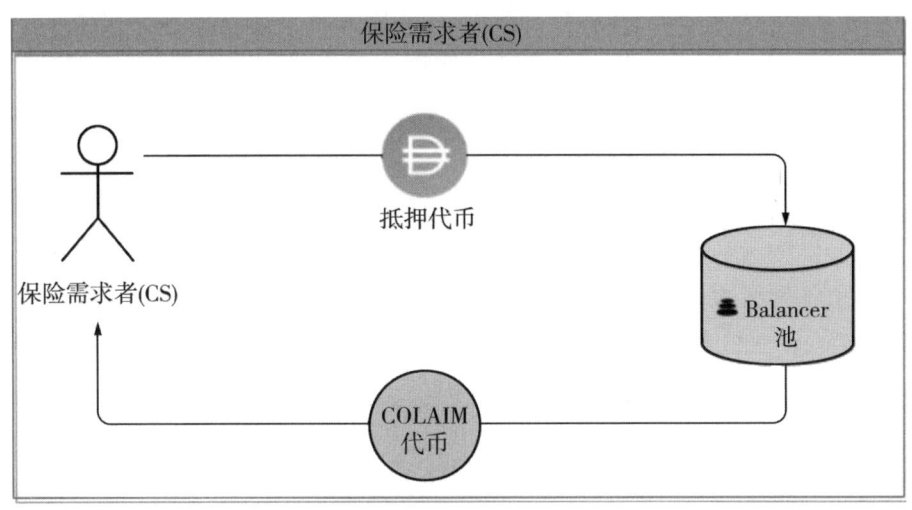

图 6-12 保险需求者机制流程

(1)如何成为一个保险需求者？

①往 Cover 中存入抵押品(DAI 或 ETH)；②收到 CLAIM 和 NOCLAIM 这两种保险代币；③卖出 NOCLAIM 代币，仅持有 CLAIM 代币，并为其提供流动性。

(2)保险需求者的权益。

①卖出 NOCLAIM 代币，以获得溢价；②为 CLAIM 代币提供流动性并赚取流动性费用收益；③当无保险需求时可以选择卖出 CLAIM 代币；④当发生索赔事件时，保险需求者可以使用 CLAIM 代币赎回抵押品，挽回损失；⑤想退出时，可以购买相同数量的 NOCLAIM 代币，结合 CLAIM 代币赎回抵押品。

(3)保险需求者的风险。

作为投保方，若保单到期且没有发生索赔事件，则保险需求者的抵押品会遭受损失。

3. 索赔评估程序

在保险期内任何人皆可申请索赔，具体索赔评估程序如下。

(1)提出索赔申请。任何人都可以提交索赔申请，此流程需要质押申请费用，若最后索赔成功，该费用会返还给申请者。为防止恶意索赔，每种协议的申请费会随着该协议的申请数量增加而增加相应倍数。申请者也可支付强制性索赔费用，直接跳过索赔评估程序，进入索赔有效性委员会裁定环节。

(2)投票表决。提交索赔申请后，将为索赔申请创建 Snapshot 投票页面。代币持有人可以参与投票，若投票结果为拒绝索赔，则索赔失败。任何不接受该投票结果的申请者可以支付强制性索赔费用提出强制性索赔，进入索赔有效性委员会裁定环节。

(3)索赔有效性委员会裁定。每笔索赔申请的索赔有效性委员会由 5 个或以上的专业审计人员组成，其职责是对提交的索赔申请进行审查，并决定索赔申请是否符合要求，以及以确定赔付的比例。当且仅当超过 50% 的审计人员同意索赔并确定赔付比例时，该索赔申请才得以通过。该协议索赔申请通过后，同一协议提交的所有其他索赔申请都将被拒绝，费用将被送往财政部。

（4）一旦索赔申请通过，CLAIM 代币持有者可在一段期限后兑换赔款。

4. 小结

Cover 提出了创新的保险代币化模式，将保险与流动性很好地结合在一起，由市场决定保单价格，给 DeFi 保险行业注入了一股活力。但其代币机制仍需进一步迭代完善。

6.3 本章小结

本章重点介绍了 Nexus Mutual 和 Cover 这两个去中心化保险协议，分别从不同的保险模式出发，详细介绍了其保险机制。随着 DeFi 生态的不断壮大，智能合约代码安全和加密货币的资产安全愈显重要。DeFi 保险是 DeFi 生态的护城河，主要针对智能合约开发风险以及 DeFi 内资产的波动风险等。在业务上，去中心化保险与传统保险最大的不同体现在智能合约的开发风险上，如代码安全漏洞和套利风险等。DeFi 资产风险的保险则有其他的风险规避方法，例如通过金融衍生品进行风险对冲。

加密生态系统存在的技术风险和巨大的波动性是许多用户怯于进场的主要原因，去中心化保险的出现解决了这一大痛点，同时还展示了基于区块链的去中心化保险的诸多技术优势，例如高效赔付以及信息透明等等，这也是目前许多新发行的保险协议饱受期待和获得融资的原因。目前去中心化保险的辐射面还仅限于链上的智能合约安全风险和其他加密资产安全风险，但凭借区块链技术的可追溯和信息透明等优势，去中心化保险未来会将其业务扩展到加密生态以外的领域，包括现实生活中的意外保险，例如航空延误险和地震等自然灾害保险。Nexus Mutual 在最初曾为地震自然灾害承保，近来热度暴涨的 NFT 也是未来去中心化保险的新机遇，参考年保费收入达数十亿美元的艺术品保险市场，NFT 本身的高价值也将催生其对应的保险业务。

相较于传统主流金融市场的保险而言，DeFi 保险目前还处于非常早期的发展阶段。去中心化保险作为 DeFi 生态中不可或缺的一环，在保险精算和保险定损方面仍有较大的发展空间，相关的算法机制和投票治理仍需完善。总体而言，随着 DeFi 的不断壮大，保险市场的需求量也将随之增大，去中心化保险的发展也将不断为 DeFi 生态打造更良好的发展环境。为此，提出以下几个开放性问题，供读者思考。

（1）在传统保险中，保险公司通常拥有更多的信息，而被保险人则处于信息劣势地位。在去中心化保险中，如何确保信息对称性，以便提供准确的风险评估和保费定价？

（2）由于去中心化保险的核心是智能合约，智能合约漏洞可能导致保险资金的丢失或滥用。在这样的环境下，如何确保智能合约的安全性，并保护用户的资金免受攻击？

（3）传统保险公司通常通过再保险等方式转移大规模风险，但在去中心化保险中，这可能涉及资金储备、分散风险和社区治理等方面的挑战，那么，应如何处理可能导致大量索赔的风险事件？

（4）随着去中心化保险的发展，监管机构可能会对其进行监管，并要求其符合特定的合规标准。在这种情况下，如何确保去中心化保险平台与传统监管机构合作，并满足相应的合规要求？

（5）在过去几年，去中心化保险快速发展，但它是否具备足够的可持续性和成长潜力？它是否能够与传统保险行业竞争，并在未来成为主流选择？关于去中心化保险行业的发展前景和潜在应用领域，需要考虑哪些关键因素？

参考文献

[1] NADLER M, BEKEMEIER F, SCHÄR F. DeFi risk transfer: Towards a fully decentralized insurance protocol[C]//2023 IEEE international conference on blockchain and cryptocurrency (ICBC). NY: IEEE, 2023: 1-9.

[2] GUGGENBERGER T, KUHN M, SCHELLINGER B. Insured? Good! Designing a blockchain-based credit default insurance system for DeFi lending protocols[J]. Middle East & North Africa Conference on information systems, 2021(8): 1-15.

[3] FENG R. DeFi Insurance[M]//Decentralized insurance: Technical foundation of business models. Cham: Springer International Publishing, 2023: 217-256.

[4] COUSAERT S, VADGAMA N, XU J. Token-based insurance solutions on blockchain[M]//Blockchains and the Token economy: Theory and practice. Cham: Springer International Publishing, 2022: 237-260.

[5] PIÑEIRO-CHOUSA J, CABARCOS Á L, GONZÁLEZ I. DeFi and start-ups: revolution in finance[M]//Financing startups: Understanding strategic risks, funding sources, and the impact of emerging technologies. Cham: Springer International Publishing, 2022: 163-184.

第 7 章 DeFi 数据分析工具

随着 DeFi 生态日益蓬勃发展，链上交易记录如去中心化交易所记录、借贷、NFT 铸造及交易等，都被透明公开在链上。据以太坊浏览器 Etherscan 统计，截至 2023 年 9 月，已经有超过 21 亿笔交易被打包到以太坊区块中。面对如此庞大的数据，需要强有力的工具来对这些数据进行分析，分析得到的结果具有重要的商业和研究价值，无论是对以太坊安全的维护，还是做商业投资分析，都将对相关研究起到很关键的作用。因此，伴随着 DeFi 的繁荣发展，人们对数据分析的需求越来越强烈，DeFi 的数据分析工具也方兴未艾。目前市场上已经出现许多优秀的链上数据分析工具，例如 Etherscan、Token Terminal、Nasen、Dune Analytics、Footprint Analytics、The Graph、flipsidecrypto、glassnode、Skew、Bitquery 等。目前市场主流的 DeFi 分析工具主要可以分为以下几类：①查看 DeFi 交易信息类；②追踪锁定巨鲸类；③分析 DeFi 项目类。下面介绍几种典型的 DeFi 分析工具。

7.1 以太坊浏览器 Etherscan

以太坊区块链浏览器 Etherscan 是最大的以太坊网络数据查询工具，在浏览器上可以查询每一笔交易的详细信息和每一个区块的数据，同时还可以查询以太坊上的智能合约内容和各个参数值。图 7-1 是以太坊浏览器的首页。从图中可以看到，通过 Etherscan

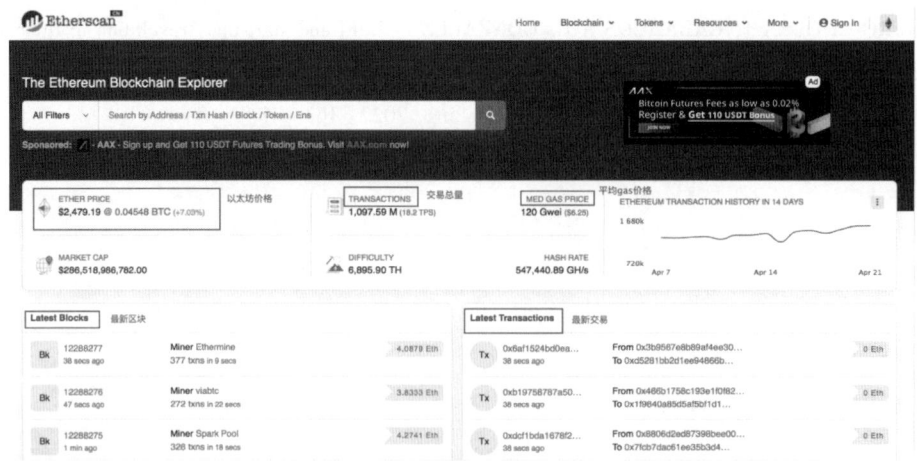

图 7-1 以太坊浏览器首页

可以获取当前以太坊的价格、交易总量、平均 gas 价格等数据，另外也可以通过查询区块信息和交易信息深入了解更详细的内容。

打开区块信息，我们可以分析区块层面的数据，例如区块高度、时间戳、打包的交易数量、矿工地址、区块奖励、gas 使用情况、父区块和当前块 hash、nonce 值等。

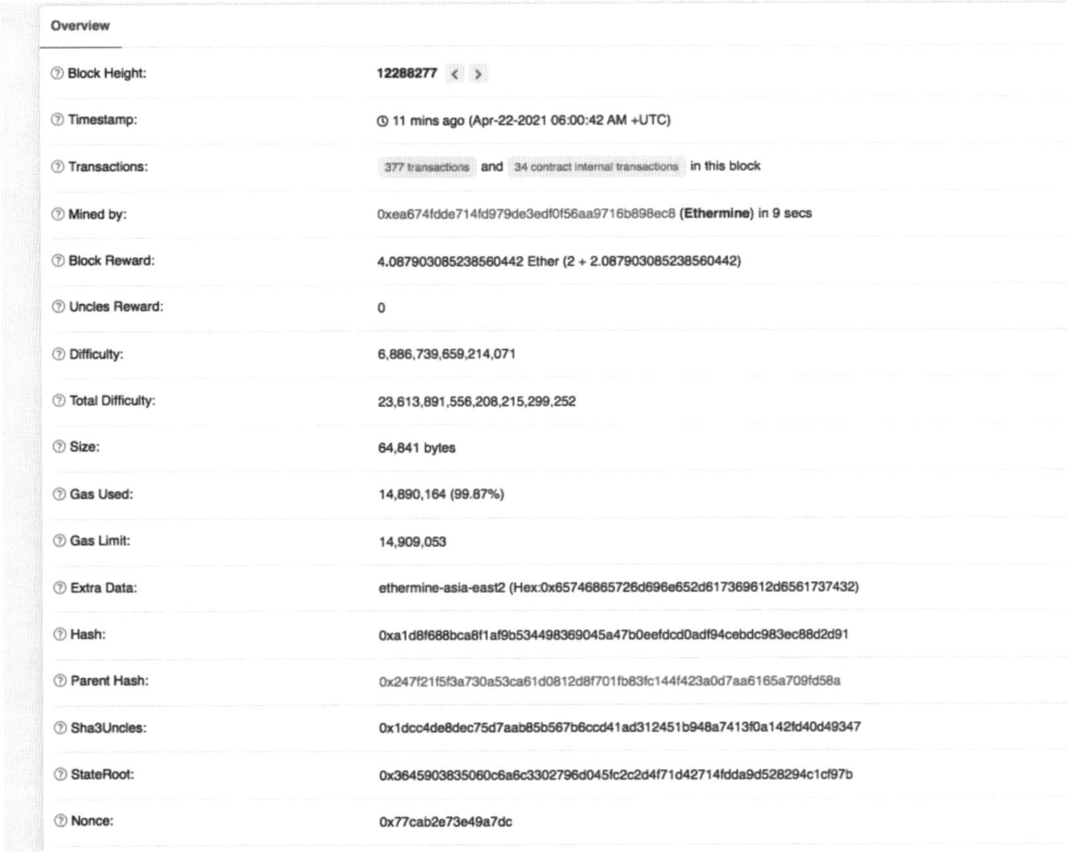

图 7-2　区块数据

打开交易信息，可以获取交易 hash、交易状态、所在区块高度、时间戳、交易地址、交易 value 值以及 gas 费用等信息，利用这些相关信息，我们可以挖掘出数据本身内部存在的信息。例如，判断某个协议中巨鲸地址的数量、判断协议中是否存在"三明治攻击"、判断不同交易与价格之间存在哪些影响因素等，进而为协议的安全维护以及协议的改进提供有用的参考信息。

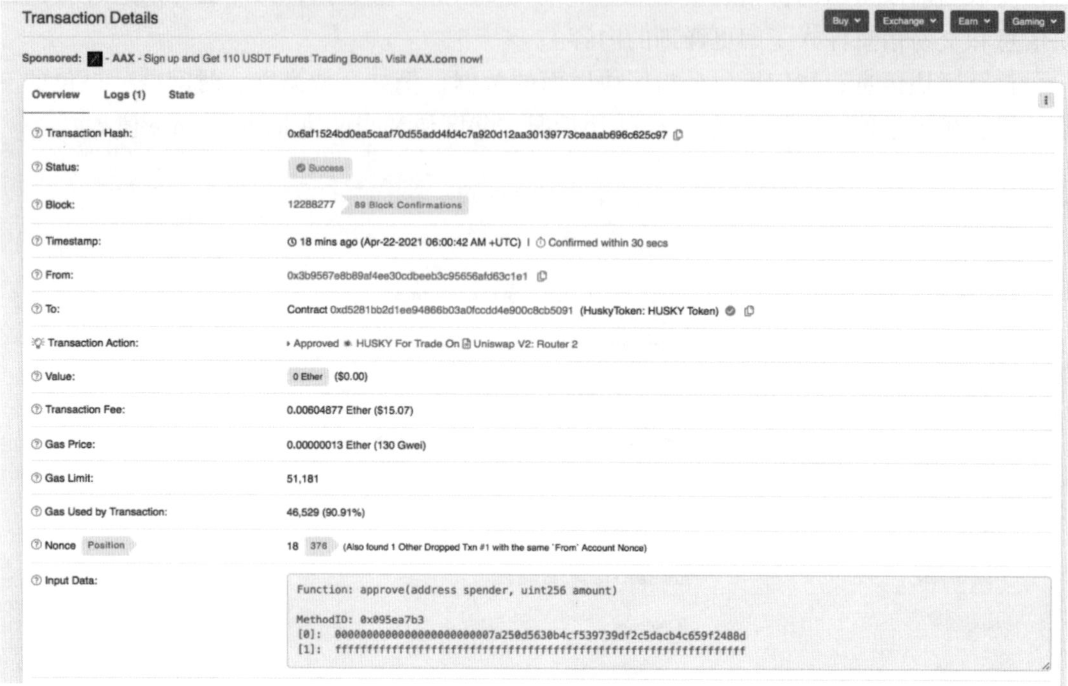

图 7-3　交易信息

数据是数据分析的根本，没有数据，后续的研究将无从下手，因此，无论是获取以太坊的宏观数据还是 DeFi 的微观数据，都只是数据分析的第一步，对于新的数据获取工具的需求将会越来越大，相信未来会有更强大、更便捷的工具展现在我们面前。

7.2　The Graph

The Graph 是一个索引和获取区块链数据的去中心化协议，目前主要专注于以太坊数据的处理，尤其是 DeFi 相关的 API。由于智能合约的存在，使以太坊数据变得更加复杂。相比比特币的账本式数据，以太坊不仅有外部合约之间的交易数据，还有内部合约账户被调用触发的内部交易（internal transaction）数据。从以太坊上直接获得的区块链原生数据，往往需要经过处理才能用于数据分析。举个简单的例子，假如想知道 Uniswap 所有用户在 2020 年 8 月到 9 月之间余额的变化，可以遍历 Uniswap 用户的所有地址，使用 balanceof 函数获取地址的余额，但是这会耗费很多资源与时间，很显然不是一个明智的选择。为了解决这些问题，The Graph 提供了通过索引来获取区块链数据的托管服务，只需要编写 GraphQL 语言，通过 API 即可查询这些索引数据。

7.2.1 The Graph 的工作原理

The Graph 通过分布式节点获取交易数据和合约数据，通过 WASM 模块按照映射的方式处理这些原生数据，将加工后的数据存储在数据库中。当用户需要查询数据时，The Graph 节点调用数据库的数据，为用户提供 GraphQL API 接口，简化了数据获取与查询的过程。图 7-4 是整个 The Graph 协议的结构图，搭建了一个闭环的数据查询系统，同时预留了一个 API 接口供用户使用，极大地简化了数据查询的流程。

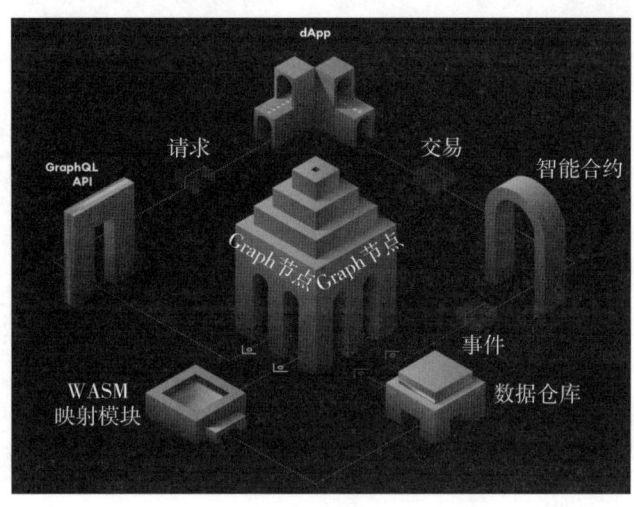

图 7-4　The Graph 的整体架构

7.2.2 The Graph 的简单使用案例

下面以 Uniswap 的数据查询为例，简单介绍如何使用 The Graph 协议来获取 DeFi 中的热门协议数据。Uniswap 的 query 版块包含两个层级关系，第一个层级是列举所需要查询的清单，如图 7-5a 所示。第二个层级是映射，列举在清单中组成元件的映射，这也是 The Graph 的数据存储方式，如图 7-5b 所示。

理解 query 的层级关系后，可以根据需求，选择 The Graph 所提供的菜单内容，便捷地查询数据。图 7-6 是获取 Uniswap 协议中

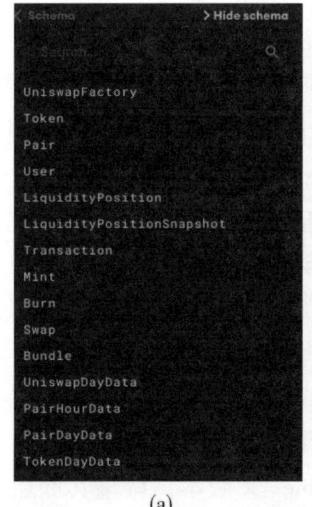
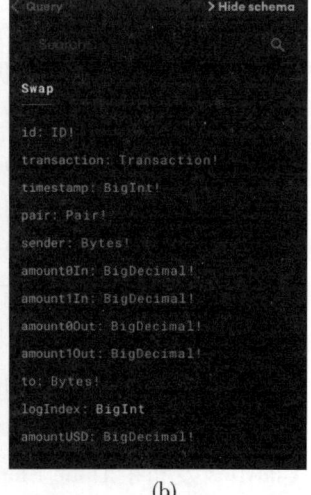

图 7-5　数据请求的层级结构

DAI/ETH 交易对的兑换，按照兑换的时间戳降序获取 swap 内容，这里我们获取了交易对的输入与输出，以及输出的地址等内容。左栏是请求语言 query，中间栏是获取到的数据，右栏是可选择的菜单，可以看出 The Graph 确实是获取 DeFi 数据的强大工具。

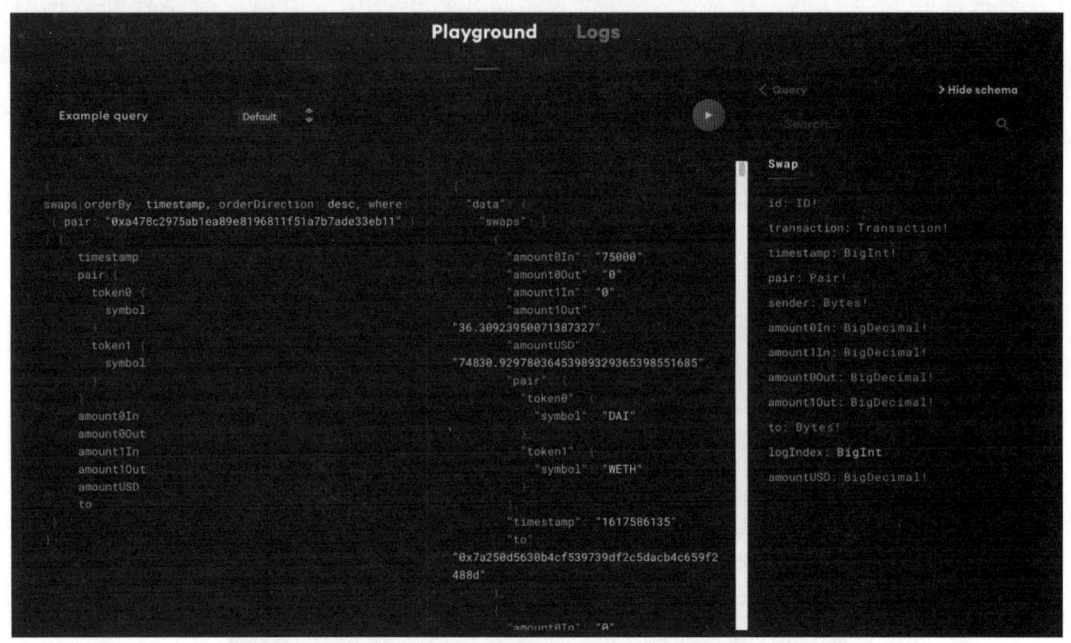

图 7-6　The Graph 获取 Uniswap 数据

7.3　Dune Analytics

Dune Analytics 是最早开放用户自主查询链上数据的平台，是区块链数据查询、可视化分析的强大工具，使用 PostgreSQL 语言可以便捷地获取数据，对于数据分析师而言具有一定的门槛。同时 Dune Analytics 可以依据链上数据绘制柱状图、饼状图等，这对分析挖掘所获数据中隐藏的信息，尤其是对于 DeFi 整个领域的宏观把控，以及对协议内部的数据进行深入分析，起到十分重要的作用。

Dune Analytics 提供了 Ethereum、BSC、Optimism、Polygon、Gnosis Chain、Solana 这 6 条区块链的链上数据，将区块链的原生数据按照表格的形式存储在 SQL 数据中，建立列表存储区块信息，如图 7-7 所示。用户获得这些表格数据后可以按照需求过滤，提取有用的信息绘制可视化图表，具有较高的使用自由度。2022 年 5 月 30 日 Dune Analytics 发布了 Dune Engine V2 版本，调整其底层的数据架构以提高用户查询响应速率，大大减少了数据延迟，优化了用户体验。

block_time	nonce	index	success	from	to
2015-08-07 08:50	0	0		\xdb312d1d6a2ccc64dd94a3892928bac82b4e8c15	\x34bb6978c5a1ad68777ad388c6787df5
2015-08-07 15:29	0	0		\x48040276e9c17ddbe5c8d2976245dcd0235efa43	\xd8d0549637b65d58e7fb6cbdd11530b3
2015-08-07 17:03	0	0		\x8686578c4f7c75246f548299d6ffdac3b67b5cd1	\x87abffa6b80f712c852a9558120ba661
2015-08-07 17:41	0	2		\x18e4ce47483b53040adbab35172c01ef64506e0c	\xfb26ae2d3621829472555fbd11bb2a32
2015-08-07 21:06	4	0		\xc6bf5b6558f2ee21f2e43d9ff9b5408a0cb89413	\x33a3f479f6c3e7f91128348490d1f7e8
2015-08-08 05:42	0	0		\x3f113041d56dda809a245fe338832c2d373e7c80	

图 7-7 Dune Analytics 数据列表

下面同样以 Uniswap 为例，关注 Uniswap 近 7 个月的总交易量（以美元来度量），同时用柱状图来绘制变化趋势，分析 Uniswap 的活跃度。首先点击"New Query"创建数据查询窗口，如图 7-8 所示。左栏是可以查询的数据菜单，Uniswap 数据在 dex.trades 中，因此将其展开。右上栏是数据查询的 SQL 语句编写窗口，下面分别解释 SQL 语言含义。

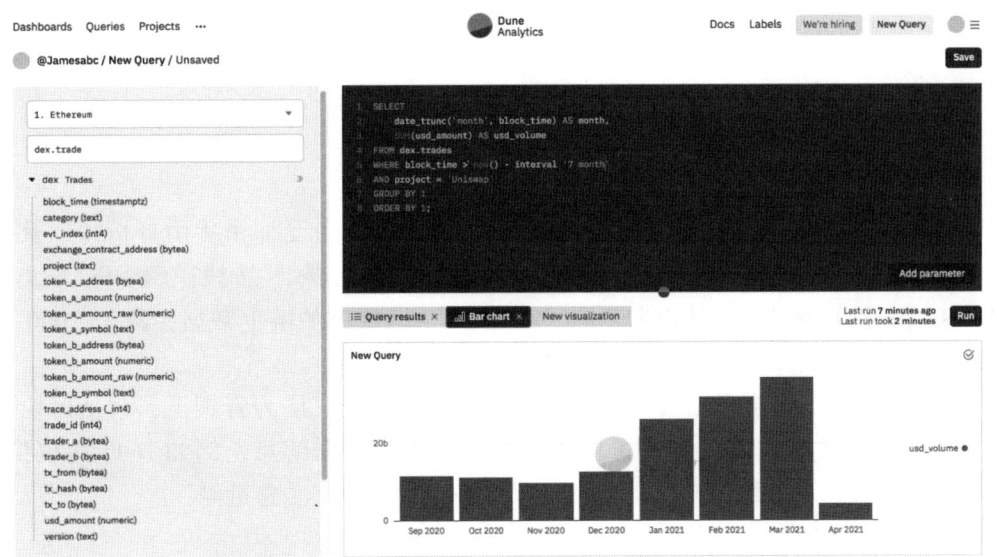

图 7-8 Dune Analytics 使用案例

- SELECT
  date_trunc（'month'，block_time）AS month，
  SUM（usd_amount）AS usd_volume

只需要 dex.trades 中的 block_time 列和 usd_amount 列数据，而 block_time 是 Unix 时间戳格式，应只关注"month"。

- FROM dex. trades
  WHERE block_time > now（）– interval '7 month'
  AND project = 'Uniswap'

  同时仅仅需要 Uniswap 协议中过去 7 个月的数据，过滤掉了许多对研究没有意义的数据，加快查询速度。

- GROUP BY 1
  ORDER BY 1;

  这里的 1 代表前面指定的 date_trunc，按照选择的列绘制图表，分析隐藏结论。

编写完 SQL 语句，点击"Run"，等待一段时间后就可以获取到想要的数据，点击"New visualization"可以创建柱状图、饼图、扇形图等，如图 7-8 所示，通过图表可以观察到，Uniswap 在 2021 年又迎来了爆发式增长，2021 年的 Uniswap 依旧领跑其他的 DEX 协议。

7.4 Footprint Analytics

Footprint Analytics 无需任何代码，使用门槛低，因此备受加密货币分析师以及投资者青睐。目前 Footprint Analytics 的生态系统主要有 3 条产品线：Growth Analytics、Analytics App 和 Data API。其数据来源于超过 20 条区块链的链上数据，覆盖 5 000 多个协议。

Footprint Analytics 将底层区块链数据分为了三层，最底层为青铜层，包括区块链的最原始数据；第二层为银层，过滤和清洗掉不需要的数据信息，例如 DeFi 协议信息、NFT 代币属性等；最上层为金层，包括协议的各项指标、交易总量等。

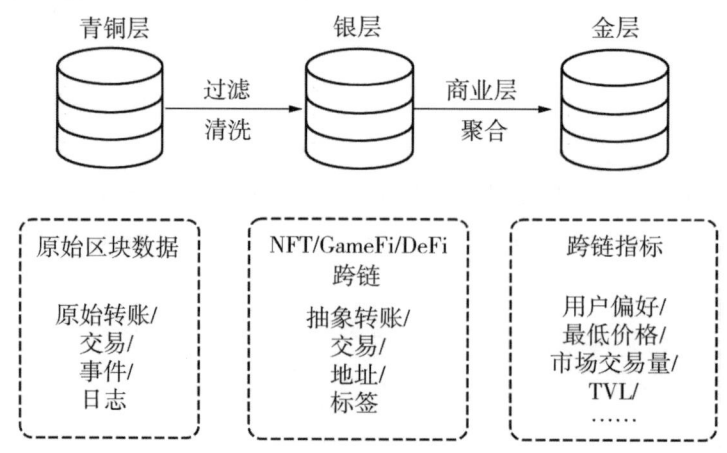

图 7-9　Footprint Analytics 的青铜、银、金层数据层级

Footprint Analytics 集成了各个数据板块插件，大大降低了用户的使用门槛，从而优化用户体验。首先点击"Create"按钮创建一个 dashboard 面板，然后选择底层的区块链数据绘制图画面板，操作简单，无需编码 SQL 语句，即可查询链上的相关数据信息，如图 7-10 所示。

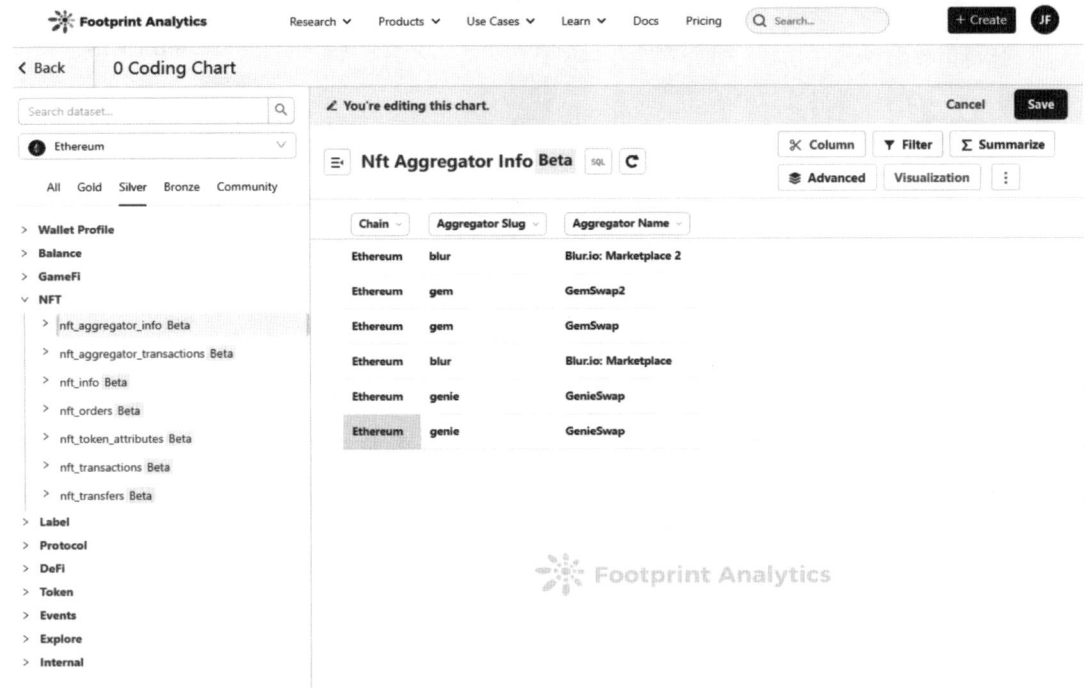

图 7-10　Footprint Analytics 创建数据分析面板界面

7.5　Bitquery

Bitquery 是一个专注于挖掘区块链数据的数据公司，开发了一系列查询、索引、解析区块链数据的产品，主要服务有：为用户提供 API 接口、对市场进行分析、可视化资金的流动、对 DeFi 的金融活动做报告分析等。其中 Bloxy 工具主要为去中心化交易所（DEX）的金融活动做数据分析，包括流动性、套利、交易规模等报告。

Bitquery 的整体架构如图 7-11 所示。Bitquery 从节点集群加载以太坊上的交易数据后，将这些数据分布式地存储在 DataWarehouse，处理后再存储至 DataLake，为用户和一些应用提供 API 以获取能够用于科研、商业领域的数据。

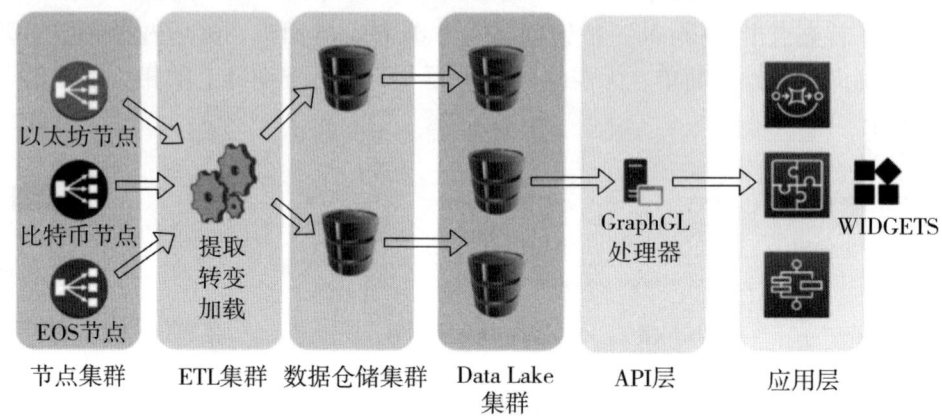

图 7-11　Bitquery 架构

Bitquery 与 The Graph 相似，同样是使用 GraphQL 来查询数据，Bitquery 比 The Graph 更加简单，响应速度更快，还可以在数据查询窗口绘制柱状图、扇形图等。图 7-12 展示了通过 Bitquery 查询数据的简单案例，左栏是供选择的数据查询目录，点击感兴趣的数据，在中间栏会自动生成 GraphQL 语句，节省了编写查询语句的工作量，右栏是查询到的数据，以 JSON 的形式展现出来。

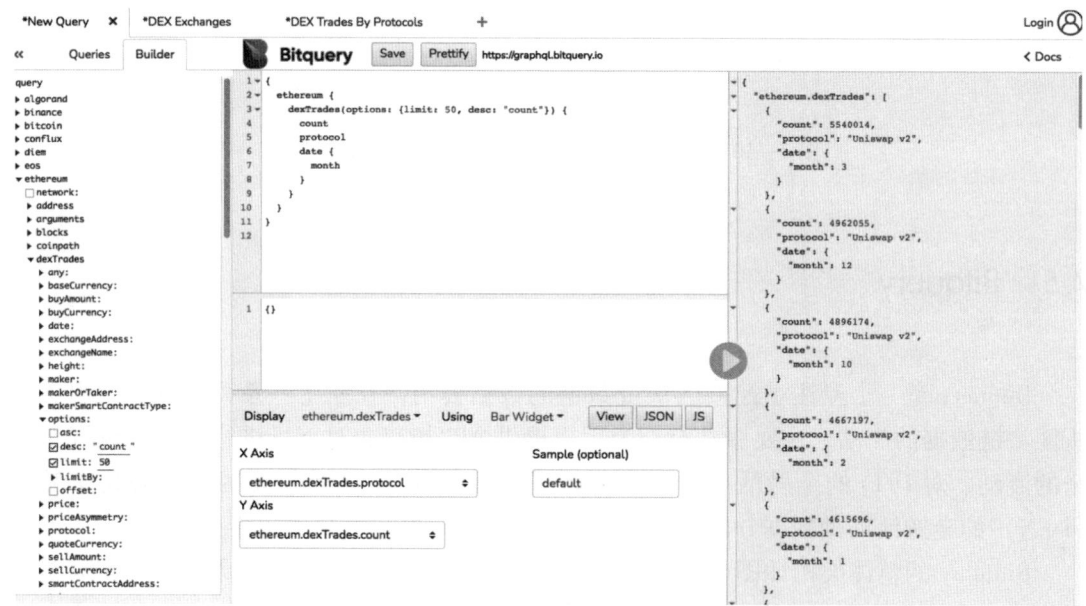

图 7-12　Bitquery 使用案例

获取数据后，还需要对这些数据进行可视化分析。Bitquery 集成了可视化分析的工具，用户可以根据需求选择数据，一键生成分析结果。选择 protocols（协议）为横坐标，count（交易数量）为纵坐标，绘制柱状图，根据 count 绘制扇形图，如图 7-13 所示。

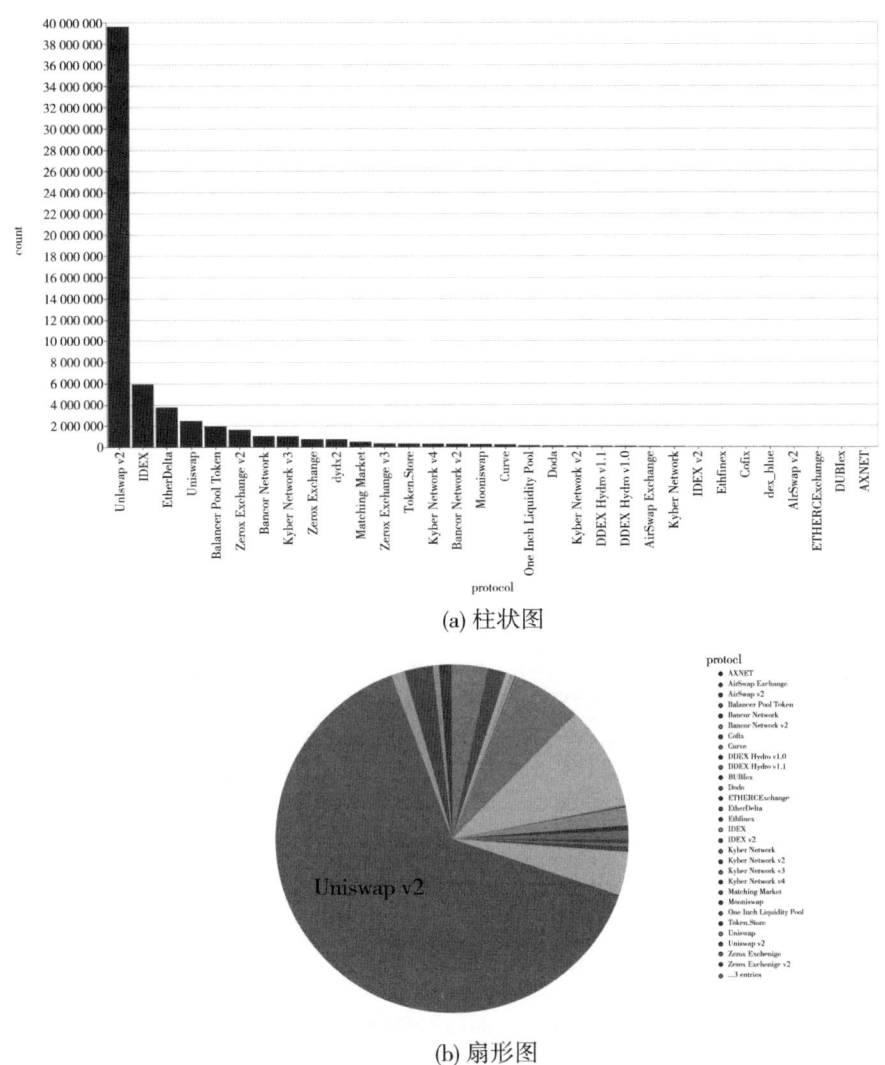

(a) 柱状图

(b) 扇形图

图 7-13　Bitquery 数据可视化

从图 7-13 中可以看出，Uniswap 的交易数量远远超过其他的 DEX，其在 DEX 流动性方面占据重要地位，并且占据了 DEX 细分领域的绝大部分份额。

7.6　Nasen

Nasen 以"链上地址标签"功能而出名，能提供对钱包地址的标记和识别。基于钱包标记技术，Nansen 提供了多种服务和功能，例如 Smart Money 可以帮助用户追踪巨鲸地址以及重度 DeFi 用户的实时动态信息。Hot Contract 功能可以帮助用户发现热门的合约。

Nansen 作为热度最高的链上数据分析平台，其主要架构体系如图 7-14 所示，包括数据采集模块、数据处理模块、数据整合模块、数据分析模块。在数据采集阶段，平台从区块链节点获取链上的原始数据，目前 Nansen 支持 11 条区块链的链上数据分析，包括 Ethereum、Arbitrum、Avalanche、BSC、Celo、Fantom、Optimism、Polygon、Ronin、Terra、Solana。在数据存储阶段，Nansen 将链上数据存储至谷歌云端，供用户及 Dapps 调用。

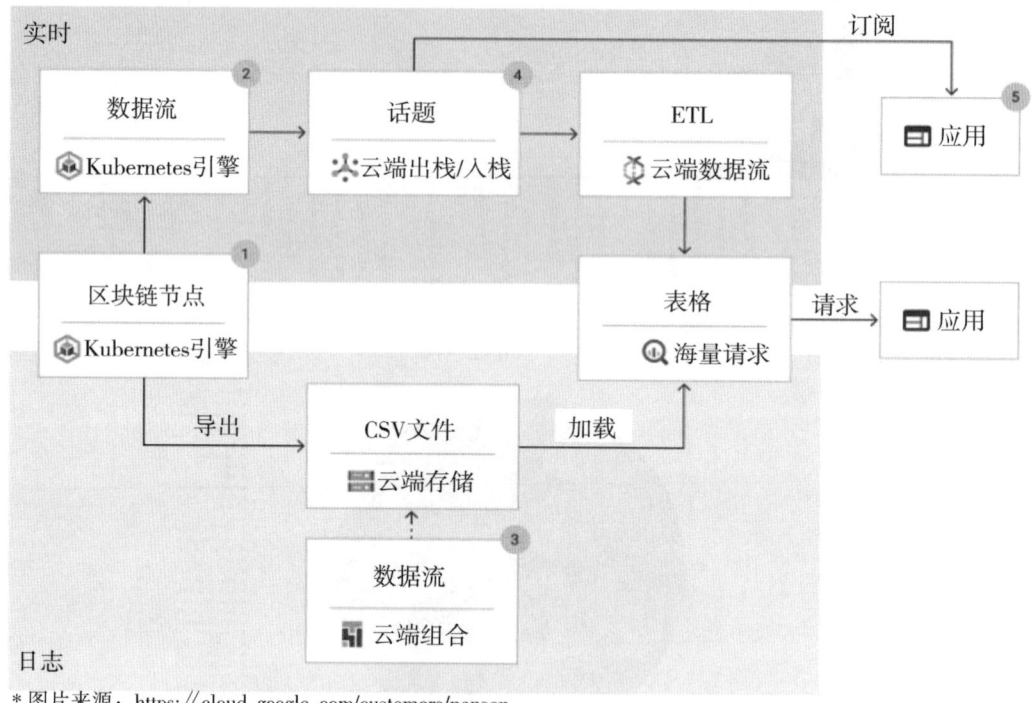

* 图片来源：https://cloud.google.com/customers/nansen.

图 7-14 Nansen 的数据分析架构

7.7 市场指标分析工具：Token Terminal

Token Terminal 以提供准确的市场指标而著名，重点反映 DeFi 各种协议的 Token 收入和交易活跃度等指标。该数据分析平台的架构如图 7-15 所示，从各个区块链的链上数据提取出交易数据存储到节点，经数据处理后加载到数据仓库，提供 API 调用接口。

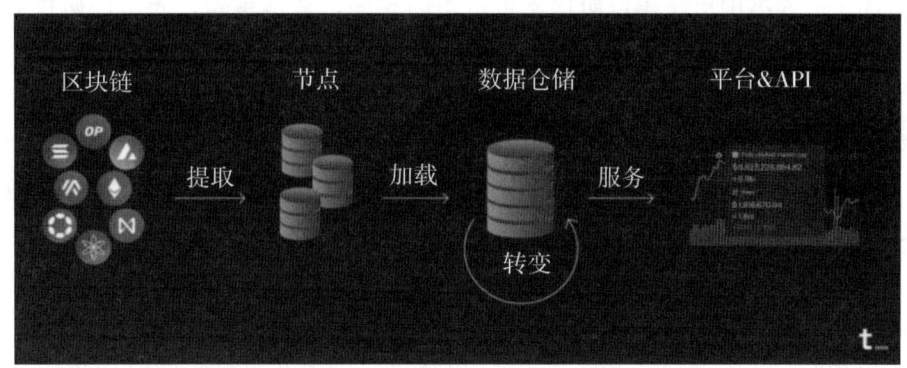

图 7-15　Token Terminal 平台的数据架构

Token Terminal 提供了多个市场的多个指标数据，包括市场数据、GMV 数据、金融数据等，下面分别介绍每个指标的含义。

1）市场数据（market data）

①完全稀释市场估值（fully diluted market capitalization，FDMC）

指标含义：反映一个协议的市场的真实估值。

计算公式：$FDMC = cp$

其中 c 代表 Token 的最大供应总量，p 表示当前 Token 的价格。

②流通市场估值（circulating market capitalization，CMC）

指标含义：治理代币在市场流通的市场估值。

计算公式：$CMC = c_{circulating}p$

其中 $c_{circulating}$ 代表在市场流通的 Token 总量。

③代币交易总量（token trading volume，TTV）

指标含义：代币在中心化交易所（CEX）和去中心化交易所（DEX）的交易总量。

计算公式：$TTV = S_{CEX} + S_{DEX}$

④持币用户数量（tokenholders）

指标含义：治理代币持有地址数量，持币地址越多，代表该协议越活跃。

2）GMV 数据（GMV data）

①总锁仓量（total value locked，TVL）

指标含义：用户存储到协议的代币数量，代表用户对该协议的信任程度。

②链上交易数量（transactions volume）

指标含义：链上发起交易的次数与金额，每次交易都代表一次资产转移。

③借贷活跃程度（active loans）

指标含义：表示借款人愿意在协议上借贷的数量，即是否信任借贷协议的程度。

3）金融数据（financial data）

①费率（fees）

指标含义：表示用户使用该协议支付费率的意愿，费率越高，表示该协议收益概率越高。

②收益（revenue）

指标含义：表示协议从用户费率中收取到的收益，最后会分发给 Token 的持有者。

7.8 本章小结

DeFi 数据分析工具是观测和度量 DeFi 协议发展的重要板块，同时也是用户对 DeFi 协议进行宏观评价的重要工具。现有的 DeFi 分析工具主要分为以下几大类：①看 DeFi 交易信息类；②追踪锁定巨鲸类；③分析 DeFi 项目类。对于 Token 的数据分析，通过市场总交易量、流通量、总供应量、交易地址数量、钱包地址数量等指标，分析该 Token 的市场活跃度和价值信息。

未来的 DeFi 分析工具在用户对 DeFi 世界宏观观测和微观观测的过程中扮演着重要的角色，具有重要的研究意义。为此，以下几个具有前瞻性的问题供读者思考分析。

（1）DeFi 数据分析工具对 DeFi 世界的安全监管具有哪些作用？

（2）DeFi 分析工具的数据来源于链上和链下，如何防止虚假的链下数据？

（3）借助虚拟货币进行洗钱、敲诈、勒索的非法行为屡禁不止，如何基于 DeFi 分析攻击协助监管？

参考文献

[1] KHAN A. Graph analysis of the ethereum blockchain data：A survey of datasets，methods，and future work［C］//2022 IEEE International Conference on Blockchain（Blockchain）. NY：IEEE，2022：250－257.

[2] ZHENG P，SU B，JIANG Z，et al. Exploring heterogeneous decentralized markets in DeFi and NFT on Ethereum blockchain［C］// 2023 IEEE 10th International Conference on Cyber Security and Cloud Computing（CSCloud）/2023 IEEE 9th International Conference on Edge Computing and Scalable Cloud（EdgeCom）. NY：IEEE，2023：259－267.

[3] CHAN W，OLMSTED A. Ethereum transaction graph analysis［C］//2017 12th International Conference for Internet Technology and Secured Transactions（ICITST）. Cambridge：IEEE，2017：498－500.

[4] YUAN Q，HUANG B，ZHANG J，et al. Detecting phishing scams on ethereum based on transaction records［C］// 2020 IEEE International Symposium on Circuits and Systems（ISCAS）. Seville：IEEE，2020：1－5.

[5] Etherscan. Etherscan：The Ethereum blockchain explorer［J］. https：// etherscan. io／，2021.

[6] BHARDWAJ E，SAMANTA G，FANCY C. An NFT marketplace with predictive and analytical modeling on the industry trends and growth to visualize and recommend creators and NFTs with uprising value potential［C］// 2023 International Conference on Networking and Communications（ICNWC）. Chennai：

IEEE, 2023: 1-5.
[7] OZILI P K. Decentralized finance research and developments around the world[J]. Journal of Banking and Financial Technology, 2022, 6(2): 117-133.
[8] CHIU J, KOEPPL T V, YU H, et al. Understanding the DeFi network through the lens of a production-network model[R]. SSRN Electronic Journal, 2023:1-37.
[9] POPESCU A D. Decentralized finance (defi)—the lego of finance[J]. Social Sciences and Education Research Review, 2020, 7(1): 321-349.
[10] KAUR S, SINGH S, GUPTA S, et al. Risk analysis in decentralized finance (DeFi): a fuzzy-AHP approach[J]. Risk Management, 2023, 25(2): 13.
[11] ZHANG Y, CHEN Z, SUN Y, et al. Blockchain network analysis: A comparative study of decentralized banks[C]//Science and Information Conference. Cham: Springer Nature Switzerland, 2023:1022-1042.
[12] ION D E. Decentralized finance analysis[D]. University of Twente, 2021.
[13] GHAZZAWI F, YANOVICH Y. Data mining of Uniswap decentralized exchange[C]//Proceedings of the 2022 5th International Conference on Blockchain Technology and Applications. NY: Association for Computing Machinery, 2022: 24-33.
[14] BARTOLETTI M, CHIANG J, JUNTTILA T, et al. Formal analysis of lending pools in decentralized finance[C]//International Symposium on Leveraging Applications of Formal Methods. Cham: Springer Nature Switzerland, 2022: 335-355.
[15] BRENNECKE M, GUGGENBERGER T, SCHELLINGER B, et al. The de-central bank in decentralized finance: A case study of MakerDAO[J]. HICSS, 2022:3337-3338.
[16] UMAR Z, POLAT O, CHOI S Y, et al. Dynamic connectedness between non-fungible tokens, decentralized finance, and conventional financial assets in a time-frequency framework[J]. Pacific-Basin Finance Journal, 2022, 76: 101876.
[17] GUDGEON L, PEREZ D, HARZ D, et al. The decentralized financial crisis[C]//2020 Crypto Valley Conference on Blockchain Technology (CVCBT). Rotkreuz: IEEE, 2020: 1-15.
[18] BENNETT D, MEKELBURG E, WILLIAMS T H. BeFi meets DeFi: A behavioral finance approach to decentralized finance asset pricing[J]. Research in International Business and Finance, 2023, 65: 101939.

第 8 章 非同质化代币（NFT）

8.1 NFT 概况

近年来，非同质化代币（NFT）市场迅速发展。NFT 的概念最初来自以太坊的代币标准 ERC-721，旨在创建一种具有特殊性的代币。NFT 全称为 Non-fungible Tokens，顾名思义，非同质化代表两个不同的 NFT 是不相等的，同时也是不可分割的。在现实世界中，有很多物品确实是独一无二的，例如数字艺术品、稀有收藏品、游戏中的稀有道具等，NFT 可以确定这些稀有物品的所有权，通过区块链技术对所有权进行验证和追踪溯源。因此，NFT 在稀有物品的防伪和确权方面具有非常广泛的应用。其实早在 2017 年，NFT 就已经被提出，加密猫曾经引爆了 NFT 整个市场，为加密市场贡献了价值超过 4000 万美元的交易，最贵的加密猫"龙"以 600 ETH（17 万美元）的价格售出，之后逐渐退出大众的视野，截至 2023 年 9 月，NFT 市场主要分为四大板块：数字艺术品、游戏物品、数字收藏品、通证资产。

非同质化代币不同于传统加密货币，比如最常见的代币 BTC、ETH 以及其他各种 ERC-20 标准代币，它们都是同质化代币，每一枚 ETH 都与其他 ETH 相同，所有的代币都等效。而 NFT 则是唯一的，这也是非同质化的意义所在，可以理解为，其以一种独特的方式对某种事物或某个人进行标识。具体来说，比如在以太坊中，通过在智能合约中使用 NFT，创作者可以很容易地以视频、图像、艺术、活动门票等形式证明数字资产的存在和所有权。此外，创作者还可以在任何 NFT 交易金融市场进行成功的交易或通过点对点交换来赚取版税。交易的历史可追溯性、巨大的 NFT 市场流动性和便捷的互操作性，使 NFT 成为一个可行的知识产权保护解决方案。虽然从本质上讲，NFT 仅仅是代码的产物，其本身不具有客观的价值，但是当考虑到作为一个数字对象它的相对稀缺性时，它们为买家赋予了价值。它很好地保证了与知识产权相关的产品的价值，这对于非同质的虚拟资产来说可能是不可想象的。

NFT 这种类型的代币可以绑定其虚拟或数字属性作为其唯一标识。NFT 一般根据其发行时长、稀有度、流动性等定制价值进行自由交易，主流的 NFT 交易平台有 Nifty Gateway、Super Rare、Foudation、Open Sea、Zora、Makersplace、Rarible，加密艺术品总价值超过 4 亿美元。NFT 的出现极大地刺激了去中心化应用（DApp）市场的繁荣。NFT 市值日益增长所带来的巨大收益引起了全世界的广泛关注。本章将主要介绍 NFT 生态系统以及各种标准接口协议，并总结 NFT 的机遇和挑战。

8.2 NFT 主要标准接口

NFT 发行首先在以太坊改进提案 EIP-721 中提出，在 EIP-1155 中进一步发展。

8.2.1 EIP-721

EIP-721 是非同质化 Token 的标准接口，也可以看作是实际资产的一种契约。那么发行 NFT 的背后标准 ERC-721 主要规定了 9 个函数、3 个事件、1 个智能合约触发接口和 2 个可选的接口。

1. 函数：

```
function balanceOf(address _owner) external view returns (uint256) //
计数 owner 地址拥有的 NFT 数量,如果 owner 地址为 0 地址,将会被 throws

function ownerOf(uint256 _tokenId) external view returns (address) //
利用 tokenId 来寻找 NFT 的拥有者,返回其地址,注意 NFT 不能被分配到 0 地址

function safeTransferFrom(address _from, address _to, uint256 _tokenId,
bytes data) external payable //将 NFT 从 _from 地址转移至"_to"地址,触发
Transfer 事件. 注意当前函数的调用者 msg.sender 必须是 NFT 的当前拥有者
owner、权威的 operator、授权的 approved 三者之一. 转移完毕后,检查 _to 地址是
否为一个合约地址(code size > 0),如果是合约地址将调用 ERC721TokenReceiver
接口的 onERC721Received 函数, 返回值必须是"bytes4 (keccak256
('onERC721Received(address,address,uint256,bytes)'))"

function safeTransferFrom(address _from, address _to, uint256 _tokenId)
external payable//相比较于上一个函数,减少了 data 参数

function transferFrom(address _from, address _to, uint256 _tokenId)
external payable//与上一条函数相似

function approve(address _approved, uint256 _tokenId) external payable
//将 NFT 的所有权转移给"_approved"地址,调用该函数的 msg.sender 必须是当前
NFT 的所有者 owner、权威 operator 这两者之一,触发 Approval 事件

function setApprovalForAll(address _operator, bool _approved) external
//为 msg.sender 的 NFT 资产设置权威的第三方 operator,触发 ApprovaForAll 事件

function getApproved(uint256 _tokenId) external view returns (address)
//查询 Id 为 _tokenId 的 NFT 的授权人地址

function isApprovedForAll(address _owner, address _operator) external
view returns (bool) //判断 NFT 的拥有者是否将所有 NFT 授权给 operator 地址
```

从上述的函数名来看，EIP-721 定义的函数中 balanceOf、ownerOf、transferFrom 与 ERC-20 中的函数签名一致。但是需要明确如下几点：

（1）transferFrom 的逻辑与 ERC-20 的 transferFrom 的逻辑不同。在 ERC-20 中，当调用 transferFrom 时，需要事先调用 approve 函数，而 ERC-721 中，作为 owner 或者 operator 或者已经获批的地址调用时，不需要调用 approve 函数。

（2）针对 transferFrom 函数，其必须在方法内部验证"_to"地址不能是 address（0），且需要验证 tokenId 对应的 NFT 事先存在。

（3）EIP-721 中新增了 safeTransferFrom 函数，主要目的是在 transfer 结束后，判断"_to"地址是否是一个合约地址，如果"_to"地址是一个合约地址，则需要调用"_to 地址"上的 onERC721Received 函数，并返回特定的值，即：bytes4（keccak256（"onERC721Received（address, address, uint256, bytes）"））, 这样就可以避免将一个 NFT 转移到一个不支持的地址中锁死。

（4）当调用 safeTransferFrom 方法时，需要满足如下条件。

msg.sender 参数：要求 msg.sender 必须为 owner 或者是获批的 operator 或者是获批的 approved 地址。

from 参数：要求 from 字段必须填写 owner 地址，不能是其他地址。

to 参数：要求 to 字段不能是 address（0）。

tokenId 参数：要求该 tokenId 必须是有效的 NFT，即存在。

（5）针对 setApprovalForAll 函数，一个 owner 可以给多个 operator 进行全量授权，而不是仅限一个 operator。

2. 事件

```
event Transfer(address indexed _from, address indexed _to, uint256 indexed _tokenId)

event Approval (address indexed _owner, address indexed _approved, uint256 indexed _tokenId)

event ApprovalForAll (address indexed _owner, address indexed _operator, bool _approved)
```

3. ERC721TokenReceiver 接口

```
Interface ERC721TokenReceiver {
    function onERC721Received (address _operator, address _from,
    uint256 _tokenId, bytes _data) external returns(bytes4) //这是 NFT
    所有权转移后产生的回执
}
```

8.2.2 EIP-165 实现

在实现 EIP-721 的合约中，其必须也要实现 EIP-165 标准，即通用接口注册标准，用于接口发现和验证。其思路是合约实现 EIP-165 中定义的 supportsInterface（bytes4 interfaceId）函数，该函数中将一个合约中所有的 external 函数签名进行亦或求值得到一个 bytes4，然后遵循如下思路进行验证：

（1）调用目标合约的 supportInterface 函数，并传入参数：bytes4（keccak256（"supportsInterface（bytes4）"）），即 0x01ffc9a7，此时应该返回 true。

（2）调用目标合约的 supportsInterface 函数，并传入参数：0xffffffff，此时应该返回 false。

（3）调用目标合约的 supportsInterface 函数，并传入参数：this.interfaceId，此时应该返回 true。

1. 元数据接口（可选）

目前，基本所有的 NFT 都实现了 MetaData 这一部分的接口定义。其主要作用是定义 NFT 的名称、符号和 tokenURI。在 EIP-721 中，tokenURI 的定义要符合 RFC-3986 标准，但事实上目前的 NFT 合约中基本上都是一个自定义的状态，可能是项目方的一个网址、一个 IPFS 文件，也可能是一串字符串。

```
Interface ERC721Metadata {
    function name() external view returns (string _name)//为NFT定义一个名称

    function symbol() external view returns (string _symbol) //为NFT定义一个标识符

    function tokenURI(uint256 _tokenId) external view returns(string) //URI 可以是一个 Json 文件
}
```

2. 可列举的 NFT 接口实现（可选）

Enumerable 函数的目的是给用户提供一个快速查询 NFT 的方法。简单来讲就是提供两个索引，一个索引用来查询整个合约中的 NFT，另一个索引用来查询用户所拥有的 NFT。接口设计上是让用户可以根据自己的索引查询其所拥有的 NFT 对应的 tokenId，另一个是根据索引查询合约中的 NFT 的 tokenId，然后进行总的供给量查询，很多的 NFT 合约的总供给量反映的是现在所有的 NFT 的数量。

```
Interface ERC721Enumerable {
    function totalSupply() external view returns (uint256) //NFT 的发行总量
```

```
function tokenByIndex(uint256 _index) external view returns (uint256)
//NFT 的列表清单,注意 index 不能大于 totalSupply
function tokenOfOwnerByIndex(address _owner, uint256 _index) external
view returns (uint256) //NFT 拥有者的列表清单
}
```

3) EIP-721 接受合约

如果一个合约要接受 EIP-721，其必须实现 onERC721Received 函数，当用户调用 safeTransferFrom 时，会在转账结束时，调用"_to"地址的 onERC721Received 函数，此时该函数的返回值应该为 bytes4（keccak256（"onERC721Received（address，address，uint256，bytes）"））。

```
function onERC721Received (address _ operator, address _ from, uint256 _
tokenId,bytes calldata _data) external returns(bytes4);
```

ERC-721 的整体框架如图 8-1 所示：

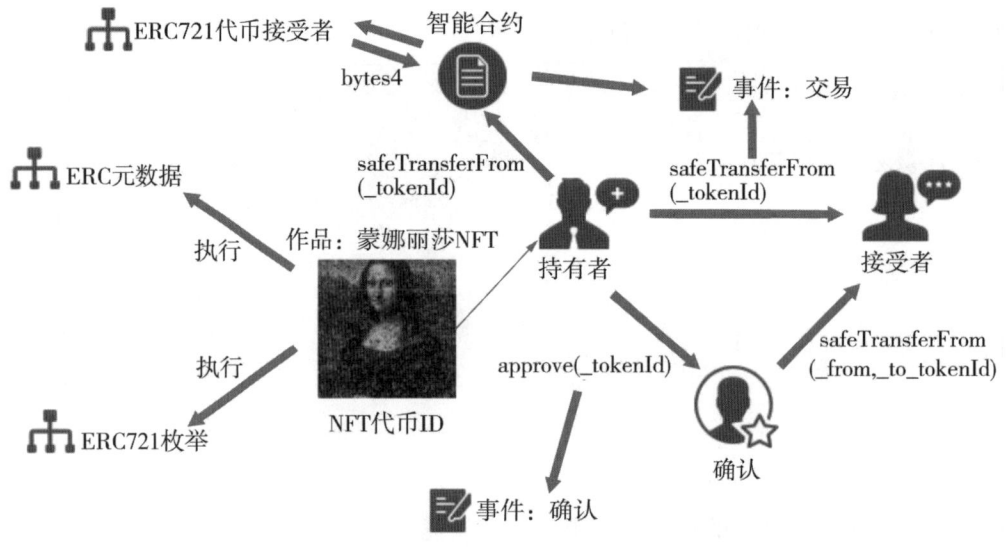

图 8-1　ERC-721 框架

8.3　NFT 典型项目介绍

CryptoPunks 是以太坊上的第一个 NFT 协议，已经创造了超过 10 000 个可收集朋克人物（6039 个男性和 3840 个女性），并进一步推动 ERC-721 标准使其变得流行。2017

年 CryptoKitties 正式发布了其项目的 NFT，并推出了包含繁殖机制的游戏化功能。参与者以高价激烈竞拍珍稀猫，最高价格超 999 ETH（相当于 300 万美元）。另一个突出的例子是 NBA Top Shot，这是一个用于买卖 NBA 经典时刻数字短视频的 NFT 交易平台。来自世界各地的成千上万名 NBA 球迷已经收集了超过 760 万个最佳投篮时刻，建立了新秀、老兵和新星的阵容。接下来的项目也获得了巨大的成功，包括 PicassoPunks、Hashmasks、3DPunks、unofficial punks、Polkamon、Chubbies、BullrunBabes、Aavegotchi、CryptoCats、MoonCatsRescue、NFTbox 等。毫无疑问，围绕 NFTs 有一个炒作周期，其中大多数产品可以以高价格出售，其成交价可以达到数百或数千个 ETH。除了游戏和收藏品，NFT 还促进了艺术、票务活动、价值、物联网和金融的发展。其他类型的周边市场也发挥着重要的作用，以提供即时信息和安全环境，如 NFT 数据统计网站（NonFungible、DappRadar、NFT bank、DefiPulse、Coingecko）、NFT 交易市场（cryptoslam、Opensea、SuperRare、NiftyGateway、Rarible、Zora）和 NFT 生态系统（如 Dego）。

1. NBA Top Shot[①]

NBA Top Shot 是由加拿大的区块链公司 Dapper Labs 与 NBA 合作创建的平台，允许用户以 NFT 的形式收藏 NBA 中的一些最佳时刻。要想获得"时刻"（moments）的用户，可以购买相应的套装，或者直接在二级市场上购买由其他用户开出的"时刻"。

这些"时刻"的稀有度不同，其价值取决于以下规律：

①Normal（普通，代表着有超过 1000 份数字拷贝的"时刻"）：它们可以以普通套装的形式购买，例如价格为 9 美元的 9 个"时刻"。

②Rare（稀有，150～999 份数字拷贝）：这些"时刻"可以在稀有套装中找到，价格为 22 美元起，套装中有 7 个普通"时刻"和至少 1 个稀有"时刻"。

③Legend（传奇，25～999 份数字拷贝）：这些"时刻"可以在传奇套装中找到，价格为 230 美元起。

④Platinum Ultimate（白金终极版，3 份数字拷贝）：仅能通过拍卖获取。

⑤Genesis Ultimate（创世纪终极版，只有 1 份数字拷贝）：仅能通过拍卖获取。

自成立之后短短两年左右的时间里，NBA Top Shot 的活跃用户数量已经突破了 100 万大关。同时，一年中篮球比赛的独特时刻的交易量超过了 10 亿美元的水平。许多来自 NBA 系列的代币自年初以来价值增长了几十倍，并且其价格还在随着 NFT 的普及而继续增长。

2. CrytoPunk[②]

2017 年，Larva Labs 创始人 Matt Hall 和 John Watkinson 创建了一个程序，生成了数千种不同的像素图片。起初，他们认为自己创造了一个智能手机应用程序或游戏的雏

---

① https://nbatopshot.com/
② https://www.larvalabs.com/cryptopunks

形。但这个简单的项目最终为数字艺术市场开辟了一条崭新的路,并首次在加密领域挑战了"所有权"的概念。

CryptoPunk 是一个像素艺术风格图像集合,如图 8-2 所示。其中共有整整 1 万个代币,每个代币都有其独特的、随机生成的特征组合,这些特征赋予它们各自的个性化特色。有 6039 名男性"CryptoPunk"和 3840 名女性"CryptoPunk"。它们根据不同的特征被区分开来,如头发颜色、是否有配件等。还有 8 个没有任何显著特征的朋克,有时它们也被称为"Genesis Punk"(创世朋克)。

图 8-2　CryptoPunk 图像集

Larva Labs 的网站上有一张这 1 万份"CryptoPunk"的合成图片。每个 NFT 都有自己的详情页面,其中详细介绍了对应 NFT 的特点和全部交易历史。任何人都可以保存该图像文件的副本,但只有一个人可以拥有对应的 NFT,因为 CryptoPunk 的每个 NFT 所有权是在以太坊区块链代码中制定的。

CryptoPunk 有时被比作一件被永久借给公共博物馆的实物艺术品,作为 NFT 世界的先驱,CryptoPunks 当之无愧地获得了相当高的热度,以及与之匹配的价值。

3. OpenSea[①]

OpenSea 是另一个去中心化交易所,它允许用户购买和出售 NFT。OpenSea 成立于 2017 年,最初主要用于 CryptoKitties NFT 的交易,但后来服务范围逐渐扩大。现在的 OpenSea 支持相当庞杂的数字资产类型,包括艺术品、域名、游戏项目、音乐等的 NFT。

OpenSea 是建立在以太坊区块链上的,所以用户也必须有一个以太坊钱包才能使用该应用。OpenSea 也支持其他几个区块链,包括 Polygon 和 Klaytn。用户可以选择 241 种支付方式,其中也包括稳定币,因此几乎任何人都可以在平台上购买和出售数字物品。

4. Hashmasks[②]

Hashmasks 是由与 Suum Cuique Labs 合作的 70 名艺术家团队创作的虚拟艺术品。每个"Mask"(面具)都有一个独有的特征,其中最引人注目的是肤色、性格和眼睛颜色。Hashmask 与其他普通的 NFT 绘画不同,因为每个面具都没有名字,由代币的所有者为他们的 Hashmask 命名,通过这种方式参与到艺术品的制作过程中。

---

① https://opensea.io/.
② https://www.thehashmasks.com/.

该项目的创作者已经制作了 16384 个 NFT 及相关图像。这些"面具"在价值上存在着巨大的差异，其中最昂贵的是一个以 420 枚 ETH（约合 169 万美元）成交的"面具"。

5. Decentraland[①]

Decentraland 是基于以太坊网络的元宇宙项目，旨在打造一个全球性的元宇宙。Decentraland 的用户可以在这个虚拟世界中探索、互动和玩游戏，还可以购买和出售数字房地产。该平台现已实现互动应用、内部支付，甚至是虚拟通信等多项业务。

Decentraland 使用两种类型的原生代币：①LAND：一种 NFT，主要用于确定代表数字房地产的土地所有权；②MANA：一种系统内的流通代币，便于购买 LAND 以及 Decentraland 中的虚拟商品和服务。

6. Axie Infinity[②]

在 Axie Infinity 中，玩家通过购买、繁殖和与被称为 Axie 的怪物对战来赢得游戏中的 SLP 货币。这种商业模式被称为"Play to Earn"（玩赚），玩家通过累积玩虚拟游戏的时间来赚取真实奖励。

每个 Axie 都是一种 NFT 和可收集的物品，可以在游戏外的交易所交易。玩家必须至少有三个 Axie 才能开始战斗，而最贵的 Axie 早在 2020 年就以高达 300 ETH 的价格被出售。

这款游戏在网络上的病毒式蔓延帮助开发工作室 Sky Mavis 在 2022 年赚了数千万美元。该公司通过游戏中的交易获得了 7 亿美元的收入，其中 17% 归开发工作室所有。

该游戏开发工作室在 B 轮融资中筹集了 1.52 亿美元，由 Andreessen Horowitz（a16z）领投，公司估值达 30 亿美元。由于该公司并不拥有 Axie Infinity 的所有代币，其估值低于其货币的市值。Sky Mavis 表示，它将利用新的资本推出一个改进的战斗系统，一个去中心化的交易所，以及一个新的游戏。

8.4 本章小结

NFT 涉及的领域包括收藏品、游戏、艺术品、域名、金融产品、虚拟世界等，全球 NFT 市场前三大应用领域为虚拟世界、艺术品及游戏，其市场规模占比分别为 25%、24% 与 23%。现阶段 NFT 最具代表性、最有应用价值的领域是数字版权运营领域。2021 年第二季度，收藏品占比迅速增加至 66%、艺术占比达 14%、体育占比达 7%。NFT 最核心的作用就是实现了虚拟物品的数字资产化和流通交易，带动数字资产的价值重估。NFT 化的数字艺术品解决了其作品版权的确认、作品发行和流通数量的控制、盗版防范等问题。未来更多的由内容创作者所生产的数字作品、虚拟地块、游戏皮肤、装备等将

---

① https://decentraland.org/

② https://axieinfinity.com/

有望成为数字资产并进行流通交易。随着数字化技术和应用的不断丰富，NFT 的落地场景会更加多元。同时 NFT 将有望成为未来元宇宙时代的基石架构，并提供更好的互动和商业化方式；实现 IP 价值的流动性，将分成协议写入智能合约，可以实现在数字艺术品的转卖过程中享受分成收益。

尽管 NFT 对当前的去中心化市场和未来的商业机会有巨大的潜在影响，但 NFT 技术仍处于非常早期的阶段，需要谨慎应对一些潜在的挑战，同时把握住一些有潜力的机遇。为此，总结以下几个开放问题，供读者思考分析。

（1）如何解决 NFT 的可互操作性和标准化问题？NFT 市场中存在多个标准和协议，如 ERC-721 和 ERC-1155。由于缺乏标准化，NFT 之间的互操作性受到限制。如何解决这一问题，以便不同平台上的 NFT 能够无缝交互和转移？

（2）在 NFT 市场中，存在着伪造和盗窃 NFT 的风险。如何确保 NFT 的真实性和溯源性，以便用户能够信任其所交易的 NFT 是真正的唯一性数字资产？

（3）NFT 市场如何解决可持续性和环境影响问题？FT 的挖掘和交易消耗了大量的能源，引发了公众对环境可持续性的担忧。在这样的背景下，该如何减少 NFT 市场的能源消耗，并推动更环保的解决方案？

（4）基于 DeFi 的 NFT 该如何发展更广泛的金融应用？目前，基于 DeFi 的 NFT 主要集中在艺术和收藏品领域，但是否存在更广泛的金融应用潜力？例如，能否将 NFT 用作抵押品、衍生品或其他金融工具，以扩大 NFT 在金融领域的用途？

（5）在过去几年，NFT 市场经历了爆发式发展，但它是否具备长期可持续性和成长潜力？它是否能够超越艺术和收藏品领域，进一步渗透到其他行业和应用领域？对于 NFT 市场的发展前景和潜在创新，需要考虑哪些关键因素？

参考文献

[1] WANG Q, LI R, WANG Q, et al. Non-fungible token（NFT）：Overview, evaluation, opportunities and challenges[J]. arXiv preprint arXiv:2105.07447, 2021.

[2] TAHERDOOST H. Non-fungible Tokens（NFT）：A systematic review[J]. Information, 2022, 14(1)：26.

[3] DAS D, BOSE P, RUARO N, et al. Understanding security issues in the NFT ecosystem[C]// Proceedings of the 2022 ACM SIGSAC Conference on Computer and Communications Security. 2022：667-681.

[4] GUIDI B, MICHIENZI A. From NFT 1.0 to NFT 2.0：A review of the evolution of non-fungible Tokens[J]. Future Internet, 2023, 15(6)：189.

第9章 DeFi智能合约漏洞攻击检测

9.1 智能合约运行平台架构概述

区块链网络能够部署和执行编程脚本任务，这些脚本程序被称为智能合约，并用于定义在交易期间调用的自定义功能和规则。智能合约只能在特定的区块链平台上运行，比如以太坊是第一个支持智能合约的平台，在以太坊平台中，使用一种名为Solidity的脚本类型语言来开发智能合约。而其他平台如EOS、Lisk和Hyperledger Fabric也支持智能合约的部署和执行。

然而，在智能合约实施中存在安全漏洞。智能合约可以持有和管理虚拟货币的地址（credit），这些地址中可能存有价值数千美元的虚拟货币。智能合约运行在分布式和无权限网络上，这个网络继承了很多漏洞。一些恶意攻击者试图利用智能合约执行的漏洞进行操纵和套利活动。与传统的中心化应用程序不同，在去中心化的区块链网络中，除非采取极端措施，否则已部署的智能合约无法在实时网络中进行修改或升级。这种部署后不可变性既是智能合约安全的优势，但也是其劣势。黑客无法为自己的利益修改合约，但开发人员也无法及时修复已部署的智能合约应用程序，他们只能取消或终止合约，并创建新的智能合约作为替代。因此，为了确保安全性，在部署智能合约之前需要进行广泛的测试，以防止潜在的漏洞和攻击。

以以太坊为例，如图9-1所示，智能合约架构由多个基本构建模块组成这些模块如下。

（1）应用层（application layer）：以太坊客户端在EVM中执行智能合约，在此过程中，智能合约与以太坊账户相关联。以太坊支持两种类型的账户：外部拥有账户（EOA）和合约账户。EOA用于存放用户资金，单位是Wei，相当于10^{-18} Ether。EOA与公钥绑定，并通过私钥验证访问权。相对地，合约账户与一段可执行的字节码（即智能合约）关联，定义了一些特定的业务逻辑。智能合约是DApp的核心组成部分，一般将用户界面作为前端，后端则是一些智能合约。某些DApp还会发行自己的加密货币令牌，用于初始代币发行（ICO）。智能合约在EVM中执行，EVM采用基于堆栈的体系结构，是一台准图灵完备的机器。其中，"quasi"表示执行受Gas限制。

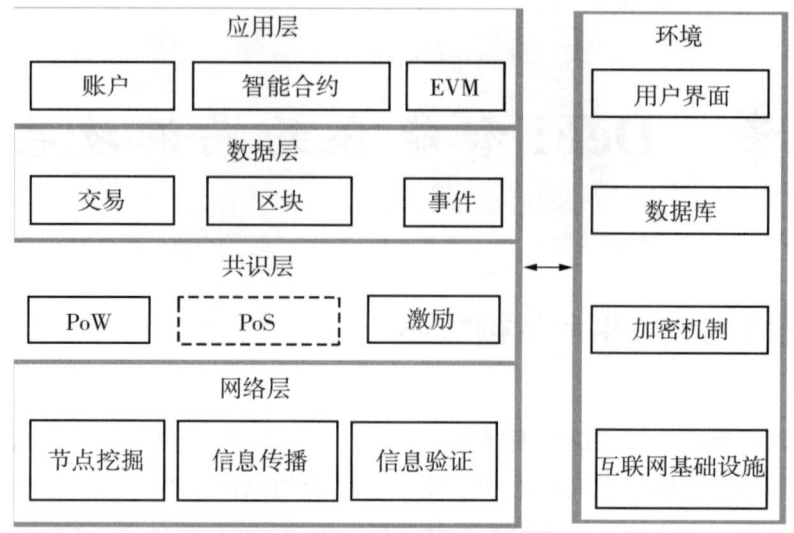

图 9-1 以太坊基本架构模块

（2）数据层：包含区块链相关的数据结构。以太坊中的交易包含两种情形：一是发生在两个外部拥有账户（EOA）之间，二是发生在一个 EOA 与一个合约账户之间。每笔交易都通过以下方式进行定义：

①nonce，用于跟踪发送方已发起的交易总数的计数器；

②收件人，是指交易指定的目标 EOA 或合约帐户；

③价值，是指从发送方转移的金额（单位：Wei）；

④输入，是与交易目的相对应的字节码或数据；

⑤gasPrice 和 gasLimit，分别用于指定发送方愿意向包含交易的区块的获胜矿工支付的单价和最大 gas 量；

⑥(v, r, s)：发送者的椭圆曲线数字签名算法（ECDSA）签名。这个签名包括发送者的私钥，确保了交易的真实性和完整性。当一个交易被网络广播时，节点会验证这个交易的数字签名，以确保交易是由合法的发送者发起的，防止伪造交易。如果数字签名验证有效，该交易将被打包进一个区块中，并通过执行该交易，更新相关账户的状态，最终导致区块链整体状态的变动。

（3）共识层（consensus layer）：该层作用是确保区块链的状态一致。以太坊创建区块需要 12～14 秒。这样一来，多个矿工可能会同时创建有效的区块，并且存在许多分支。同时，以太坊使用 GHOST 共识协议的变体来选择"heaviest"分支作为主链，即基于区块难度而建立的累积最高的子树。需要注意的是，过时的区块不会出现在主链上。

（4）网络层（network layer）：该层用于管理节点或客户端的以太坊点对点（P2P）网络，以使每个节点都始终可以从某些活动节点获取区块链的更新状态。以太坊网络是一个结构化的 P2P 网络，其中每个节点（即客户端）存储整个区块链的副本。为了进行节点发现，每个节点都会维护一个动态的路由表，其中包含 160 个存储桶，每个存储桶最多包含 16 个其他节点的 ID、IP 地址和 UDP/TCP 端口条目。以太坊使用 RLPx 协议来发现目标客户端，并使用以太坊有线协议促进客户端之间以太坊区块链信息（例如交易和区块）的交换。

（5）环境（environment）：环境层包含如下四部分。①用户与以太坊区块链进行交互的 Web 界面；②以太坊客户的数据库，用于存储区块链数据；③出于安全目的的加密机制；④支持以太坊节点之间的区块链通信的互联网基础设施。因为针对以太坊区块链的攻击可能来自环境，并且这些攻击需要在环境层中解决，而不是在区块链的结构层解决，所以要将以太坊区块链架构与环境区分开来。

9.2 常见智能合约漏洞

DeFi 智能合约面临的金融风险之一是应用层智能合约的漏洞。Dika 的研究将这些漏洞按照来源分成了三类：编程语言、虚拟机和区块链。不同类型的漏洞具有不同的特征。在表 9-1 中，我们对十种常见的基于 DeFi 智能合约可能存在的可利用漏洞进行了梳理，并在下文中提供了相关漏洞代码以及相应的防范措施。

表 9-1 常见智能合约漏洞

漏洞分类	漏洞名称	原　因
编程语言	默认可见性	函数可见指示符不正当使用
	未检查返回值	发送以太币未检查返回值
	整数溢出	整数范围错误
	无限循环漏洞	错误定义循环或使用关键字
	重入漏洞	使用 fallback 函数递归调用同一个函数
区块链	危险的代理调用	使用 delegatecall 函数注入恶意代码
	拒绝服务	恶意攻击导致失去合约控制权
虚拟机	短地址攻击	合约地址长度不一致
	外部合约参考漏洞	错误包含回退函数
	三明治攻击	交易执行顺序不一致导致产生条件竞争问题

9.2.1 默认可见性漏洞

1）默认可见性漏洞背景

Solidity 中的函数具有可见性指示符，这些指示符决定了函数的调用范围。函数的可见性决定了是否允许外部用户调用、是否允许其他派生合约调用，或者是仅限内（外）

部调用。Solidity 文档详细介绍了四种可见性指示符：public、internal、external 和 private。默认情况下，函数指示符为 public，允许外部用户调用。不正确使用可见性指示符可能引发智能合约中的安全漏洞。

2）漏洞代码

代码例子如下：

```
1. contract HashForEther{
2.     function withdrawWinnings() {
3.         // 如果地址的后8个十六进制字符为0,则为赢家。
4. contract HashForEther{
5.     function withdrawWinnings() {
6.         // 如果地址的后8个十六进制字符为0,则为赢家。
7.         require(uint32(msg.sender) == 0);
8.         _sendWinnings();
9.     }
10.
11.    function _sendWinnings() {
12.         msg.sender.transfer(this.balance);
13.    }
14.    }
15. }
16. }
```

函数的默认可见性是 public 属性。因此，不指定任何可见性的函数将被允许让外部用户调用。当开发人员错误地忽略了本应该指定为 private 属性（仅在合约内可调用）函数的可见性标记时，将出现默认可见性漏洞。上述智能合约被设计成一个猜测地址的赏金游戏。为了赢得智能合约账户里的余额，用户必须生成最后 8 个十六进制字符为 0 的以太坊地址。一旦获得符合要求的地址，他们就可以调用 WithdrawWinnings（）函数，获得自己的赏金。显然，这些函数的可见性尚未得到明确说明。尤其是当函数被设置公共的，意味着任何地址都可以调用_sendWinnings（）函数，从而可能引发赏金窃取的风险。

3）防范措施

对此漏洞的防范需要开发人员养成良好的编程习惯，即总是指定智能合约中所有函数的可见性，即使它们是 public 属性。Solidity 的最新版本将会对在编译过程中没有明确可见性说明的函数发出警告，以帮助预防这种漏洞出现。

9.2.2 未检查返回值漏洞

1）未检查返回值漏洞背景

执行外部调用有多种稳定的方式。要向外部账户发送以太币，通常可以通过 transfer 函数完成操作，也可以选择 send 函数。对于更通用的外部调用，可以直接使用调用操作码。无论是使用 transfer 函数还是 send 函数，它们都会返回一个布尔值作为执行结果，用于指示调用是否成功。因此，如果外部调用（由 transfer 函数或 send 函数初始化）失败，执行这些函数的事务将无法恢复，而 transfer 函数或 send 函数只会返回 false。如果开发人员没有检查返回值，并且希望恢复操作，就可能会导致漏洞的出现。

2）漏洞代码

代码例子如下：

```
1.   contract Lotto {
2.
3.     bool public payedOut = false;
4.     address public winner;
5.     uint public winAmount;
6.
7.     function sendToWinner() public {
8.         require(!payedOut);
9.         winner.send(winAmount);
10.        payedOut = true;
11.    }
12.
13.    function withdrawLeftOver() public {
14.        require(payedOut);
15.        msg.sender.send(this.balance);
16.    }
17. }
```

这个智能合约设计得类似于彩票系统，旨在通过提高参与者的激励和公平性来吸引更多人参与。在合约中，赢家将收到一定数量的 Ether 作为奖金，同时合约通常会保留一部分余额供后续的参与者提取。这样的设计不仅通过设定诱人的奖金来吸引人们参与合约，而且通过留存余额的机制增加了合约的活跃度，进一步促进了社区参与和公平竞争。错误出现在第 9 行，智能合约在使用 send 函数时没有进行响应检查。在这个简单的例子中，如果一个赢家的交易失败（可能是因为 gas 用完，也可能是因为它是一个有意添加回退函数的智能合约），那么赢家可以将 PayedOut 设置为 true（无论是否发送了 ether）。在这种情况下，其他用户可以通过调用 RetrachLeftOver 函数来提取赢家的 ether。

3)防范措施

(1)尽可能使用 transfer 函数而不是 send 函数,因为当外部事务恢复时,transfer 函数也将恢复。如果要使用 send 函数,需要确保返回值正确。

(2)采用退出模式。在该解决方案中,每个用户都要调用一个独立的函数(即撤销函数),来处理从合同中发送的 ether 信息,独立处理发送事务失败的后果。其思路是从逻辑上将外部发送功能与代码库的其余部分隔离开来,并将潜在失败事务的负担交给调用撤销功能的最终用户。

9.2.3 整数溢出漏洞

1)整数溢出漏洞背景

在执行需要使用固定大小变量来存储超出变量数据类型范围的数字(或数据段)的操作时,可能会发生上溢或下溢。例如,如果将 256 加到一个 uint8(8 位无符号整数)变量上,变量的值将保持不变,即仍然是 256。这是因为 uint8 类型的范围是 0 到 255。这种超过数据类型表示范围最大值的情况称为上溢。类似地,当将 0 存储为一个 uint8 变量,并减去 1 时,结果会变成 255。这种超过数据类型表示范围最小值的情况称为下溢。攻击者可能会利用这个漏洞来滥用代码,并创建意外的逻辑流程。因此,在编写智能合约或其他代码时,需要注意数据类型的范围限制,并进行适当的边界检查,以确保安全性和可预测性。

2)漏洞代码

代码例子如下:

```
1.   contract TimeLock{
2.       mapping(address => uint) public balances;
3.       mapping(address => uint) public lockTime;
4.
5.       function deposit() public payable {
6.           balances[msg.sender] += msg.value;
7.           lockTime[msg.sender] = now + 1 weeks;
8.       }
9.
10.      function increaseLockTime(uint _secondsToIncrease) public {
11.          lockTime[msg.sender] += _secondsToIncrease;
12.      }
13.
14.      function withdraw() public {
15.          require(balances[msg.sender] > 0);
```

```
16.         require(now > lockTime[msg.sender]);
17.         uint transferValue=balances[msg.sender];
18.         balances[msg.sender] = 0;
19.         msg.sender.transfer(transferValue);
20.     }
21. }
```

该智能合约的设计如同一个时间保险库，用户可以在智能合约中存入 ether。如果用户愿意，可以将锁定时间延长到 1 周以上，但一旦存放，用户需要确保他们的 ether 至少被安全锁定 1 周。如果用户在该合同中锁定了 100 个 ether，并将其密钥交给了攻击者，则无论锁定时间长短，攻击者都可以使用溢出接收 ether。攻击者可以确定他们持有密钥的地址的当前锁定时间（这是一个公共变量），称之为用户锁定时间。然后，攻击者可以调用 increaseLockTime 函数，并将数字 2^{256} – userLock – Time 作为参数传递。此数字将被添加到当前的 userLockTime 中，并导致溢出，从而将 lockTime［msg.sender］重置为 0。然后，攻击者只需调用 withdraw（）函数即可套利。

3）防范措施

目前防止整数溢出的常规方法是使用或构建针对 8 位无符号整数的数学库，以取代标准的数学运算符；加法、减法和乘法（除法被排除在外，因为它不会导致上溢或下溢，EVM 在除以 0 时不变）。

9.2.4 无限循环漏洞

1）无限循环漏洞背景

无限循环是指程序的控制流重复运行某段代码且无法结束的情况。原因可能是程序中的循环没有结束循环条件，或者无法建立结束循环的条件。反映在智能合约上，主要是与 fallback 函数的交互。函数 A 用错误的参数调用函数 B，这将自动触发此合同中 fallback 函数的执行。假设 fallback 函数进一步调用函数 A，这将导致函数 A 与 fallback 函数之间的调用循环。

2）漏洞代码

漏洞代码举例如下：

```
1. function digest(bytes key, uint seed) returns (bytes32 _hash) {
2. //
3. //计算并返回一个 Murmur3 Hash.
4.
5. _hash=bytes32(seed);
6.
```

```
7.  // 计算" key "中有多少个 4 字节的组块
8.  uint numChunks = key.length / 4;
9.
10. // 对 4 字节的"key"块进行迭代
11. for (var i = 0; i < numChunks; i + +) {
12.     bytes32 k = 0;
13.     bytes32 fourByteChunk = 0;
14. }
```

在上述代码中，key.length 的长度为 4 的倍数，numChunks 是 for 循环中的条件检查。由于 var i = 0 本身作为 uint8（最多只能存储 255 个值）执行，循环将无限运行，以输出长度为 1024 或更大的键（这将导致 numChunk 值为 256 或更大）。在 remix 中运行这段代码会生成一个无限循环，以获得足够大的密钥。

3）防范措施

该漏洞主要处于代码层面，需要智能合约的开发者在开发时注意避免产生该漏洞。针对上述例子，不使用 var 关键字，也不使用 var i = 0 构造创建 for 循环即可解决。

9.2.5 重入漏洞

1）重入漏洞（reentrancy）背景

DeFi 的智能合约中存在一个 fallback 回退函数，该函数没有函数名，也没有参数和 return 返回值。如果智能合约不带有 fallback 函数，接受 ether 时会触发异常，从而返回 ether，即如果想要智能合约能实现 ether 的接受功能，需要定义 fallback 函数。该函数在以下两种情形下会被触发：①调用合约时没任何函数被匹配上合约内函数，即会调用 fallback 函数作为默认的函数；②智能合约收到 ether 时没有任何其他数据，也会调用 fallback 函数。

2）漏洞代码

下面通过代码例子分析漏洞。

```
1. /* 此合约用于 1)记录用户余额,2)可以取款,3)可以存款。有 reentrancy 漏洞。*/
2. contract Bank{
3. /* 地址(唯一)和余额的映射 */
4.    mapping(address = >uint) userBalances;
5. /* 返回用户余额 */
6.    function getUserBalance(address user) constant returns(uint) {
7.      return userBalances[user];
8.    }
```

9.
10. /* 给指定的用户增加余额 */
11.   function addToBalance() {
12.   userBalances[msg.sender] = userBalances[msg.sender] + msg.value;
13.   }
14.
15. /* 用户取款(这里假设取余额中全部的钱) */
16.   function withdrawBalance() {
17.   uint amountToWithdraw = userBalances[msg.sender];
18.   /* 把钱转给用户。如果交易失败,则throw。*/
19.   if (msg.sender.call.value(amountToWithdraw)() == false) {
20.   throw;
21.   }
22.   /* 如果交易成功,把用户的余额设置为0。*/
23.   userBalances[msg.sender] = 0;
24.   }
25. }
26. /* 这是一个攻击具有 reentrancy 漏洞的智能合约(Bank)的智能合约(BankAttacker)。在这个例子里,它实现了两次攻击。*/
27. contract BankAttacker{
28.   bool is_attack;
29.   address bankAddress;
30. /* 输入:1)_bankAddress:要攻击的智能合约(Bank)的地址,2)_is_attack:开启或关闭攻击.*/
31.
32.   function BankAttacker (address _bankAddress, bool _is_attack){
33.   bankAddress = _bankAddress;
34.   is_attack = _is_attack;
35.   }
36. /* 这是一个 fallback 函数,用于调用 withdrawnBalance 函数(当开始攻击时,即 is_attack 为 true)。这个函数会被触发是因为有 reentrancy 漏洞的智能合约(Bank)中的 withdrawBalance 函数被执行。为了避免无限递归调用 fallbacks,有必要设置有限的次数,例如这里设置2次。因为每次调用是需要 gas 的,如果 gas 用完了,攻击就失败了。*/
37.
38.   function() {

```
39.         if(is_attack = = true)
40.         {
41.             is_attack = false;
42.             if(bankAddress.call(bytes4(sha3("withdrawBalance()")
))) {
43.                 throw;
44.             }
45.         }
46.     }
47. /* 存款函数。主要功能是给智能合约 Bank 发送 75wei, 并且调用
    addToBalance。*/
48.
49.     function deposit() {
50.         if (bankAddress.call.value(2).gas(20764)(bytes4(sha3
("addToBalance()")))
51.             ==false) {
52.                 throw;
53.             }
54.     }
55.
56. /* 这个函数会触发 Bank 中的 withdrawBalance 函数。*/
57.     function withdraw(){
58.         if(bankAddress.call(bytes4(sha3("withdrawBalance()"))) = =
        false) {
59.                 throw;
60.             }
61.         }
62. }
```

以上，展示了一个重入攻击的例子。在这里进行简单的说明：攻击者通过 BankAttacker 合约与存在漏洞的智能合约 Bank 进行交互。攻击前，攻击者会执行 BankAttacker 合约的 deposit 函数，发送 75 wei 到 Bank 合约，这其中调用了 Bank 中的 addToBalance 函数。随后，攻击者第一步执行其中的 withdraw 函数进行取款 75 wei 的操作，并触发 Bank 合约中的 withdrawBalance 函数；接下来，Bank 合约中的 withdrawBalance 函数发送 75 wei 到 BankAttacker 合约，调用 BankAttacker 的 fallback 函数并重新得到 userBalances 变量。最后攻击者会进行重入攻击，即发动二次取款操作，这

使得 BankAttacker 合约的 fallback 函数执行 Bank 合约中的 withdrawBalance 函数。由于此时首次取款操作并未完成，Bank 合约的变量 UserBalances 的值并未得到更新，此时 Bank 合约判断 BankAttacker 合约依旧存在 75 wei，并成功调用取款函数。

  3）防范措施

  总的来说，由于该漏洞属于代码方面的漏洞，一方面可以通过一些工具检测出来，如 Luu 提出了代码检测工具 Oyente，在每次执行 CALL 函数之前，先利用符号执行获取整个函数的条件路径，以检测这方面的漏洞；另一方面可以增加一个变量来锁定当前的状态，从而在代码层面消除这个漏洞。

9.2.6 危险的代理调用漏洞

  1）危险的代理调用漏洞背景

  call 和 delegatecall 操作码可以帮助以太坊开发人员模块化其代码。标准外部消息调用通过 call 操作码处理，允许在外部合约或函数的上下文中运行代码。delegatecall 操作码与标准消息调用类似，但有一个重要区别，即在目标地址执行的代码是在调用智能合约的上下文中运行的。这个特性支持库的实现，使开发人员可以通过库为将来的合约创建可重用的代码。尽管这两种代码间的差异很细微，但在执行过程中可能会产生意想不到的差异。虽然库中的代码本身可能是安全且没有漏洞的，但当在另一个智能合约的上下文中运行时，可能会出现新的漏洞。因此，在使用 delegatecall 操作码时，开发人员需要格外小心，确保目标合约中的代码与当前上下文一起运行时不会引入潜在漏洞。

  2）漏洞代码

  以下面的漏洞攻击为例。

```
1. contract FibonacciBalance{
2.
3.     address public fibonacciLibrary;
4.     // withdraw 目前的斐波那契数
5.     uint public calculatedFibNumber;
6.     // 起始 fibonacci 序列数字
7.     uint public start = 3;
8.     uint public withdrawalCounter;
9.     // fibonancci 函数选择
10.    bytes4 constant fibSig = bytes4(sha3("setFibonacci(uint256)"));
11.
12.    // 装载合约的 ether
13.    constructor(address _fibonacciLibrary) public payable {
14.        fibonacciLibrary = _fibonacciLibrary;
```

```
15.    }
16.
17.    function withdraw() {
18.        withdrawalCounter += 1;
19.        // 计算当前退出用户的斐波那契数
20.        require(fibonacciLibrary.delegatecall(fibSig, withdrawalCounter));
21.        msg.sender.transfer(calculatedFibNumber * 1 ether);
22.    }
23.
24.    // 允许用户调用斐波那契库函数
25.    function() public {
26.        require(fibonacciLibrary.delegatecall(msg.data));
27.    }
28. }
29. contract Attack{
30.    uint storageSlot0; // 与 fibonacciLibrary 相对应
31.    uint storageSlot1; // 与计算得到的 FibNumber 相对应
32.    // fallback - 如果没有找到指定的函数,则运行该函数  function() public {
33.        storageSlot1 = 0; // 我们将计算出来的 FibNumber 设置为 0,这样如果 withdraw
34.        // 那么我们不发出任何 ether。
35.        <attacker_address>.transfer(this.balance);
36.    }
37. }
```

　　本智能合约允许参与者从合同中提取 ether,ether 的得到数量等于参与者提款单对应的斐波那契数。例如,第一个参与者得到 1 个 ether,第二个参与者也得到 1 个 ether,第三个参与者得到 2 个 ether,第四个参与者得到 3 个 ether,第五个参与者得到 5 个 ether,依此类推,直到智能合约 ether 余下数量小于参与者的斐波那契数。

　　具体分析代码,先有一个变量 fibSig 保存字符串 setFibonacci(uint256)的 Keccak(SHA-3)散列的前 4 个字节。这被称为函数选择器,并被放入 calldata 中,以指定将调用智能合约的哪个函数。在第 20 行的 delegatecall 函数中,它用于指定运行 setFibonacci(uint256)函数。delegatecall 函数中的第二个参数是传递给函数的参数。其次,假设 FibonacciLib 库的地址在构造函数中被正确引用。在这个过程中,如果把它放入 remix,

填充 ether 然后调用 draw 函数，它很可能会还原。此外，在库和主调用智能合约中都使用了状态变量 start。在库合约中，start 用于指定斐波那契序列的开始，并设置为 0，而在斐波那契合约中设置为 3。FibonacciBalance 合约中的 fallback 函数允许将所有调用传递给库合约，这也允许调用库合约的 setStart 函数。

库合约有两个状态变量，start 和 calculatedFibNumber 函数，setStart 接受一个输入并将 start 设置为输入的任何值。类似地，setFibonacci 函数将 calculatedFibNumber 设置为 fibonacci（n）的结果。而斐波那契合约的存储插槽［0］对应于 FibonAccibrary 地址，插槽［1］对应于 calculatedFibNumber。漏洞正是出现在这种不正确的映射中。因为 delegatecall 执行的代码作用于调用合约的状态（即存储）。在第 20 行的 draw 中，执行 fibonacciLibrary。这将调用 setFibonacci 函数，修改了存储槽［1］，在我们当前的合约中是 calculatedFibNumber。这与预期一样（即执行后，calculatedFibNumber 会得到调整）。但是，Fibonacci 库合约中的 start 变量位于存储插槽［0］中，该插槽是当前协定中的 fibonacciLibrary 地址。这意味着 fibonacci 函数将给出一个意外的结果。这是因为它引用了 start（slot［0］），在当前执行的合约中，它是 fibonacciLibrary 地址。因此，draw 函数很可能会恢复，因为它不包含 uint（fibonacciLibrary）量的 ether，这是 calculatedFibNumber 将返回的值。

FibonacciBalance 合约允许用户通过第 26 行的 delegatecall 回退函数调用所有 fibonacciLibrary 函数。如前所述，这包括 setStart 函数。此函数允许任何人修改或设置存储插槽［0］。在这种情况下，存储插槽［0］是 fibonacciLibrary 地址。因此，攻击者可以创建一个恶意合约（第 30 行），将地址转换为 uint 类型，然后调用 setStart 函数。这会将 fibonacciLibrary 更改为攻击者的合约地址。然后，每当用户调用 draw 函数或 fallback 函数时，恶意合约就会运行（这可能会窃取合约的全部余额）。

3）防范措施

针对这个漏洞，Solidity 提供用于实施库合约的 lib 关键字。这确保了库合约是无状态的、不可自毁的。强制库为无状态可以防止攻击者通过直接修改库的状态来影响依赖于库代码的合约的攻击。一般来说，在使用 delegatecall 时，仔细注意库合约，并尽可能构建无状态库，即可避免漏洞的产生。

9.2.7 拒绝服务漏洞

1）拒绝服务漏洞背景

在智能合约中，一旦合约的正常逻辑运算被恶意阻断，就会发生拒绝服务攻击。导致拒绝服务的方式主要分为三类：①攻击者人为地增加计算函数所需的 Gas，导致合约暂时或永久失效运行；②混淆和疏忽，如所有者账户丢失，攻击者有权开启或中止交易；③由于智能合约的状态取决于外部函数的执行结果，如果外部调用失败或被拒绝，也会导致拒绝服务攻击。

2）漏洞代码

以下举一些可能导致攻击者执行 DOS 攻击的代码例子。

例 1：

```
1. contract DistributeTokens {
2.     address public owner;
3.     address[] investors;  // investors 的矩阵
4.     uint[] investorTokens;  // 每个投资者获得的代币数量
5.     function invest() public payable {
6.         investors.push(msg.sender);
7.         investorTokens.push(msg.value * 5);  // 5 倍 wei
8.     }
9.
10.     function distribute() public {
11.         require(msg.sender == owner);  // 判断是不是 owner
12.         for(uint i = 0; i < investors.length; i++) {
13.             // 这里的 transferToken(to, amout)将令牌的"金额"转移到地址"to"。
14.             transferToken(investors[i], investorTokens[i]);
15.         }
16.     }
17. }
```

在上面的智能合约代码例子中可以看到，这个合约循环运行在一个可以人为膨胀的数组中。攻击者可以创建许多用户账户，使得数组庞大。智能合约的运行也可能因为超过 Gas 限制而出现问题。更严重的是，若 Gas 消耗而导致其达到区块上限，则会使合约的交易失败。

例 2：

```
1. bool public isFinalized = false;
2. address public owner;
3. function finalize() public {
4.     require(msg.sender == owner);
5.     isFinalized == true;
6. }
7. //... 额外的 ICO 功能
8. //过载转账函数
9. function transfer(address _to, uint _value) returns (bool) {
```

```
10.     require(isFinalized);
11.     super.transfer(_to,_value)
12. }
13. ...
```

拒绝服务漏洞的一种常见情况是,合约的所有者在智能合约中拥有特权,并且必须执行某些任务以便智能合约进入下一个状态。例 2 是 ICO 智能合约,它要求指定智能合约的所有者并允许令牌是可转让的,即实现 finalize 函数。在这种情况下,如果特权用户失去他们的私钥,或者变得不活跃,整个令牌智能合约就变得不可操作。也就是说,代币生态系统的运作取决于单个地址,如果不能调用,则不能传输令牌。

3)防范措施

拒绝服务漏洞情况涉及较广,需要具体情况具体分析。针对第一个例子,智能合约在设计时应避免使用可以被外部用户人为操纵的数据结构进行循环,因为这可能导致安全漏洞和意外的逻辑结果。相反,应该指定一种 withdraw 模式,使每个投资者都可以通过调用一个特定的函数来独立地声明代币。这种设计可以确保每个投资者都有平等的机会声明他们的代币,并且不受外部干预的影响。

在第二个例子中,需要一个特权用户来更改合约的状态。在这种情况下(如果可能的话),可以使用一个故障安全机制,以防止特权用户失去能力。一种解决方案是将合约设置为多签合约(multisig contract)。另一种解决方案是使用时间锁(timelock),其中第 10 行的 require 语句可以包含基于时间的机制,例如允许在特定时间段之后由任何用户进行最终确认。

9.2.8 短地址/参数攻击

1)短地址/参数攻击漏洞背景

这种攻击并不针对 Solidity 合约本身,而是针对可能与其交互的第三方应用程序。在将参数传递给智能合约时,根据 ABI 规范对参数进行编码。攻击者可以发送短于预期参数长度的编码参数,比如只发送 38 个十六进制字符(19 字节)的地址,而不是标准的 40 个十六进制字符(20 字节)。在这种情况下,以太坊虚拟机(EVM)会在编码参数的末尾添加 0 以弥补长度差距。

当第三方应用程序没有对输入进行验证时,这就成了一个问题。最常见的例子是,在用户请求取款时,如果交易所没有验证 ERC-20 令牌的地址,那么攻击者就可以通过发送短编码参数使资金被发送到错误的地址,从而造成资金损失。

2)漏洞代码

考虑到标准的 ERC-20 传递函数接口,注意参数的顺序,得到的函数定义如下。

```
1. function transfer(address to, uint tokens) public returns (bool
    success);
```

在进行大量令牌交换时，用户可能希望撤回他们持有的一定数量的令牌。为了实现这一操作，用户将提交他们的地址（假设为 0xDeadDead）以及希望撤回的令牌数量（假设为 100）。这些参数将按照合约中 transfer 函数指定的顺序进行编码，即先是地址，然后是令牌数量。

编码后的结果将包含 transfer 函数的签名/选择器（前四个字节），接着是地址（32个字节），最后是代表 uint256 格式的令牌数量（32 个字节）。如果用户希望撤回 100 个令牌，其对应的十六进制表示为 56bc75e2d63100000（根据 REP 令牌智能合约的规定，小数点后 18 位）。然而，如果攻击者发送一个缺少 1 字节（2 个十六进制数字）的地址，比如 0xDead–Deas（缺少最后两位数字），并且提供相同的 100 个令牌以进行撤回操作，如果交易所没有对该输入进行验证，那么输入将被错误地编码为 a9059cbb000000000000000000000000deaddeaddeaddeaddeaddeaddeaddeadde00000000000000000000000000000000000000000000000056bc75e2d6310000000。这就可能会因为地址信息不再有效，导致意外的行为和错误的结果。

因此，在智能合约中进行令牌交换时，必须对用户输入的地址进行验证，以确保其格式和完整性符合预期。这样可以有效防止类似的攻击和错误行为。

可以看到，这两个编码差别很小，在于 00 已填充到编码的末尾，以弥补发送的短地址。当它被发送到智能合约时，地址参数将被读取为"0xdeaddeaddeaddeaddeaddeaddeaddeadde00"，值将被读取为"6bc75e2d6310000000"（注意另外两个 0）。该值现在是 25 600 个令牌（该值已乘以 256）。在本例中，如果交易所持有这么多令牌，用户将向修改后的地址提取 25 600 个令牌（而交易所认为用户仅提取 100 个）。显然，在本例中，攻击者不会拥有修改后的地址，但如果攻击者生成任何以 0 结尾的地址（可以很容易地强制使用），并使用该地址，就可以很容易地从毫无防备的交换中窃取令牌。

3) 防范措施

为防止此类攻击，应在将所有输入发送到区块链之前验证地址。还应注意的是，参数排序在这里起着重要作用。由于填充只发生在最后，因此在智能合约中仔细排序参数可防护某些形式的攻击。

9.2.9　外部智能合约参考漏洞

1) 外部智能合约参考漏洞背景

基于 DeFi 的以太坊链的优点之一是能够重复使用代码，并与网络上已部署的智能合约进行交互。因此，大量智能合约引用外部智能合约，并且在一般操作中使用外部消息调用与这些智能合约进行交互。这些外部消息调用可以以一些不明显的方式掩盖恶意参与者的意图，下面将对此进行分析。

2) 漏洞代码

下面分析一个外部智能合约参考漏洞的例子。

```
1.  // 加密合约
2.  contract Rot13Encryption{
3.
4.      event Result(string convertedString);
5.
6.      // 使用 Rot13 加密一个字符串
7.      function rot13Encrypt (string text) public {
8.          uint256 length = bytes(text).length;
9.          for (var i=0; i < length; i++) {
10.             byte char = bytes(text)[i];
11.             // 内联组装修改字符串
12.             assembly{
13.                 char := byte(0,char) // 得到第一个字节
14.                 if and(gt(char,0x6D), lt(char,0x7B)) // 如果字符在 [n,z]间,封装。
15.                 {char: = sub(0x60, sub(0x7A, char)) } // 用差分 char 减去 ascii 数 a, 得到 z。
16.                 if iszero(eq(char, 0x20)) // 去除空格
17.                 {mstore8(add(add(text,0x20), mul(i,1)), add(char, 13))} // char 加上 13
18.             }
19.         }
20.         emit Result(text);
21.     }
22.
23.     // 使用 Rot13 解密一个字符串
24.     function rot13Decrypt (string text) public {
25.         uint256 length = bytes(text).length;
26.         for (var i=0; i < length; i++) {
27.             byte char = bytes(text)[i];
28.             assembly{
29.                 char := byte(0,char)
30.                 if and(gt(char,0x60), lt(char,0x6E))
31.                 { char: = add(0x7B, sub(char,0x61)) }
32.                 if iszero(eq(char, 0x20))
33.                 {mstore8(add(add(text,0x20), mul(i,1)), sub(char, 13))}
```

```
34.         }
35.     }
36.     emit Result(text);
37.  }
38. }
39. import"Rot13Encryption.sol";
40.
41. // 加密 top 机密信息
42. contract EncryptionContract{
43.     // 对库进行加密
44.     Rot13Encryption encryptionLibrary;
45.
46.     // 初始化库

47.     constructor(Rot13Encryption _encryptionLibrary) {
48.         encryptionLibrary = _encryptionLibrary;
49.     }
50.
51.     function encryptPrivateData(string privateInfo) {
52.         // 在这里有可能做一些操作
53.         encryptionLibrary.rot13Encrypt(privateInfo);
54.     }
55. }
```

该代码只需获取一个字符串（字母 a～z，无需验证），并通过将每个字符向右移动 13 位（环绕"z"）对其进行加密，如"a"变为"n"，而"x"变为"k"。该智能合约的问题在于 encryptionLibrary 地址不是公共的或固定的。因此，智能合约的部署者可以在构造函数中给出指向该智能合约的地址。

```
1. // encryption contract
2. // 加密合约
3. contract Rot26Encryption{
4.
5.     event Result(string convertedString);
6.
7.     // 使用 Rot13 加密一个字符串
```

```
8.     function rot13Encrypt (string text) public {
9.         uint256 length = bytes(text).length;
10.        for (var i = 0; i < length; i++) {
11.            byte char = bytes(text)[i];
12.            // 内联组装修改字符串
13.            assembly {
14.                char := byte(0, char)  // 得到第一个字节
15.                if and(gt(char, 0x6D), lt(char, 0x7B))  // 如果字符在[n, z]间, 封装。
16.                    {char := sub(0x60, sub(0x7A, char))}  // 用差分 char 减去 ascii 数 a, 得到 z。
17.                if iszero(eq(char, 0x20))  // 去除空格
18.                    {mstore8(add(add(text, 0x20), mul(i, 1)), add(char, 26))}  // char 加上 13
19.            }
20.        }
21.        emit Result(text);
22.    }
23.
24.    // 使用 Rot13 解密一个字符串
25.    function rot13Decrypt (string text) public {
26.        uint256 length = bytes(text).length;
27.        for (var i = 0; i < length; i++) {
28.            byte char = bytes(text)[i];
29.            assembly {
30.                char := byte(0, char)
31.                if and(gt(char, 0x60), lt(char, 0x6E))
32.                    { char := add(0x7B, sub(char, 0x61)) }
33.                if iszero(eq(char, 0x20))
34.                    {mstore8(add(add(text, 0x20), mul(i, 1)), sub(char, 26))}
35.            }
36.        }
37.        emitResult(text);
38.    }
39. }
40. contract Print{
```

```
41.     event Print(string text);
42.
43.     function rot13Encrypt(string text) public {
44.         emit Print(text);
45.     }
46. }
47. contract Blank{
48.     event Print(string text);
49.     function (){
50.         emit Print("Here");
51.         // 把恶意代码放在这里,它就会运行
52.     }
53. }
```

如果构造函数中给出了这两个智能合约的地址,encryptPrivateData 函数只会生成一个事件,打印未加密的私有数据。在本例中,构造函数中设置了类似于库的智能合约,但通常情况下,特权用户(如所有者)可以更改库智能合约地址。如果链接的智能合约不包含被调用的函数,将执行回退函数。假设使用了名为 encryptionLibrary 的库,该库中包含了一个名为 rot13Encrypt 的函数,用于对文本进行 ROT13 加密(即将每个字母向后偏移 13 位)。此外,假设 Blank 智能合约调用了 encryptionLibrary,并实现了 ROT26 加密(即将每个字符向后偏移 26 位)。在这种情况下,当发生加密操作时,智能合约会触发一个名为"Here"的事件。因此,如果用户可以更改库合约,原则上就可以让用户在不知情的情况下运行任意代码。

3)防范措施

如上所述,无漏洞的智能合约(在某些情况下)的部署方式可能会导致其行为恶意。审计员可以公开验证智能合约,并让其所有者以恶意方式部署智能合约,从而导致公开审计的智能合约存在漏洞或恶意。有许多技术可以防止这些情况发生。一种技术是使用 new 关键字创建合同。在上面的例子中,构造函数可以写成以下的样式。

```
1.  constructor() {
2.      encryptionLibrary = new Rot13Encryption();
3.  }
```

这样,在部署时会创建引用约定的实例,部署人员在不修改智能合约的情况下,无法用任何其他内容替换 Rot13Encryption 智能合约。另一个解决方案是硬编码任何已知的外部智能合约地址。一般来说,开发人员应该始终仔细查看调用外部智能合约的代码。开发人员在定义外部智能合约时,最好公开智能合约地址,以便用户轻松检查智能合约

引用的代码。相反，如果一个智能合约有一个私有变量智能合约地址，它可能是恶意行为的标志。如果特权用户（或任何用户）能够更改用于调用外部功能的智能合约地址，则（在分散的系统环境中）实施时间锁定或投票机制，以允许用户查看正在更改的代码，或让参与者有机会选择加入/退出新的智能合约地址，就变得很重要。

9.2.10 三明治攻击

1）三明治漏洞背景

将对其他合约的外部调用和底层区块链的多用户性质相结合，会产生各种潜在的陷阱，用户竞相执行代码会导致意外状态的产生。三明治攻击（Sandwich attack）就是这种竞争条件的一个例子。与大多数区块链一样，以太坊节点将交易汇集在一起，并将其形成区块。只有矿工解决了共识机制（目前以太坊的 ETHASH PoW）后，交易才被视为有效。解决区块的矿工还可以选择让池中的哪些交易将包含在区块中，这通常由交易的价格决定。攻击者可以监视事务池中的事务，这些事务可能包含问题的解决方案、修改或撤销攻击者的权限，或更改攻击者不希望看到的合同状态。然后，攻击者可以从该事务中获取数据，并以更高的 gasPrice 创建自己的事务，并将其事务包含在原始事务之前的块中。

2）漏洞代码

漏洞代码举例如下。

```
1. contract FindThisHash{
2.     bytes32 constant public hash = 0xb5b5b97fafd9855eec9b41f74dfb6c38f5951141f9a3ecd7f44d5479b630ee0a;
3.
4.     constructor() public payable {} // 装载 ether
5.
6.     function solve(string solution) public {
7.         // 如果可以找到符合要求的哈希，则接收 1000 个 ether
8.         require(hash == sha3(solution));
9.         msg.sender.transfer(1000 ether);
10.    }
11. }
```

假设有一个智能合约，其中包含 1000 个 ether。合约的逻辑是，如果有人能够找到一个特定散列（sha3）值的前映像，他们就可以提交解决方案并取回 1000 个 ether。现在假设一个用户认为解决方案是"Ethereum!"，并使用该解决方案作为参数调用了 solve 函数。攻击者可以监视事务池中所有提交解决方案的人。当看到这个解决方案时，攻击者会检查其有效性，并提交一个等价但具有更高 gasPrice 的交易。由于矿工（负责打包和确认交易的节点）倾向于先解决（将交易打包成区块并添加到区块链上的过程）gasPrice 更高的交易，因此攻击者的交易可能会在原始解决方案之前被矿工接受。这样，攻击者就能获得 1000 个 ether，而用户将一无所获（因为合约中没有剩余 ether）。在这种情境下，攻击者巧妙地利用了竞争条件和 gasPrice 机制，他们通过提交 gasPrice 更高的交易来使矿工优先处理这些交易，进而成功窃取了原本属于用户的奖励。

2）防范措施

有两类主体可以执行这类 Front Running 攻击：一类是修改交易价格的用户，另一类是可以按照自己认为合适的方式在区块中重新为交易排序的矿工。易受第一类（用户）攻击的合同比易受第二类（矿工）攻击的智能合约情况严重得多，因为矿工只能在解决区块时执行攻击，这对于任何针对特定区块的矿工来说都是不可能的。在这里，列出一些缓解措施，并说明可以阻止哪类攻击者。

可以采用的其中一种预防措施是在智能合约中创建逻辑，对 gasPrice 设立上限。这就阻止了用户提高 gasPrice，并获得超出上限的优惠交易订单。这种预防措施只会缓解第一类攻击者（任意用户）的攻击。在这种情况下，矿工仍然可以攻击合同，因为他们可以随心所欲地订购区块内的交易，而不管 gasPrice 是多少。

另一种更可靠的预防措施是尽可能使用提交 – 揭示方案。这种方案要求用户发送带有隐藏信息（通常是散列）的事务。在事务被包含在一个块中之后，用户发送一个事务，显示所发送的数据（显示阶段）。由于矿工和用户无法确定事务的内容，此方法可防止他们在前台运行事务。然而，这种方法无法隐藏交易价值（在某些情况下，交易价值是需要隐藏的信息）。ENS 智能合约允许用户发送交易，其提交的数据包括他们愿意花费的以太币数量。然后，用户可以发送任意值的事务。在下一阶段，用户将有机会通过交易中发送的金额与他们愿意支付的费用之间的差额来实现套利。

9.3 智能合约漏洞检测方法

基于 Defi 的智能合约的安全漏洞可能会导致重大损失，不仅严重影响用户体验，还会破坏去中心化金融服务的信用体系。当前，智能合约安全问题已成为研究者和开发者共同关注的焦点。为了防止恶意攻击者利用智能合约漏洞，研究人员已经积极尝试使用各种方法对以太坊智能合约源代码和 EVM 字节码进行全面分析。近年来，智能合约漏洞检测方法主要包含以下 5 种：形式化验证法、符号执行法、模糊测试法、中间表示法与深度学习法。表 9-2 概述了 5 种类型共 24 个智能合约检测工具。这些检测方法各有优缺点，都旨在改善智能合约的安全性。进一步的研究和探索有利于提高智能合约的安全性，并保护用户和 Defi 信用体系的利益。接下来，将进一步介绍下表中的检测工具。

表 9-2 智能合约检测工具

检测方法	检测工具	自动程度	语言支持	开源地址
形式化验证法	F*framework	半自动	字节码，Ocaml	未开源
	KEVM framework	半自动	Solidity，字节码	https://github.com/kframework/evm-semantics
	Isabelle/HOL	半自动	字节码，Ocaml	未开源
	ZEUS	全自动	Solidity，字节码	https://github.com/pirapira/eth-isabelle
符号执行法	Oyente	全自动	Solidity，字节码	https://github.com/melonproject/oyente
	Maian	全自动	Solidity，字节码	https://github.com/MAIAN-tool/MAIAN
	Securify	全自动	Solidity，字节码	https://github.com/eth-sri/securify2
	Mythril	全自动	Solidity，字节码	https://github.com/ConsenSys/mythril
	Sereum	全自动	Solidity，字节码	未开源
	DefectChecker	全自动	Solidity，字节码	https://github.com/Jiachi-Chen/DefectChecker/
模糊测试法	ContractFuzzer	全自动	Solidity，字节码	https://github.com/gongbell/ContractFuzzer
	Regurad	全自动	Solidity，字节码	未开源
	ILF	全自动	Solidity，字节码	未开源
	IR-Fuzz	全自动	Solidity，字节码	未开源
中间表示法	Slither	全自动	Solidity，字节码	https://github.com/crytic/slither
	Vandal	全自动	Solidity，字节码	https://github.com/usyd-blockchain/vandal
	Madmax	全自动	Solidity，字节码	https://github.com/nevillegrech/MadMax
	Smartcheck	全自动	Solidity，XML	https://github.com/smartdec/smartcheck
	ContractGuard	全自动	Solidity	https://github.com/contractguard/experiments
深度学习法	SaferSC	全自动	Solidity，字节码	https://github.com/wesleyjtann/SafeSmartContracts
	ReChecker	全自动	Solidity	https://github.com/Messi-Q/ReChecker
	DR-GCN	全自动	Solidity	https://github.com/MessiQ/GraphDeeSmartContract
	ContractWard	全自动	Solidity	未开源
	MANDO	全自动	Solidity	https://github.com/MANDO-Project/ge-sc

*注：表中第1列介绍了5种常见的智能合约漏洞检测方法。表中第2列列举了各种检测方法相对应的检测工具。表中第3列阐述了每种检测工具的自动化程度：全自动，指端到端的解决方法，即输入一个合约输出对应的漏洞检测结果；半自动，指在检测过程中需要手动定义相关的合约属性等，例如形式验证法使用定理证明智能合约的安全性，这些证明是半自动化的，因此形式化验证法需要大量的人工操作对智能合约进行分析和反馈。表中第4列概括了相应的检测工具支持的智能合约语言和形式。表中第5列说明了检测工具的开源程度，并且给出了相应的开源地址。

9.3.1 形式化验证法

在智能合约漏洞检测中，形式化验证是重要的技术之一。形式化验证利用形式化语言将合约中的概念、判断和推理转化为形式化模型，以消除歧义性和不通用性，并结合严谨的逻辑和证明，对智能合约中函数功能的正确性和安全性进行验证。目前，形式化验证技术已成功应用于高安全要求领域，如核电和航天。将形式化验证方法用于智能合约漏洞检测可确保合约的生成和执行遵循规范，提高其可信度和可靠性。

常见的形式化验证方法包括模型检测和演绎验证。模型检测通过列举所有可能的状态并逐一检验来确认合约是否具有相应的性质。而演绎验证则采用逻辑公式描述系统及其性质，通过推理规则证明系统具有某些性质。简而言之，形式化验证是通过数理逻辑的方式，在规范描述的前提下验证代码的特性是否满足要求。目前有如下4种基于形式化验证的智能合约漏洞分析方法。

（1）F^* framework。

F^* framework 是一种形式化验证方法，先将 EVM 字节码的语义形式化，并将该字节码编译成 Ocaml 形式。然后将智能合约的源码和字节码转化为函数编程语言 F^*，以分析和验证合约的安全性和功能正确性，从而成功检测以太坊智能合约的漏洞。

（2）KEVM framework。

KEVM framework 是一种用于形式化分析的框架，在可执行语义框架 K 框架中创建 EVM 的完全可执行的形式语义，并通过使用 KEVM 验证示例智能合约的算术操作正确性来证明其实用性。

（3）Isabelle/HOL。

Isabelle/HOL 是一种用于 EVM 字节码级别的形式化验证方法，它通过将字节码序列构建为线性代码块或将合约分解为基本块，并在此基础上创建逻辑程序进行推理验证。

（4）ZEUS。

ZEUS 是一种静态分析工具，其基于形式化验证的方法能够正确且公平地分析智能合约。ZEUS 利用抽象解释和符号模型检查，以及约束语句的强大功能，快速验证合约的安全性。它支持多种智能合约漏洞的检测，例如重入漏洞、整数溢出漏洞等。

9.3.2 符号执行法

符号执行法是一种重要的智能漏洞合约检测方法，其核心思想是对代码中的变量进行符号化处理。通过符号化程序输入，符号执行法能够为所有执行路径维护一组约束条件。执行完成后，约束求解器将求解这些约束，并确定导致该执行的输入。最后，利用约束求解器生成新的测试输入，检测符号值是否会导致漏洞的产生。在应用符号执行法进行智能合约漏洞检测时，首先需要对合约中的变量进行符号化处理。然后，按照指令逐条解释执行程序，并在执行过程中更新执行状态和收集路径约束，以完成程序中的所有可执行路径的探索并发现相应的安全问题。目前，有6种基于符号执行的智能合约漏洞检测工具可供选择。

（1）Oyente。

Oyente 是最早出现的智能合约漏洞静态检测工具之一。Oyente 接收两个输入，包括要分析的合约的字节码和当前的以太坊全局状态，然后回答合约是否存在安全问题（如

TOD、时间戳依赖性、异常处理不当），并向用户输出漏洞的符号路径。Oyente 遵循模块化设计，由 4 个主要模块组成，分别是 CFG Builder、Explorer、Core Analysis 和 Validator。漏洞检测流程如图 9－2 所示。

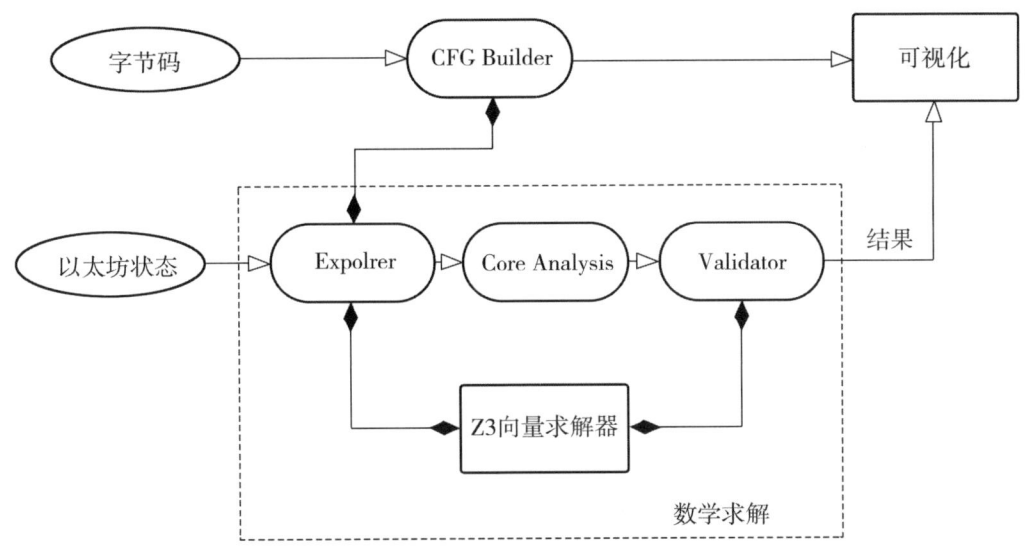

图 9－2　Oyente 漏洞检测流程

（2）Maian。

Maian 是一种基于符号分析的智能合约分析工具，它采用了跨过程的符号分析和具体验证器来展示真实的攻击。区别于一般的合约分析工具，Maian 只专注于 3 种类型的合约漏洞，即资产无限期冻结的合约漏洞（greedy）、易将资产泄露给陌生账户的合约漏洞（prodigal）、合约可以被任何人随意销毁的漏洞（suicidal）。

（3）Securify。

Securify 是一种用于 Ethereum 智能合约的安全分析器，它具备可伸缩、完全自动化的特点，并能够根据给定的属性证明合约行为的安全性或不安全性。Securify 的分析包括两个步骤。首先，它会对合约的依赖图进行符号分析，从代码中提取精确的语义信息。然后，检查它与漏洞的符合性和违规模式。为了支持扩展性，所有模式都是用指定的领域特定语言来指定的。

（4）Mythril。

Mythril 是一种智能合约静态分析工具，其使用概念分析、污点分析以及控制流验证来检测以太坊智能合约中常见的漏洞类型，包括可重入漏洞、整数溢出漏洞、异常处理漏洞等。

（5）Sereum。

Sereum 是一种专注于智能合约可重入漏洞的新颖检测方案。它通过运行时监控和验证，以向后兼容的方式保护现有的、已部署的合约免受重入攻击。Sereum 既不需要对现有合约进行任何修改，也不需要任何语义知识。

（6）DefectChecker。

DefectChecker 是一种基于符号执行的方法和工具，用于检测以太坊区块链平台上 8 种智能合约漏洞。DefectChecker 先把用户输入的字节码解析为操作码，并将其分成多个基本块。在每个基本块中，DefectChecker 对指令进行符号执行。在此过程中，Feature Detector 检测 3 个特征（即 money call、loop block 和 payable function）。基于这些信息，Defect Identifier 使用 8 种不同的规则来识别智能合约中的合约缺陷。

9.3.3 模糊测试法

在概念上，模糊测试通过生成大量包含正常和异常情况的测试用例，并将这些生成的用例输入目标应用程序中，同时监控执行过程中出现的异常结果，以发现安全问题。与其他技术相比，模糊测试具有很好的可扩展性和适用性，因为它可以在没有源代码的情况下进行。目前，智能合约漏洞检测已经发展出了以下 4 种模糊检测方法。

（1）ContractFuzzer。

ContractFuzzer 能够根据智能合约的 ABI 规范生成模糊测试输入，定义检测安全漏洞的测试预言（test oracle）。ContractFuzzer 对以太坊虚拟机（EVM）进行配置，并记录智能合约运行时的状态，通过分析日志，报告安全漏洞。图 9 - 3 具体描述了 ContractFuzzer 的总体架构和检测流程。

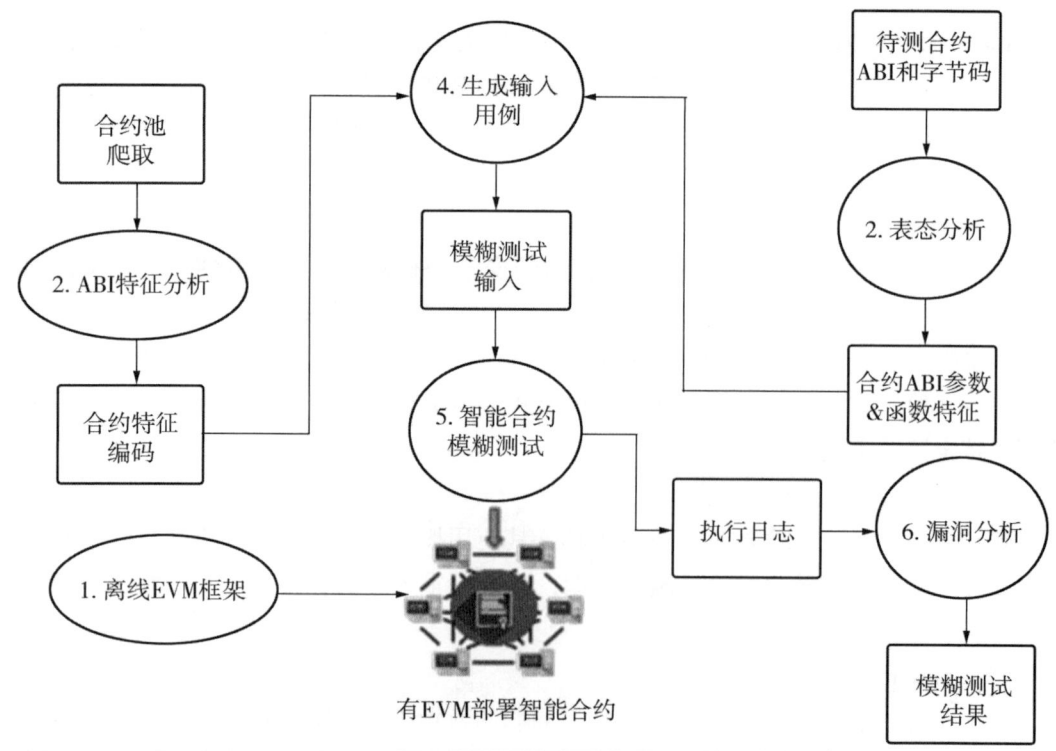

图 9 - 3　ContractFuzzer 的总体架构和检测流程

(2) Regurad。

Regurad 是一种专注于智能合约可重入漏洞的模糊测试分析器,其通过迭代生成随机而多样的交易,对智能合约进行模糊测试。基于运行时的轨迹,Reguard 进一步动态识别可重入漏洞。

(3) ILF。

ILF 是基于神经网络的智能合约模糊测试器,通过将学习任务置于模仿学习的框架中来实现有效的漏洞检测。在学习过程中,ILF 通过大量优质输入,并利用由适当的神经网络架构表示的模糊策略,在生成的数据集上进行训练。

(4) IR-Fuzz。

IR-Fuzz 针对目前智能合约通常仅从合约的初始状态开始进行模糊测试,因而难以发现其他状态触发的漏洞的问题,通过考虑函数之间的数据依赖关系、引入基于分支距离的度量方法并采用分支搜索算法来识别罕见且易受攻击的分支,从而显著提高了模糊测试在漏洞检测方面的效率。

9.3.4 中间表示法

智能合约在本质上是一种计算机程序,与其他编程语言的区别主要体现在以下两个方面:①智能合约具有独特的 Fallback 函数;②智能合约可以进行数字货币的转账和交易操作。因此,相对于其他类型的程序而言,对智能合约语言进行分析会更加复杂,而智能合约安全漏洞带来的损失也更加巨大。为了能够准确地分析智能合约,研究人员将智能合约的源码或字节码转换为具有高语义表达能力的中间表示(intermediary representation,IR),然后通过分析这些中间表示来发现安全问题。目前有 5 种能够利用中间表示进行智能合约分析的工具,以下将分别介绍它们。

(1) Slither。

Slither 是一种以太坊智能合约的静态分析框架。它将 Solidity 智能合约源代码转换为 SlithIR 中间表示形式。SlithIR 采用静态单一分配(SSA)形式和简化的指令集,简化合约分析过程,并保留 Solidity 源代码转换为 EVM 字节码时丢失的语义信息。图 9-4 描绘了 Slither 的核心检测流程。Slither 不仅能用于检测智能合约的常见漏洞,还可以提供合约代码优化的建议。

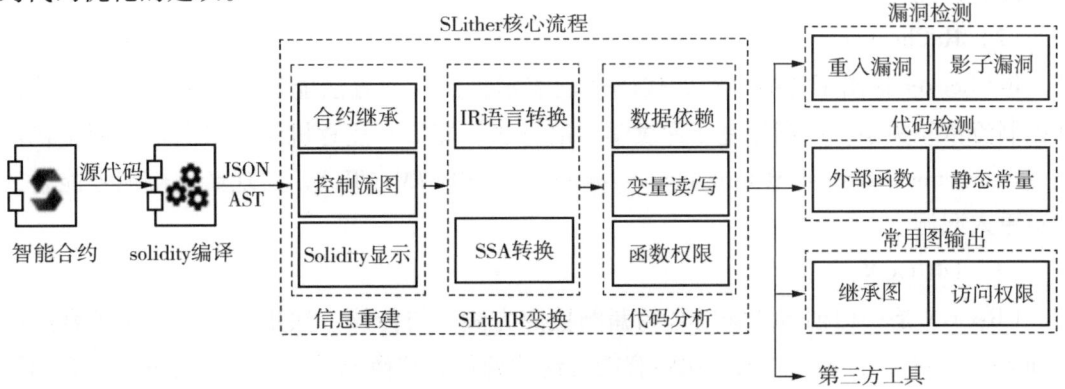

图 9-4 Slither 的核心检测流程

（2）Vandal。

Vandal 是一种用于以太坊智能合约的安全分析框架。Vandal 通过一个分析流程，将低级以太坊虚拟机（EVM）字节码转换为语义逻辑关系。框架的用户可以以声明式的方式，使用 Soufflé 语言编写的逻辑规范表达安全分析。

（3）Madmax。

Madmax 是一种专注于以太坊智能合约 Gas 相关的漏洞分析工具，它基于 Vandal 实现了控制流分析和反编译器的程序结构性检测方法。该工具同样将 EVM 字节码反编译成具有高语义信息的中间表示，并具有高精度和可扩展性。

（4）SmartCheck。

SmartCheck 是一种可扩展的智能合约静态分析工具，它将智能合约 Solidity 源代码转换为基于 XML 的中间表示，然后利用 XPath 的模式来检测智能合约漏洞。

（5）ContractGuard。

ContractGuard 是一种面向以太坊智能合约的入侵检测工具。它基于入侵检测系统（IDS）分析带上下文标记（context-tagged）的无环路径，检测潜在攻击引发的异常控制流。

9.3.5 深度学习法

近年来，在程序安全领域，深度学习已经取得了令人欢欣鼓舞的成果，并且在该领域中有越来越多的成功实践。深度学习技术的进步推动了各种安全检测方法的发展，对于新型安全漏洞而言，深度学习方法具备良好的扩展性和适应性。目前，基于深度学习的智能合约漏洞检测方法有以下 5 种。

（1）SaferSC。

SaferSC 是首个采用深度学习的智能合约漏洞检测模型，它基于 Maian 分类方法将合约漏洞分为三类，并实现了比 Maian 更高的检测准确率。此外，SaferSC 在智能合约操作码层面进行分析，并利用 LSTM 网络构建以太坊操作码序列模型，从而实现精确的智能合约漏洞检测。

（2）ReChecker。

ReChecker 提出了智能合约的代码片段表示方法，该方法能够捕捉关键的语义信息和控制流依赖关系，并利用基于深度学习的方法，即带有注意机制的双向长短期记忆网络（bidirectional long short-term memory-attention，BLSTM-ATT），实现精确检测智能合约的可重入漏洞。

（3）DR-GCN。

DR-GCN 是一种创新的智能合约漏洞检测方法，与传统方法不同，它利用了合约图（contract graph）的概念。该方法将智能合约的源代码转换成具有高度语义表示的合约图结构，并利用图卷积神经网络构建安全漏洞检测模型。DR-GCN 支持以太坊和维特链平台的智能合约漏洞分析，能够有效地检测可重入漏洞、时间戳依赖漏洞以及死循环漏洞。

（4）ContractWard。

ContractWard 利用机器学习技术检测智能合约中的漏洞，从智能合约的简化操作代码中提取二元特征并采用 5 种机器学习算法和 2 种采样算法来构建模型。其总共支持 6 种漏洞类型，包括可重入漏洞、整数溢出漏洞以及时间戳依赖漏洞等。

（5）MANDO。

MANDO 开发的多元路径异构图注意力网络不仅可以学习异构合同图中不同类型节点及其元路径的多级嵌入，还可以促进细粒度的代码行级和粗粒度的合约级漏洞检测。通过对智能合同中的代码语义进行更准确的捕获，该网络能够在代码行级别上检测出更细微的漏洞问题，并且也能在合约级别上获取更全面的信息，以进行漏洞检测。

9.3.6 现存方法的不足与改进思路

1. 局限性分析

尽管目前存在一些可以检测 Defi 智能合约漏洞的方法，但它们都有各自的局限性。下文将对上述的 5 种类型漏洞检测方法进行详细的分析和讨论。

（1）形式化验证法采用数学手段在智能合约生命周期内进行推导和证明，但由于需要交互式的验证和判断，自动化程度较低，并且需要人工进行二次核验，因此不太兼容 EVM 执行层漏洞。此外，形式化验证法依赖于严谨的数学推导和验证，无法进行动态分析，且由于缺乏对合约中可执行路径的检测，其误报率和漏报率较高。

（2）符号执行法利用符号替代具体的执行程序指令，收集路径约束并遍历所有可执行路径。这种方法改善了符号执行的检测效果，但也增加了计算资源投入和时间消耗，并且无法解决状态空间爆炸和执行路径指数级增长等问题。一些符号执行方法仍需要人工协助与反馈，无法完全自动化。

（3）模糊测试法主要依靠精心设计的测试用例，在动态执行过程中监测合约的异常行为以发现漏洞。然而，模糊测试对导致漏洞的具体语义代码的洞察有限，很难准确追踪到漏洞的具体位置。由于测试用例的生成具有随机性，模糊测试很难达到理想的路径覆盖率，因此无法找出所有潜在的威胁。

（4）中间表示法是将原始智能合约转换为相应的中间表示，利用控制流、数据流和污点分析等方法进行审查。但这些方法往往依赖于预定义的语义规则或分析列表，无法检测复杂的业务逻辑问题，并且容易产生误报。此外，它们无法遍历合约中可能存在的执行路径。

（5）深度学习法通常会对智能合约进行预处理，以构建有利于模型学习的数据集。然而，这一方法缺乏对 EVM 执行层漏洞的考虑，往往无法突出智能合约源码中的关键变量，导致语义建模不足，检测结果不理想。此外，由于神经网络的"黑箱性"，大多数情况下无法给出漏洞的确切位置或代码行。

以上是对当前智能合约漏洞检测方法的分析和讨论。未来可以进一步探索创新的方法和技术来提高智能合约漏洞检测的准确性。

2. 改进思路

对于目前智能合约漏洞检测方法存在的问题，有以下 5 个改进思路。

（1）优化形式化验证法需要提高形式化验证的自动化程度，扩展应用范围。当前的形式化验证技术大多自动化程度不高，并且检测出的漏洞不一定存在可达的程序路径。因此，需要针对不同的漏洞检测目标定制对应的验证规范描述，并突破技术限制，扩展形式化验证的应用范围。

（2）优化符号执行方法需要提取符号执行的重点路径，缩减路径空间。当前符号执行面临的主要挑战是状态空间爆炸和执行路径的指数级增长。为了解决这个问题，可以结合现有的符号执行工具的审计经验和漏洞分析情况，找出容易产生漏洞的高危指令，并将涉及这些操作码的路径定义为重点路径，只对重点路径进行漏洞验证，以提高漏洞检测效率。

（3）优化模糊测试方法需要完善测试用例，改进模糊测试工具。与传统应用程序相比，智能合约具有许多独特的变量和函数，这给面向智能合约的模糊测试带来了新的挑战。完善测试用例需要改进现有的测试用例生成算法，例如使用多目标优化算法，提高测试用例的健壮性。此外，可以考虑将模糊测试与其他检测方法相结合，如形式化验证、符号执行法等，提高检测效率。

（4）优化中间表示方法需要同时优化中间表现形式，结合动态执行。目前，大多数基于中间表示的检测方法都是静态分析的，缺乏使用动态执行进行验证。为了提高这类漏洞检测方法的适应性和拓展性，应专注于让智能合约的中间表现形式具备更好的通用性，并结合静态分析与动态执行，提高漏洞检测准确率。

（5）优化深度学习方法，需要加强可解释性，融合传统检测方法中的专家规则。目前基于深度学习的智能合约漏洞检测方法是黑盒的，缺乏对检测结果的合理解释。因此，深度学习模型需要在输出漏洞检测结果的同时，给出合理的可解释性说明。此外，也应探索如何以更细的粒度检测智能合约中的漏洞。

9.4 一种基于深度学习的细粒度智能合约漏洞检测方法

上文对智能合约漏洞检测方法局限性的分析中，提到现有安全分析技术存在两个主要问题：①现有安全分析技术基于手动定义的模式或规范来发现特定的漏洞，这限制了检测的可扩展性；②现有安全分析技术依赖于预定义的语义规则或分析列表，导致无法检测智能合约的复杂业务逻辑问题，并易产生误报。而基于深度学习的检测方法具有较高的准确性,却有可解释性较差这个较大的缺陷,即它们无法像传统的检测工具那样给出可能存在的漏洞的位置或代码行。研究人员的研究目标是探索精确定位的智能合约漏洞检测工具,维护去中心化金融信用体系。

受到此前一些相关研究的启发,研究人员提出一种基于抽象语法树(abstract syntax tree,AST)的智能合约漏洞切片方法。这项技术基于 AST 的非根节点和非叶节点,并结合代码的函数调用图提取的元路径,生成基于 AST 的代码切片(AST-based code slices,ACS),以捕捉语义和上下文信息。然后,根据 AST 的叶节点进一步将其划分为更小的训练单元,命名为基于 AST 的流单元(AST-based flow unit,AFU)。将用 Solidity 编写的以太坊源智能合约代码切分成 AFU,可以避免更多的噪声代码干扰。最后,把 AFU 转化为数字向量,然后通过深度学习方法进行分类训练。本书比较了 4 种不同的向量嵌入方法,包括 Word2Vec、FastText、BERT 和 ELMo,以及 5 种神经网络和机器学习方法,即深度置信网络(deep belief network,DBN)、卷积神经网络(convolutional neural network,CNN)、随机森林(random forest,RF)、双向长短期记忆(bidirectional long short term memory,BiLSTM)和双向门控循环单元(bidirectional gated recurrent unit,BiGRU),用于检测智能合约是否存在漏洞,并给出细粒度的漏洞报告。这个方法被称为 ContractCheck,漏洞检测流程如图 9-5 所示。

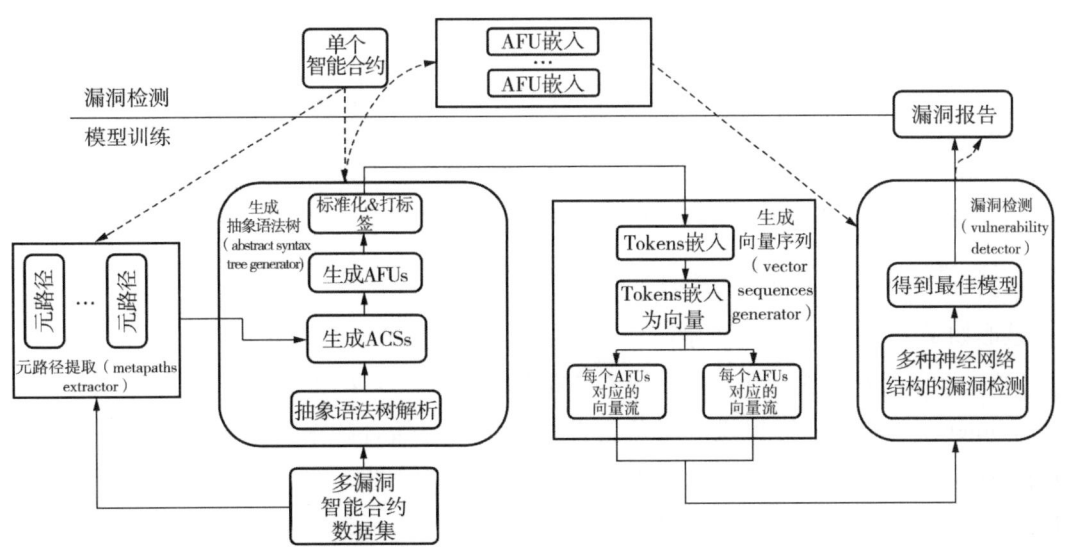

图 9-5 ContractCheck 漏洞检测流程

ContractCheck 的创新点或优势有以下 3 点:

①ContractCheck 使用了一种新颖的代码切片技术,将 Solidity 编写的以太坊智能合约转换为保留语义信息的单词令牌流。与之前同样基于 AST 的智能合约代码切片方法不同,它结合了元路径以捕获从函数调用图中提取的漏洞的更多语义信息。与其他学习合

同语义的方法（如节点图和符号化）相比，这种方法能避免过多的代码干扰，并通过学习合同语义来执行合同代码的细粒度（代码行级）分割。

②基于这项技术，可构建 ContractCheck 的模型方法原型。智能合约代码片生成的细粒度级别单词令牌流单元通过嵌入矢量算法转换为数字向量，并由深度学习模型进行训练和分类。目前 ContractCheck 可以高效准确地对 4 个智能合约漏洞进行细粒度检测。

③从以太坊区块链中收集 36 835 个真实世界的智能合约来评估 ContractCheck，当使用 FastText 算法生成嵌入式令牌向量，并使用 CNN 和 BiGRU 的复合深度学习网络时，ContractCheck 在 F1 分数方面比传统静态验证方法提高了 22.11%～45.47%，比 DR-GCN 模型（图卷积点神经网络方法）也提高了约 10%。

本书将在下文中进一步说明这种方法。

9.4.1 元路径提取

数学定义 1（program, function, statement, token）：一个程序 program 是一组函数 $f_1, \cdots, f_\eta$ 的集合，表示为 $P = \{f_1, \cdots, f_\eta\}$。其中，function 函数 f_i（$1 \leq i \leq \eta$）是一组有序的语句 $s_{1,k}, \cdots, s_{i,\alpha}$，表示为 $f_i = \{s_{1,k}, \cdots, s_{i,\alpha}\}$。statement 语句 $s_{i,j}$（$1 \leq i \leq \eta$ 且 $1 \leq j \leq \alpha$）是一组有序的标记 $t_{i,j,1}, \cdots, t_{i,j,\beta}$，表示为 $s_{i,j} = \{t_{i,j,1}, \cdots, t_{i,j,\beta}\}$。token 是程序中最小的元素，可以是标识符、操作符、常量和关键字，并且可以通过词法分析提取。

数学定义 2（call graph）：对于程序 $P = \{f_1, \cdots, f_\eta\}$，程序 P 的调用图表示为 $G = (V, E)$，其中 $V = \{n_1, \cdots, n_\tau\}$ 是一组节点，每个节点代表程序 P 中的一个函数 f_i，$E = \{e_1, \cdots, e_\nu\}$ 是一组边的集合，每条边表示节点之间可能的控制流。

对于程序 $P = \{f_1, \cdots, f_\eta\}$，程序 P 的调用图表示为 $G = (V, E)$。函数调用图 G 也可以通过元路径的关系集表示，表示为 $G = \{M_1, \cdots, M_\delta\}$，其中元路径 M_l（$1 \leq l \leq \delta$）是形如 $T_1 \overset{R_1}{\Rightarrow} T_2 \overset{R_2}{\Rightarrow} \cdots \overset{R_q}{\Rightarrow} T_{q+1}$ 的路径。具体而言，类型 T 对应于函数调用图 G 中的节点 n_σ（$1 \leq \sigma \leq \tau$），R 对应于函数调用图 G 中的边 e_γ（$1 \leq \gamma \leq \nu$）。

Slither 工具可以运行提供一组预定义的分析，包括合约中的变量、函数依赖关系、变量读写以及函数权限控制，以输出合约中函数的调用图。基于 Slither 工具，可以对智能合约函数的所有元路径进行元路径提取（Metapaths Extractor）。

9.4.2 生成抽象语法树

抽象语法树（abstract syntax tree, AST）的数据结构是一棵树。其中，根节点表示无上下文非终结符结构信息，叶节点对应无上下文终结符结构信息。先前的研究表明，使用 Solidity 编写的源代码可以被解析为 AST，并保留代码的结构关系。受此启发，以下使用开源的 Solidity 解析器，将智能合约解析为 AST。示例见图 9-6。

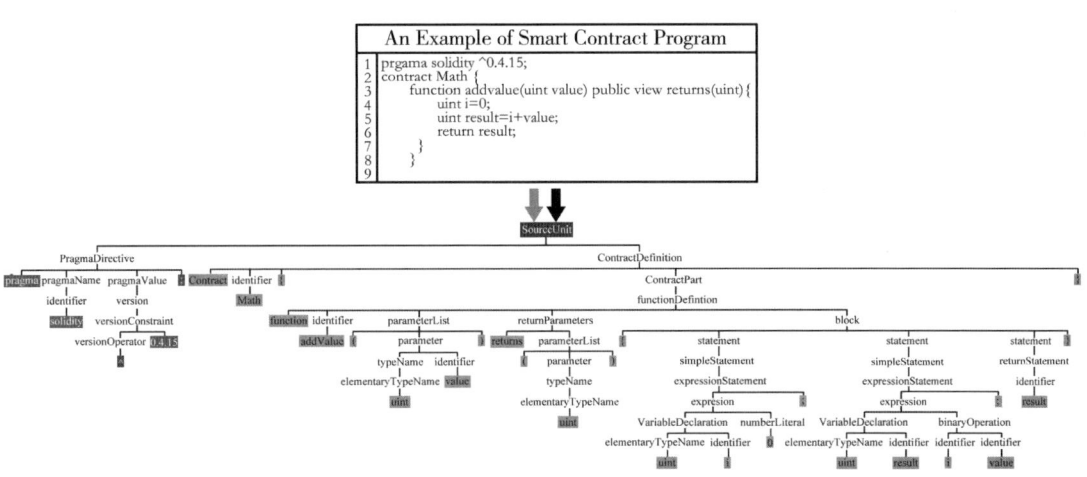

图 9-6　一个智能合约解析为 AST 的例子

形式上，智能合约对应于程序 P。当生成 AST 时，AST 的根节点对应于函数 f_i，AST 的内部节点对应于语句 $s_{i,j}$ 的多个连续的 token，而 AST 的叶节点对应于令牌 $t_{i,j,k}$（$1 \leq k \leq \beta$）。形式上的目标是确定某些连续的 token 或语句是否构成智能合约中的漏洞。通过 AST 的非根节点和非叶节点与 Metapaths Extractor 组件获取的元路径作为算法 1 的输入来生成 ACS，通过算法 2 使 ACSs 进一步根据 AST 树结构划分为细粒度的 token 流单元 AFUs，并对 AFUs 进行规范化和标记。

数学定义 3（ACS）：首先，考虑程序 $P = \{f_1, \cdots, f_\eta\}$，其中 $f_i = \{s_{i,1}, \cdots, s_{i,\alpha}\}$，$s_{i,j} = \{t_{i,j,1}, \cdots, t_{i,j,\beta}\}$。通过程序 P 可以生成唯一的 AST T。定义一个代码片段 $F_{i,j,u,v}$，它由语句 $s_{i,j}$ 中一个或多个连续的 token 组成，即 $F_{i,j} = \{t_{i,j,u}, \cdots, t_{i,j,v}\}$，其中 $1 \leq u \leq v \leq \alpha$。如果 $t_{i,j,u}, \cdots, t_{i,j,v}$ 对应于 AST T 的子结构，即形成了一棵以原始 AST T 的非根节点和非叶节点为根节点的树结构的叶节点，那么它被称为一个 ACS。

（1）生成 ACS。

通过使用提取的元路径，确保能从每个合约代码中获取完整的 ACS。对于可能具有数百行代码的智能合约代码，这确保了尽可能多地检测到漏洞。以下使用算法 1 描述生成 ACS 的过程。具体而言，给定程序 $P = \{f_1, \cdots, f_\eta\}$、AST T 和函数调用图 $G = \{M_1, \cdots, M_\delta\}$，算法 1 遍历函数调用图 G 中的每条元路径 M_σ（$1 \leq \sigma \leq \delta$），通过将元路径中的节点与程序 P 中的函数进行匹配，获取子树的根节点 rn_σ。基于 AST T 的树结构，我们构建以 rn_σ 为根节点的子树 Ts_σ，并使子树 Ts_σ 的叶节点形成一个 ACS。图 9-7 展示了生成一个 ACS 的示例。

```
[functionDefinition,[Function addvalue(uint value)
return(nint){uint i=0;}uint result=i+value;result}]]
```

图 9-7　ACS 的示例

（2）提取 AFU。

为了能够胜任细粒度（代码行级别）的漏洞检测任务，需要对由算法 1 得到的 ACS 进行更精细的划分，进一步处理构成 ACS 元素的一个或多个函数的叶节点以生成多个单词 token 流的 AFU。

算法 1：生成 ACS

Input：程序 $P = \{f_1, \cdots, f_\eta\}$ 以及生成的 AST T 和函数调用图 $G = \{M_1, \cdots, M_\delta\}$。
Output：程序 P 生成的一个 ACS 集合 C。

1: $C \leftarrow \phi$；
2: RN(存放根结点的集合) $\leftarrow \phi$；
3: for each $M_x \in G$ do
4:   for each $T_{x,y}$ in M_x do
5:     for each $f_\xi \in P$ do
6:       if $T_{x,y}$ 与 f_ξ 相等 then
7:         根节点 rn_σ 等于 f_ξ 对应的 AST 中的 FunctionDefinition 节点；
8:         $RN \leftarrow RN \cup rn_\sigma$；
9:       endif
10:    endfor
11: endfor
12: endfor
13: for each $rn_\sigma \in RN$ do
14:   在 T 上以 rn_σ 为根结点产生一个子树 Ts_σ；
15:   $C \leftarrow C \cup \{rn_\sigma; [Ts_\sigma$ 的所有叶子结点$]\}$；
16: endfor
17: return 结果 C（即 P 生成的 ACS 集合 C）

与直接处理原始语法树的叶节点相比，基于 ACS 的方法可以保留完整的上下文信息，其中可能包含与漏洞相关的特征。

数学定义 4（AFU）：首先，给定程序 $P = \{f_1, \cdots, f_\eta\}$，其中 $f_i = \{s_{1,k}, \cdots, s_{i,\alpha}\}$，$s_{i,j} = \{t_{i,j,1}, \cdots, t_{i,j,\beta}\}$。程序 P 生成一个 AST T。对于包含叶节点 $LN = \{ln_1, \cdots, ln_\epsilon\}$ 的集合，如果这些叶节点 $ln_1, \cdots, ln_\epsilon$ 共同包含一个根节点，则这些叶节点共同表示一组完整的信息，称为 AFU。特别地，一个 AST 的所有叶节点也可以被视为一个 AFU，而最小的 AFU 可能只包含两个 token。AFU 是用于代码漏洞检测的最小单元。

算法 2 是基于算法 1 的结果提取 AFU。首先遍历算法 1 得到的 ACS 集合 C。具体而言，对于 C 中的每个 ACS，根据 AST 树进行先序遍历，并通过叶节点基于原始 AST T 恢复由 ACS 表示的子树结构。然后，针对这些子树结构构建一个较小的子树结构，其中一些类型的节点作为根节点。这些类型包括 statement、returnParameters、parameterList 等。最后，这些子树的叶节点构成 AFU。

算法 2：提取 AFU

Input：给定程序 $P = \{f_1, \cdots, f_\eta\}$ 及对应生成的 AST T；一个算法 1 生成的 ACS $= \{rn; [t_1, \cdots, t_w]\}$；一个包含所有关系的节点类型集合 $Y = \{y_1, \cdots, y_\varphi\}$。

Output：从该 ACS 提取的 AFU 集合 U。

```
1: function PRETRAVERSE(tree, node)
2:     if node == Null then
3:         return Null
4:     endif
5:     subtree ← NEWTREE(node.val)
1:     for child in tree.children do
2:         PRETRAVERSE(tree, child)
3:         subtree.children.append(child)
4:     endfor
5:     return subtree
6: end function
7:
8: U ← φ;
9: ST (ACS 对应的子树) ← PRETRAVERSE(T, rn);
10: for each y_τ ∈ Y do
11:     子树 st_τ ← PRETRAVERSE(ST, y_τ);
12:     U ← U ∪ {st_τ 的所有叶子结点};
13: endfor
14: return 结果 U(AFU 集合)
```

（3）对 AFU 规范化和打标签。

提取 AFU 后，对 AFU 中的词语 token 进行规范化，删除一些语义不相关的信息，并根据 AFU 是否包含漏洞对其打标签。可采用两种措施来规范化 token，一种是直接删除相关令牌（remove，RM），另一种是基于语义将其替换为其他词语（replace，RE）。表 9-3 显示了 AFU 中语义 token 规范化的所有情况。

表 9-3 语义 token 规范化概述表

类型	token 例子	操作
无意义的标点符号	:,! *	RM
数学运算符	+ > > + + + = /%	RE
布尔运算符	|| = = ! =	
常量	0 0x21	
简单命名变量	a i k	

下文进一步解释不同情况下的 RE 操作。

①数学运算符：使用相同的语义词替换数学运算符，例如用 add 替换"+"。

②布尔运算符：将布尔运算符转换为相应的逻辑词汇片段，例如用 equal to 替换"= ="。

③常量：根据 solidity 定义的常量类型，分别使用 stringLex、decimalNum、hexNum 和 hexLex 来表示常量。

④简单命名变量：通常将这些简单的单字符变量用作中间变量，用 SV（simple variables）进行标记。

AFU 具有两种标签：行标签和漏洞标签。行标签是一个长度为 2 的一维数组，第一个元素表示 AFU 的起始行，第二个元素表示 AFU 的结束行。例如，具有行标签［8, 10］的 AFU 表示智能合约从第 8 行到第 10 行的结构。漏洞标签的生成依赖于行标签和之前的工作。基于静态验证工具 Oyente、Mythril 和 Slither，我们对合约中的 4 种智能合约漏洞进行检测，包括整形溢出漏洞、tx.origin 授权漏洞、拒绝服务漏洞和时间操纵漏洞。我们采用投票操作，即如果 3 种检测工具中有 2 种以上都报告了同一处代码的漏洞，我们则默认该漏洞存在；对于只有一个漏洞检测工具报告出来的漏洞，我们将进行手动验证。最后，根据漏洞所在代码行标记 AFU。由于这 4 种漏洞彼此独立，每个漏洞被单独编码：包含该漏洞的 AFU 标记为 1（即有漏洞），否则标记为 0（即无漏洞）。这 4 个漏洞的编码构成一个长度为 4 的一维数组。例如，［1, 0, 0, 1］表示包含第一种和第四种漏洞。

9.4.3　向量序列生成

为了使用神经网络方法进行学习，将 AFU 中的 Token 映射到向量空间中，形成一个独立的向量序列流。AFU 中的每个 token 被映射到一个固定维度的实值向量。在标准化后，每个合约源代码生成的 AFUs 包含平均 28 个 token，可分为 156 种类型。我们将词嵌入大小设置为 token 类型数量的近两倍（即 300），这样可以保证词嵌入生成的向量能充分保留每种类型 token 的信息且大小合适。

应用以下 4 种嵌入算法来获得嵌入向量：Word2Vec、FastText、BERT 和 ELMo。在词袋模型中，Word2Vec 帮助预测句子周围单词的向量表示。然而，Word2Vec 无法学习单词的形态结构。FastText 尝试通过引入两种特征和嵌入解决这个问题。n-gram 特征位于单词之间，n-char 特征位于单个单词之间。这两种特征的存储是通过计算哈希值来实现的。n-char 特征被视为单词的 n-gram，而使用 FastText 的 n-char 向量是所有 n-gram 向量的总和。BERT 和 ELMo 都是预训练模型，它们是自然语言处理领域最流行的深度学习语言模型之一；它们可以从大量未标记的数据中获益，并学习语言中的抽象特征；它们都使用上下文信息来生成单词表示。不同之处在于 BERT 使用的 Transformer 可以更好地处理长序列，而 ELMo 为每个单词生成多个表示，使单词的表示更加精细。从理论上讲，使用 BERT 和 ELMo 似乎更好。然而，考虑到词嵌入的速度，ContractCheck 仍然将 FastText 作为首选的令牌嵌入向量方法。下文的实验结果部分将会对这一点进行说明。

数学定义 5（向量序列）：给定由算法 2 生成的 AFU，对于每个标记 $t_{i,j,k} \in \text{AFU} = \{t_{i,j,1}, \cdots, t_{i,j,\beta}\}$，其中 $1 \leq k \leq \beta$，定义 AFU 的向量序列如下：

$$\text{Vector}(\text{AFU}) = \sum_{k=1}^{\beta} t_{i,j,k}$$

上式说明，在学习了特定 AFU 的标记向量嵌入之后，对于每个生成的 AFU，将标记向量流进行求和以获得向量序列（vector sequences）。这些映射到向量空间的向量序列可以作为神经网络方法的输入。

9.4.4 漏洞检测

利用获得的向量序列，可以通过深度学习方法来解决漏洞检测问题。该检测方法的主要贡献是为漏洞提供细粒度级别的检测，而以前的基于深度学习的方法只报告合约级别的漏洞。具体而言，该方法为每个生成的 AFU 提供了逐行的标签（如果它包含一个或多个漏洞），即使在进行向量嵌入之后，逐行的标签也不会丢失，并且标签将作为神经网络方法中的参数加载到模型的输入中。识别可能包含漏洞的 AFU 及这些 AFU 中包含的行标签，有利于找到与语句或代码行对应的位置，以便在智能合约源代码的细粒度代码行级别上检测漏洞（vulnerability detection）。

9.4.5 实验结果

1. 数据获取

为了构建一个可靠的、真实的数据集来评估上述方法，我们基于先前的开源工作的数据集，仅提取智能合约地址，删除重复数据并进行排序，再通过调用以太坊官方网站提供的应用程序编程接口（API）从这些地址获取准确的智能合约源代码。具体而言，etherscan 网站为 python 语言提供了 API 包装器。用户可以使用几行 python 代码返回相关信息。经过以上步骤，获得了 36 885 个智能合约源代码，每个源代码平均包含 6 个合约、18 个函数和约 286 行代码。

2. 对比不同词向量嵌入方法

使用不同形式的嵌入和随机森林作为分类方法的基准模型，形成 ContractCheck 的完整模型训练过程，并比较向量嵌入工作的有效性。在比较过程中保持线性回归方法的参数设置一致。具体而言，输入矩阵 X 包含 256 个样本和 300 个特征，即矩阵 X 的形状为 256×300。损失函数采用最小二乘法。训练模型使用梯度下降算法进行优化，找到最小化损失函数的权重和偏置截距。比较工作分为两部分。首先，我们将比较在相同的数据集上使用 4 种不同形式的词嵌入方法进行训练时的训练速度。然后，构建 ContractCheck 的完整模型训练过程，并使用线性回归方法进行分类任务。

进一步来说，如前一节所述，实验中不仅使用了两种常用的词嵌入方法——Word2Vec 和 FastText，还选择了基于预训练模型的两种词嵌入方法——BERT 和 ELMo，通过表示学习将 AFU 中的词 token 映射为实值分布向量。评估向量嵌入的一个基本标准是语义相似的 token 具有类似的映射表示，而语义差异较大的令牌在某些特征维度上获得了更大的差异。为了证明实验中的代码 token 嵌入的有效性，我们选择了基于 T-SNE 算法的 4 种方法来在前 100 个频率 token 中以图形方式显示词嵌入的效果。T-SNE 是一种非线性降维算法，通过在高维空间和低维空间之间定义相似性函数，该算法能够适应数据的非线性结构，保持数据之间的局部结构。为了评估这 4 种词嵌入方法的性能，我们以线性回归作为基准模型构建了完整的 ContractCheck 方法，并以最终的分类性能和时间成本作为评估标准。4 种方法的参数设置如下：

①Word2Vec。为了更好地适应数据，我们构建了一个训练次数更多、结果更好的 Word2Vec 训练网络。一些超参数设置如下：词向量的维度为 300，窗口大小设置为 2，表示句子中当前词和预测词之间的最大距离。此外，训练的迭代次数为 50 次，训练网络通过验证频率最高的 100 个词的相似性进行训练。

②FastText。该评估使用 fasttext 库实现。主要参数设置如下：词向量的维度为 300，训练迭代次数为 50 次，训练算法使用 cbow 算法，学习率为 0.1，线程数为 10。

③BERT 和 ELMo。根据相应的公开论文我们构建了对应的训练网络。参数设置包括批量大小为 16 和训练迭代次数为 10。

token 嵌入的可视化结果如图 9-8 所示。可以从 4 种方法生成的向量可视化图中观察到语义相似的 token 聚集现象。这证实了高维向量表示对 token 的语言和语法结构有意义地进行捕捉。通过与随机森林方法结合，构建完整的 ContractCheck 方法展示了它们的分类性能。我们将这些方法应用于所有收集到的数据中，80% 用作训练集，20% 用作验证集。实验在以下特定实验环境中运行：Ubuntu 20.04 操作系统、NVIDIA Tesla T4 GPU、16GB 运行内存和 1TB 磁盘容量。

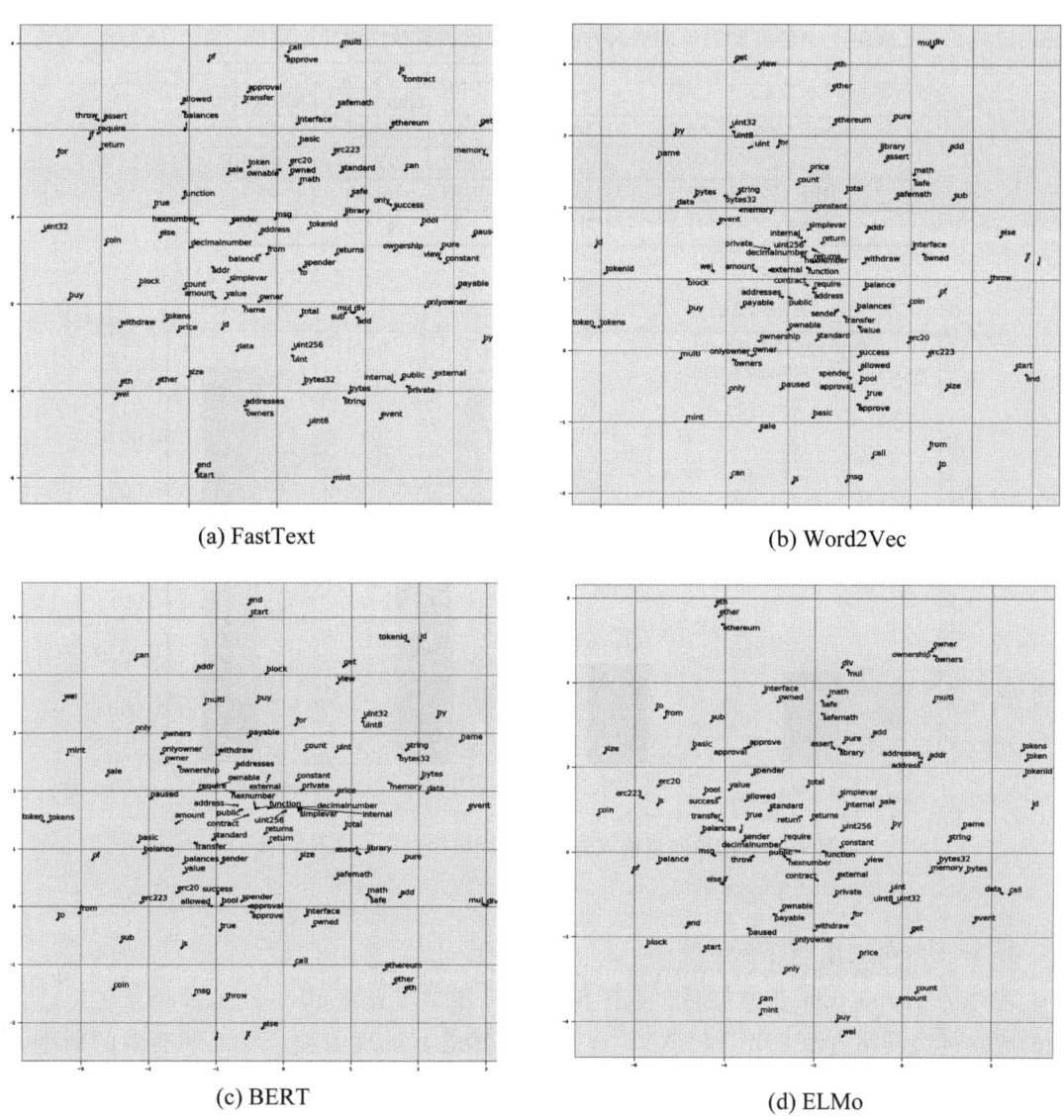

图 9-8 token 嵌入的可视化结果

由表 9-4 和图 9-9 可以得出，在实验环境中，FastText 具有最快的训练向量速度和预测 AFU 标签的速度。考虑到 FastText 在分类性能方面也表现出色，选择 FastText 方法作为后续评估机器学习方法的词向量生成方法。另外，ELMo 方法生成的嵌入 token 向量在预测标签方面具有最佳性能。为了构建具有最佳性能的 ContractCheck 模型，将其作为嵌入 token 的基准方法使用。

表9-4 4种类型的单词嵌入方法的漏洞检测有效性对比   单位：%

单词嵌入方法	acc	p	TPR	FPR	F1-score	
					Macro-F1	Micro-F1
Word2Vec	85.20	71.34	44.77	0.16	97.43	41.90
FastText	89.73	77.97	51.70	0.22	97.52	42.20
BERT	88.55	73.53	84.46	2.78	96.50	43.71
ELMo	91.25	73.78	84.40	1.42	97.80	49.64

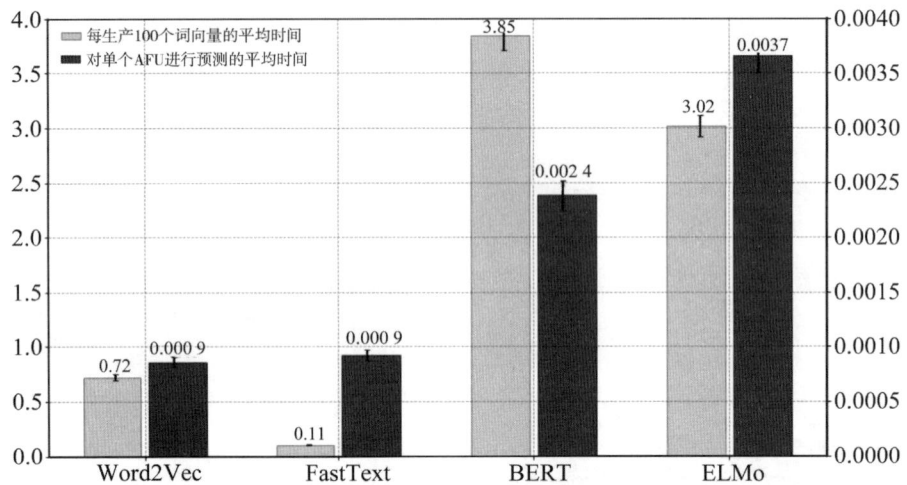

图9-9 四种向量嵌入方法的时间效率对比（单位：秒）

3. 对比不同深度学习方法

在评估 ContractCheck 性能时，选择传统的机器学习算法 RF、在各种场景中广泛使用的成熟神经网络方法 DBN 和 CNN，以及在自然语言处理中被广泛证明有效的新型双向 RNN 算法（包括 BiLSTM 和 BiGRU）进行细粒度（代码行级别）的漏洞检测。进一步将 AFU 细分为更细粒度的子类别进行评估（RQ2）。实验结果（参见表9-5）显示，在数据平衡后，训练指标更加均衡。此外，与 DBN 相比，CNN 的 F1 得分增加了 4.17% 和 3.92%，大致等同于 BiLSTM 和 BiGRU 的性能。而 RF 的表现优于以上方法，推测是因为 RF 有效地缓解了过拟合问题。使用 CNN 叠加 BiLSTM 和 BiGRU 的模型效果最好，可能是由于 CNN 可以降低高维数据的维度并增强标记的语义信息，而双向 RNN 方法（包括 BiLSTM 和 BiGRU）可以容纳上下文信息。此外，与由 FastText 和 ELMo 生成的嵌入向量相比，ELMo 与 DBN 网络结合比 FastText 有更大的改进。然而，与其他方法结合时，改进效果就不那么明显。这证明预训练方法生成的嵌入向量在理解语义方面更准确。另一方面，也证明更好的模型的分类性能更多地取决于使用更好的神经网络进行训练。

表9-5 2种方法的细粒度检测的平均性能比较   单位:%

方法	神经网络方法	acc	p	MCC	F1-score
FastFext	DBN	91.58	91.32	91.18	91.35
	CNN	97.51	95.57	97.48	96.52
	BiLSTM	96.99	96.75	95.67	96.79
	BiGRU	97.72	97.53	96.12	97.53
	RF	98.15	98.13	98.12	98.14
	CNN + BiLSTM	98.93	98.52	98.16	98.33
	CNN + BiGRU	99.25	99.24	98.39	99.21
ELMo	DBN	93.86	93.78	91.74	93.68
	CNN	97.66	97.79	96.42	97.60
	BiLSTM	97.12	97.10	96.13	97.06
	BiGRU	97.77	97.83	96.62	97.72
	RF	98.17	98.15	98.16	98.16
	CNN + BiLSTM	99.12	99.01	98.77	98.98
	CNN + BiGRU	99.33	99.27	99.03	99.25

在不同漏洞类型的分类效果对比方面,分析的结果如下(参见表9-6)。除了DBN在检测溢出漏洞方面性能较差外,其他方法对于每种漏洞类型的精确度和召回率(TPR)值都大于90%,这证明了ContractCheck在漏洞检测方面的有效性。ContractCheck似乎在检测通过tx.origin授权漏洞(TX)方面特别有效,这是因为漏洞的位置与一些token的出现高度相关,例如tx.origin和sender。在训练过程中,切片技术可以快速找到相关的AFU,并最终通过神经网络方法将它们准确分类。考虑到平衡生成向量的时间和分类性能,建议使用FastText生成嵌入向量,并使用CNN和BiGRU的复合模型训练,构成完整的ContractCheck方法。

4. 对比其他漏洞检测工具

将最有效的模型与静态漏洞检测工具进行了比较,以进行合约级别漏洞检测。这些方法具有代表性:①它们被广泛用于检测智能合约源代码中的漏洞;②它们是基于源代码操作的。基于收集的智能合约数据,使用这些方法进行了全面的实验:首先,将智能合约进行分段,生成AFU并训练AFU的预测性漏洞标签。来自同一个智能合约的AFU的漏洞标签类型的叠加被视为合约中包含的漏洞类型。此次使用不平衡的数据来进行训练。ContractCheck方法通常优于传统方法(参见表9-7)。其中,检测时间操纵漏洞(Time)的效果提升最高。值得注意的是,与传统工具的最佳性能相比,ContractCheck最多将性能提升了42.3%。此外,ContractCheck方法在F1得分上超过了基于图卷积神经网络的方法。以上结果得益于通过FastText算法构建了精确的语义嵌入token向量,并通过 BiGRU 网络关注 AFUs 的上下文语义信息。然而，不可否认的是，在检测整形溢出漏洞方面，ContractCheck 的表现不如大多数传统工具，这是因为大多数传统工具使用符号执行，非常适合检测整形类型错误。在未来这个问题将得到进一步研究和改进。

表 9-6 检测不同漏洞类型方面的平均 F1 分数（macro-F1） 单位:%

方法	神经网络方法	Macro-F1			
		IO/U	DoS	TX	Time
FastText	DBN	79.95	85.75	96.88	94.89
	CNN	94.53	98.39	98.95	96.21
	BiLSTM	95.25	99.07	99.09	96.55
	BiGRU	95.78	98.67	99.16	96.57
	RF	96.27	99.01	99.13	96.43
	CNN + BiLSTM	97.92	99.13	99.16	98.15
	CNN + BiGRU	97.94	99.18	99.16	98.63
ELMo	DBN	84.62	89.90	97.02	96.10
	CNN	94.96	97.17	98.96	96.88
	BiLSTM	96.48	98.77	99.07	96.07
	BiGRU	96.72	98.80	99.10	98.54
	RF	96.66	99.09	99.15	96.37
	CNN + BiLSTM	97.99	99.20	99.18	98.91
	CNN + BiGRU	97.96	99.33	99.21	99.08

表 9-7 粗粒度合约级别漏洞检测性能比较（使用 FastText 算法生成嵌入向量）， 单位:%

方法	算法	F1-score			
		IO/U	DoS	TX	Time
Code-based Static	Oyente	88.1	69.3	58.6	60.9
	Mythril	91.5	59.1	63.1	51.2
	Slither	55.8	66.7	62.8	61.7
Neural Network	DR-GCN	79.85	79.10	82.84	79.92
ContractCheck	CNN + BiGRU	82.52	88.97	91.95	89.76

9.4.6 工作总结

为了确保在区块链上运行的智能合约程序的安全性，本书提出了 ContractCheck 方法。它是一种基于抽象语法树获取源代码切片和代码嵌入的新方法，用于训练更准确的漏洞检测模型。该模型使用神经网络方法实现了对智能合约的细粒度代码行级漏洞检测。本书评估了 4 种嵌入向量方法，包括 FastText、Word2Vec、BERT 和 ELMo，以及几种神经网络方法，包括 DBN、CNN、双向 RNN（BiLSTM 和 BiGRU）和复合神经网络。通过对来自真实以太坊 Solidity 智能合约的大规模数据集的评估，展示了当使用 CNN 和 BiGRU 的复合模型时，ContractCheck 方法在漏洞检测性能方面优于几种基线方法。这是因为基于抽象语法树的新型代码切片技术完整地保留了智能合约的语义信息，而复合神经网络可以有效地学习切片的上下文特征。该方法对现有的智能合约漏洞检测，特别是对智能合约的细粒度代码行级漏洞检测，是一种有价值的补充。然而，我们的工作还有改进空间。该代码切片技术和嵌入方法可以添加控制流和数据流信息以适应更多的语义信息。我们还可以将该方法应用于其他新的智能合约漏洞。考虑到大部分在链上的智能合约不公开源代码，未来的工作将专注于公开的智能合约字节码。

9.5 本章小结

本章先是回顾了以太坊智能合约结构的相关知识。在此背景下，从 Solidity 编程语言、区块链、虚拟机这 3 个层面介绍常见的智能合约漏洞类型和代码案例，并针对每种智能合约的漏洞给出了相应的防护措施。第 3 节阐述智能合约漏洞检测的常用方法及相应的漏洞检测工具，讨论现有智能合约漏洞检测方法的不足之处，并结合深度学习技术展望未来智能合约漏洞检测的研究方向。第 4 节展示一种基于深度学习细粒度智能合约漏洞检测方法。

结合本章内容，最后向读者提出五个有价值、有意义的开放性问题：

（1）随着智能合约应用场景的不断扩展和复杂性的增加，如何有效地识别和解决智能合约漏洞成了亟待解决的问题。应如何提高智能合约安全验证的效率和准确度？

（2）目前的智能合约安全检测主要依赖人工进行，耗时且容易出错。如何利用机器学习和数据挖掘等技术实现智能合约的自动化测试和安全分析，提高效率和准确度？

（3）由于智能合约漏洞种类繁多，如何建立一套完善的漏洞库，并将其与智能合约开发工具和平台相集成，实现智能合约漏洞的自动检测和修复？

（4）随着智能合约的广泛应用，如何保证智能合约在区块链网络中的安全性和可靠性，防止智能合约被攻击、篡改或者出现其他问题？

（5）随着智能合约的应用场景和复杂性增加，保护智能合约的知识产权变得越来越重要。如何在保证智能合约安全性的同时，充分保护智能合约的知识产权？

参考文献

[1] DIKA A. Ethereum smart contracts: Security vulnerabilities and security tools[D]. NTNU, 2017.

[2] 钱鹏, 刘振广, 何钦铭, 等. 智能合约安全漏洞检测技术研究综述[J]. 软件学报, 2021, 33(8): 3059-3085.

[3] GRISHCHENKO I, MAFFEI M, SCHNEIDEWIND C. A semantic framework for the security analysis of ethereum smart contracts, Cham: Springer International Publishing, 2018.

[4] E. HILDENBRANDT, et al. Kevm: A complete formal semantics of the ethereum virtual machine[C]// 2018 IEEE 31st Computer Security Foundations Symposium (CSF). Oxford: IEEE, 2018: 204-217.

[5] AMANI S, BÉGEL M, BORTIN M, et al. Towards verifying ethereum smart contract bytecode in Isabelle/HOL[C]//Proceedings of the 7th ACM SIGPLAN International Conference on Certified Programs and Proofs. NY: Association for Computing Machinery, 2018.

[6] KALRA S, GOEL S, DHAWAN M, et al. Zeus: Analyzing safety of smart contracts[C]//California: Ndss, 2018: 1-12.

[7] LUU L, CHU D H, OLICKEL H, et al. Making smart contracts smarter [C]//Proceedings of the 2016 ACM SIGSAC Conference on Computer and Communications Security. NY: Association for Computing Machinery, 2016: 254-269.

[8] NIKOLIĆ I, KOLLURI A, SERGEY I, et al. Finding the greedy, prodigal, and suicidal contracts at scale [C]//Proceedings of the 34th Annual Computer Security Applications Conference. NY: Association for Computing Machinery, 2018: 653-663.

[9] TSANKOV P, DAN A, DRACHSLER-COHEN D, et al. Securify: Practical security analysis of smart contracts[C]//Proceedings of the 2018 ACM SIGSAC Conference on Computer and Communications Security. NY: Association for Computing Machinery, 2018: 67-82.

[10] RODLER M, LI W, KARAME G O, et al. Sereum: Protecting existing smart contracts against reentrancy attacks[J]. ArXiv preprint arXiv:1812.05934, 2018.

[11] CHEN J, XIA X, LO D, et al. Defectchecker: Automated smart contract defect detection by analyzing evm bytecode[J]. IEEE Transactions on Software Engineering, 2021, 48(7): 2189-2207.

[12] JIANG B, LIU Y, CHAN W K. Contractfuzzer: Fuzzing smart contracts for vulnerability detection[C]// Proceedings of the 33rd ACM/IEEE International Conference on Automated Software Engineering. NY: Association for Computing Machinery, 2018: 259-269.

[13] LIU C, LIU H, CAO Z, et al. Reguard: Finding reentrancy bugs in smart contracts[C]//Proceedings of the 40th International Conference on Software Engineering: Companion Proceeedings. NY: Association for Computing Machinery, 2018: 65-68.

[14] HE J, BALUNOVIĆ M, AMBROLADZE N, et al. Learning to fuzz from symbolic execution with application to smart contracts[C]//Proceedings of the 2019 ACM SIGSAC Conference on Computer and Communications Security. NY: Association for Computing Machinery, 2019: 531-548.

[15] LIU Z, QIAN P, YANG J, et al. Rethinking smart contract fuzzing: Fuzzing with invocation ordering and important branch revisiting[J]. IEEE Transactions on Information Forensics and Security, 2023, 18: 1237-1251.

[16] FEIST J, GRIECO G, GROCE A. Slither: a static analysis framework for smart contracts[C]//2019 IEEE/ACM 2nd International Workshop on Emerging Trends in Software Engineering for Blockchain (WETSEB). Montreal: IEEE, 2019: 8-15.

[17] BRENT L, JURISEVIC A, KONG M, et al. Vandal: A scalable security analysis framework for smart contracts[J]. ArXiv preprint arXiv:1809.03981, 2018.

[18] GRECH N, KONG M, JURISEVIC A, et al. Madmax: Surviving out-of-gas conditions in ethereum smart contracts[J]. Proceedings of the ACM on Programming Languages, 2018, 2(OOPSLA): 1-27.

[19] TIKHOMIROV S, VOSKRESENSKAYA E, IVANITSKIY I, et al. Smartcheck: Static analysis of ethereum smart contracts[C]//Proceedings of the 1st International Workshop on Emerging Trends in Software Engineering for Blockchain. NY: Association for Computing Machinery, 2018: 9-16.

[20] WANG X, HE J, XIE Z, et al. ContractGuard: Defend ethereum smart contracts with embedded intrusion detection[J]. IEEE Transactions on Services Computing, 2019, 13(2): 314-328.

[21] TANN W J W, HAN X J, GUPTA S S, et al. Towards safer smart contracts: A sequence learning approach to detecting security threats[J]. arXiv preprint arXiv:1811.06632, 2018.

[22] QIAN P, LIU Z, HE Q, et al. Towards automated reentrancy detection for smart contracts based on sequential models[J]. IEEE Access, 2020, 8: 19685-19695.

[23] LIU Z, QIAN P, WANG X, et al. Combining graph neural networks with expert knowledge for smart contract vulnerability detection[J]. IEEE Transactions on Knowledge and Data Engineering, 2021, 35(2): 1296-1310.

[24] WANG W, SONG J, XU G, et al. Contractward: Automated vulnerability detection models for ethereum smart contracts[J]. IEEE Transactions on Network Science and Engineering, 2020, 8(2): 1133-1144.

[25] NGUYEN H H, NGUYEN N M, XIE C, et al. Mando: Multi-level heterogeneous graph embeddings for fine-grained detection of smart contract vulnerabilities[C]//2022 IEEE 9th International Conference on Data Science and Advanced Analytics (DSAA). Shenzhen: IEEE, 2022: 1-10.

[26] DURIEUX T, FERREIRA J F, ABREU R, et al. Empirical review of automated analysis tools on 47,587 ethereum smart contracts[C]//Proceedings of the ACM/IEEE 42nd International Conference on Software Engineering. NY: Association for Computing Machinery, 2020: 530-541.

[27] GHALEB A, PATTABIRAMAN K. How effective are smart contract analysis tools? Evaluating smart contract static analysis tools using bug injection[C]//Proceedings of the 29th ACM SIGSOFT International Symposium on Software Testing and Analysis. NY: Association for Computing Machinery, 2020: 415-427.

第 10 章　Web 3.0 发展趋势与挑战

本章探讨 Web 3.0 生态系统的发展趋势与挑战。具体而言，本章将从技术和经济的角度对随着 Web 3.0 技术的发展所带来的变化和机遇进行全面分析，以及探讨构建可持续的 Web 3.0 生态系统的关键要素，概述潜在的挑战，并提出克服这些挑战的策略。

首先阐述 Web 3.0 在数字经济中的转型和机遇。数字经济的概念可以分为 4 个部分：数字产业化、行业数字化、数字化管理和数据价值。

从数字产业化的角度来看，Web 3.0 对经济格局的转型主要体现在，通过将最初属于平台的数字资产委托给用户，以用户为中心创造价值。数字货币、NFT、去中心化金融和存储以及元宇宙软件都是具体应用，这些应用可有效推动数字经济的发展。例如，Web 3.0 通过支付、知识产权管理、数字存储等方式保护数字艺术作品和艺术家的权益，显著推动 Web 3.0 中数字艺术作品的创作和交易。

Web 3.0 在行业数字化方面促进了智能化发展和有效管理。由 Web 3.0 形成的工业物联网已应用于各个行业。例如，基于工业物联网的区块链，在食品供应链中得到应用，通过提供更可追溯的食品生产链来确保食品质量和安全。端到端技术可被描述为执行自治任务的系统之间的信息交换，这是未来物联网设备运行的基础。对于元宇宙而言，结合 Web 3.0 与虚拟现实或增强现实技术，可以提升互动体验，推动教学软件和电子游戏的发展。

在数字化管理方面，智能城市利用智能合约技术和数据改善居民的生活质量，增强可持续性，并简化城市服务。该概念涉及将信息和通信技术以及物联网设备集成到城市基础设施中，收集和分析实时数据，然后利用这些数据来管理城市资产和资源，为居民提供更好的服务，并对城市未来发展做出明智决策。智能合约提供的去中心化管理是创新城市治理的重要组成部分，使人们能够通过在区块链上部署的自动执行规则进行协调和治理。

在挖掘数据价值方面，需要确保数据的安全性和足够的存储空间。其中，确保安全的隐私计算可以防止数据泄露，确保敏感信息不被未经授权的用户访问或篡改，同时保证组织或个人能够处理和使用这些数据。它包括许多隐私保护技术，如安全多方计算、同态加密、差分隐私和零知识证明。此外，去中心化的数据存储有效增加了数据传输的灵活性和分散的存储资源。人工智能也可以驱动这些数据，提升参与者在元宇宙中的沉浸式互动体验。

与此同时，Web 3.0 需要许多新兴技术的支持，主要包括人工智能、区块链和虚拟现实技术。这些技术都对计算能力有非常高的要求，需要对基础网络技术（如计算、传输、存储）以及相关设备进行跨越式改进。Web 3.0 对经济的转型和好处将进一步促进相关技术的发展。近年来，投资者已经开始投资与 Web 3.0 相关的科技，并且主要公司也形成了与 Web 3.0 相关的新技术项目，迎来了技术发展的新变化和机遇。通过已实施的技术项目，谷歌云推出了一项全托管云服务，名为区块链节点引擎（blockchain node engine）。该服务专注于管理和维护区块链账本的完整性，促进网络参与者之间的共识过程。引擎的推出有效降低了数据管理和维护成本，提升了 Web 3.0 开发效率。此外，WIMI. US 基于 XR 技术开发了一种人机交互系统，其 VR 人机交互终端等人机交互相关技术也获得了相应的专利。

回顾 Web 3.0 的发展史，这个概念最早出现在 2006 年，但在此之前，分散式和分布式系统技术已经有了长时间的发展。因此，大多数 Web 3.0 应用还处于实验阶段，尚未得到广泛应用。区块链技术，如以太坊，在过去几年中已经发展成为成熟的平台，许多 Web 3.0 应用也应运而生。这些应用包括去中心化交易所、数字身份验证系统、数字资产管理平台等。目前，Web 3.0 应用正在推广给更多用户，一些较大的公司和组织也在探索这些技术的潜力。图 10-1 显示了 Gartner 炒作周期，其中包括新技术从起始到成熟所经历的五个阶段。在新技术的早期阶段，市场对其带来的益处抱有很高的期望。当技术经历了泡沫期之后，市场会淘汰不切实际和夸大其词的技术。之后，新兴技术将逐渐过渡到成熟阶段。在这个阶段，市场对新技术的期望会变得更加稳定，更接近现实。

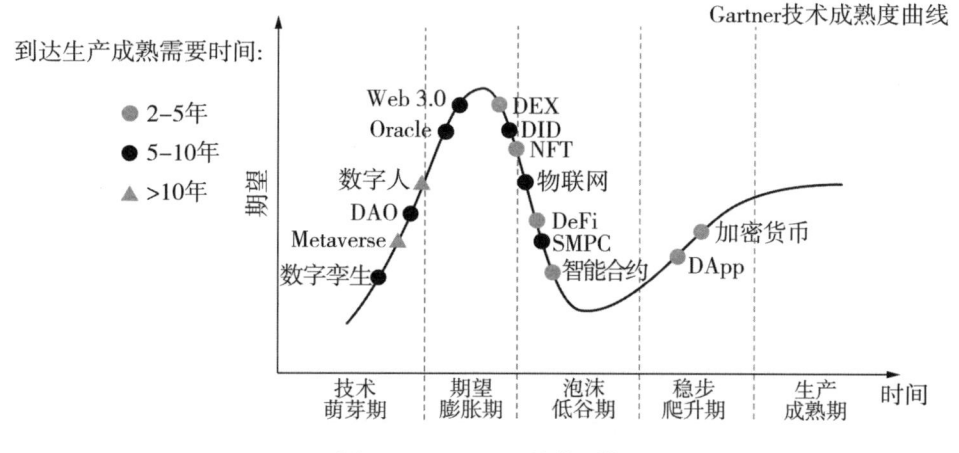

图 10-1　Gartner 炒作周期

然而，目前的市场形势相对复杂。与 Web 3.0 相关的技术仍处于创新泡沫阶段，当前对其市场价值的预期过高。同时，也出现了虚假和夸大的宣传和炒作概念。因此，面对巨大的发展机遇，需要更理性地看待 Web 3.0 技术，认识到其局限性和不足。此外，尽管构建 Web 3.0 生态系统已成为互联网发展的愿景，但仍面临许多挑战。

首先，中国在 Web 3.0 的理论和技术研究布局方面缺乏系统性。对 Web 3.0 理论和技术（如架构和协议栈、联盟链、开放联盟链、公链、数字身份和分布式存储）的研究需要人工智能、云计算、5G、虚拟现实等新兴技术的大力支持。然而，目前中国在联盟链方面的研究较多，而其他关键组成部分的研究还不够充分。Web 3.0 技术和应用的复杂性和多样性要求在密码学、计算机科学、网络安全、可视化和经济学等领域具备专业知识和跨学科的知识。尽管如此，在中国还没有培养 Web 3.0 人才的专业课程或专业，同时也缺乏相关教材、培训平台和其他支持性资源，这表明迫切需要建立一个更全面的人才培养体系，以跟上 Web 3.0 迅速发展的步伐。

其次，Web 3.0 的去中心化特性可能给现有的法律和监管体系带来重大挑战。例如，需要解决与 NFT 所有权相关的所有权关系，并建立一个负责管理 NFT 所有权的产权管理系统。此外，Web 3.0 促进的新商业模式可能引入违法和犯罪活动（如非法集资和洗钱），可能扰乱金融市场，因此必须制定法律框架监管这些活动。另一个重要的挑战是，也从法律角度确定 DAO 的性质、分配适当的权利和义务，并制定指导其运作的规定。值得注意的是，公链和加密货币在 Web 3.0 的发展和成功中起着至关重要的作用。然而，由于中国国内监管政策的限制，学者渴望探索规避这些限制的方法。因此，有必要全面解决这些挑战，在确保 Web 3.0 的成功发展和部署的同时保护公众利益。

鉴于这些前景和挑战，中国必须审视其关于 Web 3.0 的治理政策和监管框架，同时专注于培养必要的技术能力和支持基础设施改进，以确保对去中心化网络的有效管理。通过这种方式，中国可以塑造具有强化中央治理机制和健全法规的独特的 Web 3.0 发展模式，更好地保护用户的安全和隐私，维护国家网络安全。因此，可以说，中国在技术能力、地缘政治位置和对技术领导地位的追求方面具有相对的战略优势。总体而言，探索有效的治理框架，平衡创新和商业机会与可持续风险管理，对于成功实现 Web 3.0 的承诺和潜力至关重要。